연결지배성

연결을 지배하는 자가 세상을 지배한다

연결지배성

159가지 사물인터넷으로 바라본
크로스도메인 비즈니스

조광수

CDL

Cross-Domain Linkability

클라우드나인
CLOUD 9

서문 Prologue

아침 6시. 기상 시간을 알리며 침실에 불이 들어오고 그윽한 향의 커피가 만들어진다. 기상 시간이다. 이윽고 푸른 바닷물결 패턴의 스마트 조명이 나타난다. 비가 오려나 보다. 커피잔을 들자 음악이 흘러나온다. 액자에선 오늘의 스케줄과 함께 어제 행사 사진들이 나타난다. 어제 행사 때 사람들이 찍어서 인스타그램에 올린 사진들이 페이스북의 사진 앨범에 자동으로 모이고 스마트 액자로도 포스팅된다. 재밌는 사진들이 참 많다. 집을 나서자 조명이 꺼지고 가전의 전원이 내려지고 씨씨티비 카메라가 작동하기 시작한다. 이제 공상과학 영화 속 한 장면이 아닌 현실의 이야기이다. 엄청난 장비를 갖추어야 하는 것도 아니다. 아직은 조금 비용이 들지만 스마트 전구, 스마트 커피메이커, 스마트 액자를 사면 스마트 홈을 만들 수 있다.

어느새 사물인터넷IoT, internet of things이 일상의 모세혈관으로 스며들

훈데르트바서가 지은 건축물들. 사물인터넷은 독립적이고 배타적으로 작동하는 전통기계와 달리 조금 더 똑똑해진 기계들을 연결해 서비스를 한다. 나는 그런 연결이 의미를 가지려면 인간 중심의 수평적 연결이어야 한다고 말한다. 사실 이 표현은 건축가이며 화가인 훈데르트바서의 "수직은 인공의 것, 수평은 자연의 것"을 오마주한 것이다.

고 있다. 버스정류장에 가면 다음 도착 버스는 무엇이고 기다리는 버스는 언제 도착할지 알 수 있다. 사물인터넷이란 명칭을 들어보았는지 혹은 사물인터넷이 무엇인지 아는지는 그리 중요하지 않다. 지금 우리는 이제 막 시작하는 새로운 역사적 전환기 사이에 위치하고 있다. 인터넷 연결을 전제로 하는 사물인터넷은 독립적이고 배타적으로 작동하는 전통기계와 달리 조금 더 똑똑해진 기계들을 연결해 서비스를 한다. 나는 그런 연결이 의미를 가지려면 인간 중심의 수평적 연결이어야 한다고 말한다. 사실 이 표현은 건축가이며 화가인 훈데르트바서Hundertwasser의 "수직은 인공의 것, 수평은 자연의 것"을 오마주한 것이다. 그는 마치 식물이 자란 듯한 건물을 지었는데 수평면에는 항상 자연을 담았다. 영화 「반지의 제왕」에 나오는 호빗의 마을이 잘 알려져 있는데 훈데르트바서가 직접 디자인한 것이다. 건물의 옥상정원도 그로부터 비롯된 콘셉트이다.

그럼 인간 중심의 수평적 연결이란 무엇일까? 예를 들어 전통적인 가스경보기를 생각해보자. 가스경보기는 가스 누출을 탐지하면 요란하게 알람 소리를 울리는 기계이다. 즉 우수한 가스경보기가 되려면 미세한 가스도 놓치지 않는 센서의 성능, 오래 지속되는 배터리, 충분히 큰 소리로 알릴 수 있는 알람벨의 성능, 인테리어에 잘 어울리는 멋진 디자인을 갖추고 있어야 한다.

그러나 아무리 우수한 가스경보기라도 사람들이 진정으로 원하는 안전을 보장하지는 않는다. 왜냐하면 위험한 가스 누출이 탐지되더라도 안전을 위해 창문을 열어 환기를 시키고 누전에 의한 폭발을 막기 위해 전기를 내려야 한다. 만약 잠에 빠진 가족이 있다면 흔들어 깨워야 하고 119에 신고도 해야 한다. 즉 사용자경험ux의 관점에서 안전을 생각한다면 전통적인 개념의 우수한 가스경보기는 필요조건이지 충분조건이 아니다. 다시 말해 인간 중심 혹은 사용자경험을 중심으로 가스경보기를 재정의하면 전통적인 개념의 우수한 가스경보기는 더 이상 우수한 제품이 아니다. 새로운 개념의 가스경보기 시나리오는 배타적이었던 이종의 도메인들이 수평적으로 연결돼야 가능하다. 즉 가스경보기 제조와 전기, 인테리어, 건축, 디자인이 개별 도메인을 넘어 사용자경험을 중심으로 연결되고 서비스를 해야 한다. 이런 연결 서비스가 수직적인 전통 구조를 넘어선 수평적 연결 서비스이다. 사물인터넷은 사용자경험을 위해 다양한 영역 혹은 역할을 수평적이고 횡적으로 연결하게 된다. 즉 인간 중심의 수평적 연결은 가스경보기의 예에서처럼 서로 독립되어 있던 비즈니스 영역을 연결하게 될 것이다. 이 때문에 수직적 획일성보다는 다양성과 포용적 사고를 근거로 하는 창의적 연결이 주요한 경쟁력이 된다.

이종의 도메인을 연결하는 사물인터넷이 가져오는 파장이 큰 것은 기술의 난이도가 높지 않기 때문이다. 시쳇말로 좀 과장하면 누구나 만들 수 있다. 몇 년 전에 어느 분의 요청으로 초등학교 4학년생을 만났는데 그 이유는 스마트컵을 만들었기 때문이다. 전자전기를 전공하지 않았어도 아듀이노Arduino나 래즈베리파이Rasberry Pie 같은 오픈 하드웨어 플랫폼을 이용하면 손쉽게 스마트 머신을 만들 수 있고 손쉽게 연결을 꾀할 수 있다. 메이커스 운동makers' movement의 붐에서 나타나듯 스마트 화분, 스마트 칫솔, 스마트 의자, 스마트 창문, 스마트 승강기, 스마트 건널목 등 '스마트'한 사물인터넷 디바이스의 춘추전국시대가 열렸다.

더불어 이프트IFTTT* 같은 서비스는 기존의 지도, 소셜미디어, 날씨 등의 정보와 연계할 수 있게 하기 때문에 사물인터넷의 용도를 한층 깊게 한다. 예를 들어 집 근처를 빠져나오면 에어콘이나 공기청정기나 가스밸브를 잠그게 할 수 있다. 이프트 앱을 다운받고 위치를 설정하고 관련된 사물인터넷 디바이스를 연결하면 끝.

아울러 사물인터넷은 결국 기존에 얻지 못했던 데이터를 획득하는 창구 역할을 한다. 예를 들어 사물인터넷 개념을 결합한 소위 사물인터넷 보일러는 고객이 스마트폰 전용 앱을 통해서 보일러를 관리할 수 있게 했다. 대개 보일러는 지하실이나 분리된 공간 안에 있기에 사용자가 직접 접근하기는 번거로운 점이 있었다. 그런데 전용 앱 서비스

---

* 이프트IFTTT란 이프 디스 덴 댓If This Then That의 약어로서 만약에 어떤 조건이 맞는다면 어떤 행위를 하라는 규칙이다. IFTTT라는 스마트폰 앱을 다운받아서 사용하면 된다.

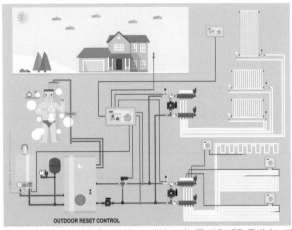

사물인터넷 개념을 결합한 사물인터넷 보일러는 고객이 스마트폰 전용 앱을 통해서 보일러를 관리할 수 있게 했다. 대개 보일러는 지하실이나 분리된 공간 안에 있기에 사용자가 직접 접근하기는 번거로운 점이 있었다. 그런데 전용 앱 서비스를 이용한다면 조작도 쉽고 보일러의 상태나 에너지 소모 같은 정보를 쉽게 얻을 수 있다.

를 이용한다면 조작도 쉽고 보일러의 상태나 에너지 소모 같은 정보를 쉽게 얻을 수 있다. 즉 덕분에 이제 보일러가 언제, 얼마나, 어떻게 쓰이는지, 그리고 보일러는 고장이 났는지 등에 관한 데이터를 구할 수 있게 된다. 그리고 이런 데이터를 이용하면, 예를 들어 한겨울처럼 보일러가 작동해야 하는 때에 작동하지 않을 경우에는 이상 경보를 보내줄 수도 있을 것이다. 이뿐만이 아니다. 스마트 창문에서는 햇볕이 얼마나 들어오는지 집 안과 집 밖 온도나 공기의 질은 어떤지, 창문은 언제 얼마나 열리는지를 알 수 있고 카메라를 달면 집 밖의 상황을 집 안 구석구석에 전달할 수 있다. 습도센서를 설치하면 바닥이나 벽의 습도 정보를 알 수 있게 된다. 기존에는 존재하지 않았던 데이터를 획득할 수 있게 된다. 이는 다시 새로운 부가가치를 창출하는 서비스의 역할을 한다.

SK텔레콤 누구 혹은 아마존 에코 같은 스마트 스피커는 사용자의 집안에서, 사용자의 일상에서, 사용자가 가장 편안한 상태에서 만남을 가지게 된다.

사물인터넷에서 언급하지 않을 수 없는 것이 인공지능AI과의 관계이다. 사물인터넷은 초연결의 하드웨어를 기반으로 하기에 인공지능 서비스의 활동 무대가 된다. 마음이 몸에서 작동하듯 인공지능 역시 활동할 하드웨어가 있어야 하는 것과 같다. 인공지능은 사물인터넷 덕분에 고객의 일상 깊숙이 파고들고 사물인터넷에 빙의하여 사용자와 상호작용을 하게 된다. 예를 들어 SK텔레콤 누구 혹은 아마존 에코 같은 스마트 스피커는 사용자의 집안에서, 사용자의 일상에서, 사용자가 가장 편안한 상태에서 만남을 가지게 된다. 기존에 기업이 고객을 만나기란 그리 쉽지 않았다. 기껏해야 고객이 주문을 하거나 불만을 제기할 때 정도였다. 그런데 이제 고객의 일상에서 편안한 복장으로 만날 수 있게 되었다. 만약 스마트 스피커가 사용자의 명령을 수행하는 단순한 도구를 넘어서 사용자가 인정하는 인격체적 관계를 형성할 수 있게 된다면 어떻게 될까? 스마트 스피커가 고객에게 미치는 영향력은 가공할 수준이 될지도 모른다.

예를 들어 우리 연구실의 최혜민 연구원이 만든 자기노출효과를 이

용한 인공지능 에이전트와의 상호작용 시나리오를 소개해보겠다. 인
공지능 에이전트가 고객에게 먼저 "나는 이 가수의 이 노래 참 좋아해.
가슴을 울려. 당신과 함께 듣고 싶어."라고 말을 건네게 된다. 그러면
고객은 그 노래를 구입할 가능성이 높아진다. 결국 이 에이전트는 영
업을 한 것이나 다름없다. 이 점에서 SK텔레콤 누구의 접근이 매우 귀
하게 여겨진다. 누구 스피커에서 나오는 목소리는 사람의 녹음 목소리
이다. 아마존 에코도 마찬가지이다. 인공지능이 현재 잘 할 수 있는 것
은 고객의 목소리를 듣고 이해하는 것뿐이기 때문이다. 물론 글자를
말로 전환하는 텍스트 음성 변환TTS, text to speech 기술처럼 음성합성
기를 쓸 수도 있겠지만, 중요한 점은 고객의 마음을 사로잡는 서비스
이지 그저 말소리를 만들어내는 것이 아니다. 그래서 SK텔레콤은 자신
들의 서비스에 가장 걸맞은 대표적인 퍼소나persona를 개발하고 이에
맞는 목소리의 주인공을 찾아 녹음을 해서 서비스를 한다. 이 목소리
와 말의 내용을 통해 고객들은 SK텔레콤과 서비스에 대해 얼마나 믿
음직스러운지, 지적인지, 멋진지, 신통방통한지 판단하기 때문이다.

이 책은 여러 스타트업과 기업 임직원들이 가진 현장의 고민을 듣다
가 시작하게 됐다. 현장에서는 복잡한 이론이나 화려한 통계적 산업성
장 전망보다는 구체적으로 사물인터넷이 무엇이고 전통 제품과 어떻
게 다른지 실제 사례를 원했다. 그래서 전 세계에서 대표적인 가정용
사물인터넷 서비스와 디바이스를 소개하고자 한다. 이를 통해 과연 현
재 사물인터넷의 진화가 어디까지 왔는지 살필 수 있으며 어떤 이슈
를 어떻게 창의적으로 해결하려 하는지 구체적으로 이해할 수 있을 것
이다. 도대체 무엇을 만들어야 하는지, 무슨 고민을 해야 하는지, 무슨

시도들이 있는지를 충분히 볼 수 있도록 만들고자 했다. 그래서 흔히 말하는 '백문이 불여일견'이란 말이 이 책에 적용된다.

이번에 소개하는 사물인터넷의 사례들은 스마트 홈을 주제로 조리, 주방, 가전, 에너지, 건강, 조명, 홈

앞으로 무궁한 성장 가능성이 있는 곳이 스마트 홈이다.

케어, 육아, 가구, 식물재배에 관한 것을 다루고 있다. 그 이유는 이미 공장에는 사물인터넷이 많이 퍼져 있기도 하고 앞으로 무궁한 성장 가능성이 있는 곳이 스마트 홈이기 때문이다. 아울러 4차 산업혁명에서 인간 중심적인 연결의 의미를 가장 잘 담을 수 있기 때문이다. 또한 고령뿐만 아니라 청장년을 포괄하는 나 홀로 가구가 급격히 늘면서 스마트 홈의 필요성이 높아질 것이기 때문이다. 마지막으로 최근 공기오염이나 수질오염 같은 심각한 환경문제나 에너지 이슈가 부각되면서 사물인터넷 관심이 높아지고 있다. 개별 제품의 성능도 중요하지만 연결을 중심으로 한 사물인터넷이 더 효과적이라는 인식이 확대되기 때문이다.

그런데 아쉽게도 이번에 다루지 못한 스마트 홈 관련 도메인이 몇 가지 있다. 그 중 한 가지가 반려동물용 사물인터넷이다. 반려동물은 인간처럼 말을 하지 못하기 때문에 건강이나 감정 상태 등의 세심한 관리가 필요하다. 사물인터넷을 적용하기 좋은 분야이다. 이 기회를 빌려 몇 가지 소개를 하면 핏바크FitBark는 반려동물의 운동량, 수면량, 그리고 얼마나 인터랙션을 하는지 측정한다. 그리고 측정 데이터를 기반으로 건

(위쪽) 휘슬, (아래 왼쪽) 트랙티브, (아래 오른쪽) 핏바크. 반려동물은 인간처럼 말을 하지 못하기 때문에 건강이나 감정 상태 등의 세심한 관리가 필요하다. 사물인터넷을 적용하기 좋은 분야이다.

강상태, 행동변화, 수의사의 진단과 치료 효과를 높이도록 스마트폰 앱으로 관리할 수 있다. 휘슬Whistle, 트랙티브Tractive, 태그 지피에스Tagg GPS는 반려동물의 위치를 추적하고 정해진 영역을 벗어나는 것을 알려준다. 특히 태그 지피에스는 체온을 측정해서 너무 더운지 추운지 알려준다. 워프WUF는 개 주인의 말을 원격에서도 들을 수 있게 해준다.

여기서 소개하는 사물인터넷은 산업적으로 유망하거나 좋은 아이디어라고 판단되는 것으로 선정하려 했다. 이를 위해 이론적인 근거뿐만 아니라 유통업체에서 발표한 판매량과 크라우드펀딩 서비스에서의 인기도 등을 참고했다. 그러나 정밀한 규칙을 따른 것은 아니며 다분히 주관적인 기준으로 선정했다. 따라서 나의 무지와 경솔함으로 인해 중요한 서비스가 소개되지 않을 수 있다. 더불어 사물인터넷 소개의 글은 각 제조사나 공급자의 설명을 거의 전적으로 참고했다. 실제로 디바이스를 사용한 경우는 소수에 지나지 않는다. 그래서 그들의 설명이 사실에 기반한다는 가정에 의지할 수밖에 없었다. 결국 나의 이해 수준에 따른 한계가 그대로 드러날 수밖에 없다. 그렇지만 이 책의 목적이 소비자에게 구매의 가이드라인을 제시하는 것이 아니라 사물인터넷에 관심 있는 기업이나 개인이 상품기획, 비즈니스 모델, 사용자경험을 고민할 수 있도록 일종의 생각할 거리food for thoughts를 주는 것이기에 독자의 혜안으로 나의 무리와 실수를 메꿀 수 있으리라고 여긴다.

마지막으로 언제나 그랬듯이 부족한 점이 많기에 이 책 또한 주변의 도움이 없이는 불가능한 작업이었다. 특히 '연인들'의 도움이 컸다. 연인이란 연세대 인지공학스퀘어 연구원을 말한다. 이번에는 특히 졸업생인 배진화와 김진현, 박사과정의 최혜민 연구원, 석사과정의 김세이, 유가온, 유은현 연구원의 도움이 컸다. 아마존 에코 알렉사의 생태계와 인터페이스 분석은 배진화와 김진현과 함께 기고했던 『테크M』의 글을 그대로 실었다. 더 잘 쓸 수 없을 것 같았다. 그리고 사물인터넷 사례들은 최혜민, 김세이, 유가온, 유은현 연구원이 기초자료 조사와 탁월한 분석을 해준 덕분이다. 연인들이 없었다면 생각조차 할 수 없었던 방대한 작업이었다. 진심으로 감사와 사랑을 표한다.

모쪼록 이 책이 사물인터넷 서비스를 통해 4차 산업혁명의 미래를 꿈꾸는 많은 사람들에게 도움이 됐으면 한다.

2017년 8월
조광수

서문 004

1부 사물인터넷의 시대 023

1 수직에서 수평으로 025

하늘 아래 모든 것이 사물인터넷으로 바뀐다 027

사물인터넷 서비스는 전통 제품과 무엇이 다른가 054

2부 사물인터넷 엣지 디바이스 075

1 건강과 운동 077

1. 필로토크 연인의 심장박동 소리를 전하는 팔찌와 스피커 078

2. 씽크 건강한 정신을 위해 뇌를 조율하는 멘탈 헬스 080

3. 뮤즈 뇌파 변화를 시각 이미지로 보여주는 헤드밴드 082

4. 벨티 착용자의 허리둘레에 맞춰 자동 조절되는 스마트 허리띠 084

5. 조본 업 심장 건강을 책임지는 팔찌 형태의 피트니스 측정기 086

6. 바이오링 24시간 다이어트와 건강을 책임지는 스마트 반지 088

7. 액티비테 스틸 나의 하루를 꼼꼼히 추적해주는 시계형 피트니스 추적기 090

8. 위딩스 고 24시간 전방위 피트니스 코치 092

9. 펄스 옥스 손목에 착용하는 형태의 활동량 측정 밴드 094

10. 기가 IoT 헬스 골프 퍼팅 올레TV를 이용한 가상의 골프 퍼팅 서비스 096

11. 기가 IoT 헬스 바이크 게임을 즐기며 재미있게 타는 실내용 스마트 자전거   099

12. 윈드 나와 함께 걸어 다니는 공기청정기   101

13. 스트라이크 센서를 내장한 야구공   103

14. 아이콘 스마트 콘돔 세계 최초의 스마트 콘돔 반지   105

2 수면과 휴식   109

15. 센스 완벽한 숙면을 위한 센스쟁이 수면 모니터링기   110

16. 지크 코골이를 막아주는 스마트 베개   112

17. 에스플러스S+ 수면 상태를 모니터링해 숙면을 처방하는 스마트 기기   114

18. 레스트온 얇고 기다란 패드 형태의 수면 모니터링 기기   116

19. 아우라 빛과 소리를 방출하는 탁상시계형 숙면 보조기기   118

20. 크로나 최적의 수면을 유도하고 아침마다 나를 깨우는 스마트 베개   120

21. 밸루가 자동으로 공기압이 조절되는 스마트 매트리스   122

22. 베딧 3 아무 방해 없는 패드 형태의 수면 모니터링 기기   124

23. 무조 소음 차단 기술을 이용한 개인 공간 생성기   126

3 미용과 간호   129

24. 네이키드 3D 트래커 체중계와 거울로 구성된 최초의 가정용 신체 스캐너   130

25. 기가 IoT 헬스 체지방계 플러스
   균형 잡힌 신체 체성분 관리가 가능한 스마트 체중계   132

26. 퀴디오 베이스 체중이 줄면 웃고 늘면 우는 스마트 체중계   134

27. 보디 카디오 복잡한 몸 상태를 명쾌하게 보여주는 스마트 체중계   136

28. 준 자외선 수치를 실시간 체크하는 팔찌 형태 웨어러블   138

29. 메드마인더 다정하게 약 먹을 때를 알려주는 스마트 약 보관통   140

30. 글로우캡 제때 약 복용 시간을 알려주는 스마트 약병   143

31. 기가 IoT 헬스 밴드 몸짱 신화에 도전하는 개인 트레이너 헬스 밴드   145

4 임신과 육아 149

32. 모두 산모와 아이의 신체 상태를 함께 측정한다 150

33. 아바 최적의 배란일과 최고의 컨디션을 찾아주는 손목 밴드 153

34. 듀오퍼틸리티 사랑의 최적일을 알려주는 겨드랑이 패치 156

35. 요노 배란일을 알려주는 초소형 귓속 체온 측정기 158

36. 하기스 트윗피 아기가 오줌 싸면 트윗으로 알려주는 기저귀 센서 160

37. 뤼리 슬립 가디언 2 악몽을 멈추게 하는 수면 모니터링기 162

38. 써모미터 귀에 넣어 체온을 측정하는 스마트 체온계 164

39. 피버 스카우트 부드러운 질감의 패치 형태 온도계 166

40. 써모 캡슐 사람뿐 아니라 사물 온도까지 재는 원격 온도계 168

41. 아울렛 아기의 컨디션을 체크해 알려주는 스마트 양말 170

42. 스프라우틀링 베이비 모니터 아기의 현재 상태를 정확히 체크하는 아기용 발목 밴드 172

43. 올비 아기 돌연사를 예방하는 클립 형태의 의료기기 174

44. 내닛 아기 침실을 지키는 아기 모니터링 카메라 176

45. 스마트 피피 '쉬'를 알리는 기저귀 전용 웨어러블 기기 178

46. 헬로 바비 아이들을 위한 스마트 장난감 말하는 바비 인형 180

47. 오랄비 지니어스 9000 칫솔의 움직임까지 보여주는 양치계의 수석 도우미 182

48. 플레이 브러시 건강한 양치 습관을 만드는 스마트 칫솔 장치 184

49. 아라 양치도 하고 게임도 하는 맞춤형 스마트 칫솔 186

50. 레인보우 깨끗이 닦지 않으면 움직이지 않는 스마트 칫솔 188

5 조리기구와 식기 191

51. 해피 포크 식사 습관 개선을 위한 스마트 포크 192

52. 스마트 플레이트 탑뷰 음식의 칼로리와 3대 영양소를 분석하는 스마트 접시 194

53. 푸드스니퍼 부패 정도를 탐지하는 식품 신선도 테스트기 196

54. 준 오븐 음식재료에 맞는 레시피를 제안하는 인공지능 오븐   198

55. 에그마인더 남은 달걀의 개수까지 파악해주는 냉장고용 달걀 보관함   200

56. 주세로 프레스 그 어떤 번거로움도 거절하는 스마트 주스 머신   202

57. 액티프라이 건강한 튀김 요리를 만드는 튀김 조리기구   204

58. 퍼펙트 베이크 프로 스마트폰과 태블릿 PC와 연동되는 스마트 저울   206

59. 아이그릴 2 고기의 온도 변화를 체크하는 블루투스 온도계   208

60 프라임 베실 모든 음료의 모든 성분을 분석해주는 스마트 텀블러   210

61. 팬텔리전트 자동으로 요리 온도를 조절하는 스마트 프라이팬   212

62. 프렙 패드 식재료의 칼로리 및 영양성분을 분석하는 스마트 저울   214

63. 스마트 크록-팟 조리 시간이 긴 요리를 위한 스마트 냄비   216

64. 미H압력밥솥 쌀의 특성에 맞게 취사 가능한 스마트 압력밥솥   218

65. 메이드 오븐 나만을 위한 나만의 요리가 가능한 스마트 오븐   220

66. 이코모 나쁜 성분을 제거해 맛있는 물을 만드는 스마트 텀블러   222

6 가구와 쇼핑   225

67. 사운드 테이블 감미로운 음악이 흐르는 테이블   226

68. 이오투 예술작품을 내 방의 액자로 만드는 스마트 디지털 액자   228

69. 앳모프 윈도 전 세계 풍경이 한눈에 펼쳐지는 27인치 디스플레이   230

70. 블루스마트 원 도난 및 분실 방지를 위한 스마트 캐리어   232

71. 스마트 홈 온수 매트 온수매트와 보일러로 구성된 스마트 홈 온수매트   234

72. 지니캔 쓰레기통에 붙여두는 바코드 스캐너   236

73. 게이즈 데스크 최적의 높이로 조절되는 스마트 스탠딩 책상   238

74. 심플렉스 뷰티 스마트폰과 한몸이 된 스마트 화장대   240

75. 주노 메이크업 최적의 조명을 설정하는 탁상용 조명 거울   242

76. 페르세우스 거울 세상에서 가장 똑똑한 스마트 거울   244

77. 아마존 대시 버튼 원 클릭으로 아마존 주문이 가능한 쇼핑 단말기   246

78. 하이쿠 식료품 구매를 도와주는 쇼핑 스캐너   248

79. 넛3 중요 물품의 분실을 방지하는 경고알림 장치   250

80. 기어아이 가방 속 분실방지 탐지 스캐너   252

81. 타일 메이트 분실물을 찾아주는 블루투스 위치추적기   254

82. 베이글 어디서든 무엇이든 거침없이 재고야 마는 스마트 줄자   256

7 가전제품과 센서·리모컨   259

83. 토스터로이드 식빵에 이모티콘 메시지를 그려주는 토스터   260

84. 아마존 탭 들고 다니는 개인비서   262

85. 탑브루어 순간 가열 기술의 주방용 스마트 커피 머신   264

86. 프로디지오 간편한 캡슐용 스마트 커피 머신   266

87. 스마트 아이언 스마트폰과 연결해서 사용하는 스마트 다리미   268

88. 인디펜다 먼 곳의 가족을 살필 수 있는 고령자용 스마트 TV   270

89. 트리비 사랑을 전해주는 가족 전용 무선 스피커   272

90. 패밀리 허브 냉장고 화목한 가정을 만드는 스마트 냉장고   274

91. 에리스타 차 마니아를 위한 스마트 티 메이커   276

92. 오닉스 전화보다 빠른 21세기형 스마트 무전기   278

93. 플레이:1 음악을 스트리밍하는 소형 무선 스마트 스피커   280

94. 뮤자이크 MP10 공간 전체로 소리를 확장시키는 무선 스피커   282

95. 구글 크롬캐스트 온라인 영상을 TV로 연결하는 스트리밍 어댑터   284

96. 마더와 모션 쿠키 수많은 용도로 사용되는 스마트 센서   286

97. 센시보 집 밖에서도 조절 가능한 센스쟁이 스마트 온도조절기   289

98. 레이 슈퍼 리모트 우리 집 유일무이한 최고의 리모컨   292

99. 세븐허그스 스마트 리모트 2만 5,000여 기기와 호환이 가능한 스마트 리모컨   294

100. 하모니 엘리트 최대 27만 기기 및 서비스와 연동 가능한 스마트 리모컨   296

101. 제닉 튠 태양열 스마트 난방 온도조절기   298

102. 리릭 T6 지능적인 보온 시스템   301

103. 푸봇 집 안 공기 측정기   304

8 조명   307

104. 오로라 레고블록하듯 디자인할 수 있는 스마트 조명기   308

105. 렐리트 LSX-170 새로운 분위기의 공간을 만들어주는 블루투스 스피커   312

106. 스트림라이트 블루투스 스피커가 결합된 스마트 조명   314

107. 휴 최고의 휴식을 주는 스마트 전구   316

108. 엠버라이트 분위기 연출 스마트 전구 소켓   318

109. 플럼 라이트패드 터치 패드가 장착된 스마트 전등 스위치   320

110. 스위처 전원용 조명 스위치 위에 설치하는 케이스   322

111. 이라이트 베드사이드 램프 조명심리치료 효과가 있는 스탠드형 스마트 램프   324

112. 라이트스트립 소형 LED가 장착된 줄 형태의 조명   326

113. 매직 스트립스 음악, 카메라, 타이머 모드가 있는 줄 형태의 스마트 조명   328

114. 자이어 아웃도어 전용 스마트 램프   330

115. 아이케어 스마트 램프 2 눈의 피로를 줄여주는 스탠드형 스마트 조명   332

116. 플레이버브 캔들 방향 기능을 포함한 스마트 조명   334

117. 라이프엑스 집안을 조율하는 스마트 조명   336

9 홈케어   339

118. 펫큐브 플레이 애완동물과 말하고 놀 수 있는 홈 카메라   340

119. 아이지니 1가정 1로봇 시대를 여는 홈서비스 로봇   342

120. 홈 집안의 움직임과 소리를 감지하는 시큐리티 카메라   344

121. 노션 집 안의 모든 상황을 알아서 체크하는 종합 센서 346

122. 파이퍼 한 치의 빈틈도 허락지 않는 홈모니터링 전용 카메라 348

123. 삼성 스마트씽즈 홈모니터링 키트
집 전체를 스마트하게 만들어주는 통합 관리기기 350

124. 벤티프레쉬 광촉매 공기 청정기 353

125. 온습도 스마트 센서 오차 없이 정밀한 스마트 온도 습도계 356

126. 리릭 누수와 결빙 감지 스마트 센서 358

127. 월리 홈 스마트 홈 관리 360

128. 센트리 집안을 지키는 다용도 스마트 LCD 디스플레이 362

129. 버디 공기질 모니터링과 연기 감지 기능 결합기기 364

130. 기가 IoT 홈캠 긴급출동 서비스가 가능한 보안용 홈카메라 366

131. 카나리 순간 포착이 가능한 원통 모양의 보안용 홈카메라 368

132. 서클 벽에 붙여서 사용할 수 있는 보안용 홈카메라 370

133. 뉴브라이트 터치포인트 조명에서 시큐리티까지 통합 스마트 홈 콘솔 372

134. 기가 IoT 가스안전기 집 밖에서도 가스 밸브를 잠글 수 있는 가스 안전기 374

135. 스마트 키패드와 스마트 락 원격으로 문을 열고 닫는 스마트 도어락 시스템 376

136. 락스마트 스마트폰으로 열 수 있는 전통 자물쇠 378

10 에너지 381

137. 기가 IoT 플러그 집안의 전기 총괄 담당 스마트 플러그 382

138. 브런트 플러그 알아서 껐다 켰다 하는 스마트 플러그 384

139. 스마트 아울렛 별도의 허브가 필요 없는 스마트 콘센트 386

140. 줄리 사용자를 추적하는 스마트 홈 플러그 388

141. 타도 스마트 에어컨 조절기
기존 에어컨의 리모컨을 대신하는 스마트 온도조절기 390

142. 스마트벤트 방마다 온도를 다르게 설정하는 온도조절기 392

143. 뉴리오 가정 내 에너지 사용량 모니터링기 394

11 허브 397

144. 에코 닷 조그마해진 대화형 인공지능 비서 서비스 398

145. 구글홈 모든 말귀를 알아듣는 가정용 인공지능 개인비서 401

146. 우후 우리 집 가족들 얼굴 음성 인식하는 허브 404

147. 큐빅 음성 인식이 가능한 나만의 디지털 비서 서비스 406

148. 아이비 식당 예약까지 해주는 허브 408

149. 플릭 버튼 원터치로 사물과 연결되는 스마트 리모컨 410

150. 윙크 릴레이 터치스크린 컨트롤러
     스마트 홈 디바이스와 앱 서비스를 관리하는 가정용 디스플레이 412

151. 링 제로 스마트 디바이스와 연결되는 반지 형태의 리모컨 414

152. 싱글큐 큐 사인과 제스처 인식이 가능한 스마트 홈 허브 416

153. 팝 스마트 버튼 버튼 하나로 동시에 두 명령을 실행시킬 수 있는 리모컨 버튼 418

154. 구글 와이파이 구글이 만든 와이파이 공유기 420

155. 큐조 든든하고 튼튼한 가정용 방화벽 422

12 식물재배 425

156. 플랜티 소셜 기능이 있는 유일한 스마트 화분 426

157. 플라워 파워 식물관리에 강력한 힘을 준다 428

158. 니와 원 인큐베이터 형태의 수경재배 시스템 430

159. 더 가든 실내 원예 및 어항 겸용 시스템 432

연결을 지배하는 자가 세상을 지배한다

1부

사물인터넷의 시대

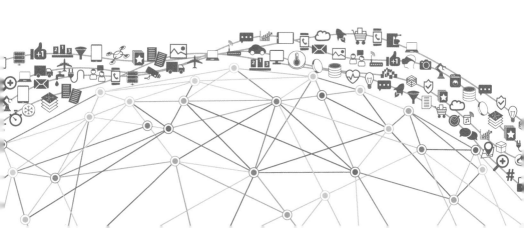

Cross-Domain Linkability

1
수직에서 수평으로

하늘 아래 모든 것이
사물인터넷으로 바뀐다

———

사물인터넷, 인공지능, 로봇 등 소위 2세대 기계가 생산의 주체로서 등장하며 산업과 비즈니스의 관상동맥을 장악하고 있다. 이러한 변화를 독일과 유럽에서는 주로 4차 산업혁명이라 부르고 미국에서는 디지털 컨버전스라고 부른다. 명칭이 무엇이든 배타적인 수직 구조에서 수평적 연결 구조로의 전환을 일으키고 있다. 이 전환은 순차적이고 점진적 발전이라기보다는 토마스 쿤이 저서 『과학혁명의 구조』에서 밝힌 바처럼 기존의 질서가 혁명적으로 전환되는 패러다임적 변화이다. 전통적인 패러다임은 수직적이며 획일적이어서 각 도메인이 분리돼 있고 도메인 내의 구성원은 단일한 사고를 기반으로 효율적인 집행을 중시한다. 하지만 새로운 패러다임은 이와 달리 다양한 도메인의 수평적 연결 기반이며 다양성과 융합을 중시하게 된다.

전통적으로 수직 계열화된 사회와 산업은 마치 100미터 달리기를 하는 주자처럼 각자의 선 안에서 머물며 빠르게 뛰어야 한다. 하나를 선택

사물인터넷은 정보화시대를 넘어 산업과 비즈니스의 패러다임을 수평적 연결구조로 바꾸고 있다. 이 때문에 수직적 획일성보다는 인간 중심의 다양성과 포용적 사고를 근거로 하는 수평적 연결, 즉 크로스 도메인 융합이 주요한 경쟁력이 된다.

하고 집중해서 '한우물 파기'식 사고를 해야 한다. 예를 들면 삼성전자, 엘지전자, 현대기아차 같은 국내의 대표적 글로벌 기업은 각 사업부가 한 가지의 디바이스에 집중한다. 스마트폰 담당사업부는 스마트폰에 주력하고 TV사업부는 스마트 TV에 집중한다. 현대기아차는 전체 기업이 자동차라는 디바이스 하나만 생각한다. 수직 계열적 통합은 조직 전체가 단일한 목표를 위해 효율적으로 움직일 수 있다. 정해진 목표를 완수하기 위해 탑다운 방식의 효율적인 공급망supply chains을 구성하며 시장 경쟁력도 높일 수 있다. 이는 필연적으로 조직 내의 다양한 사고, 자율성, 창의성보다는 강력한 리더십에 의한 사고와 의사결정이 조직 전체를 통제하며 확산된다. 조직원은 탑다운된 지시를 빠르게 집행해야 한다.

일본의 세콤은 도난경보기의 성능만으로는 도둑을 막을 수 없다는 상식을 깨닫고 위험 경보가 울리면 경비원을 보내는 서비스를 하게 되었다.

그러나 단점도 있다. 예를 들어 2007년 애플의 아이폰이 등장하면서 선풍적인 인기를 끌었지만 당시 셀폰의 강자인 LG전자는 미처 대응을 하지 못했다. LG전자가 할 수 없는 첨단 기술이었기 때문이 아니다. 아이폰은 근본적으로 전화기와 컴퓨터의 이종 도메인 간 융합이다. 그런데 LG전자에서 전화기와 컴퓨터는 상호 경쟁적인 다른 사업부가 맡고 있었기 때문이다. 여느 기업이 그러하듯 서로 상대방의 사업 영역을 침범할 수 없었고 그렇다고 획일화된 사고를 하는 사업부 간에 협력도 어려웠다.

사물인터넷은 산업과 비즈니스 패러다임을
수평적 연결지배성으로 바꾼다

4차 산업혁명을 대표하는 사물인터넷은 정보화시대를 넘어 산업과 비즈니스의 패러다임을 수평적 연결구조로 바꾸고 있다. 이 때문에 수직적 획일성보다는 인간 중심의 다양성과 포용적 사고를 근거로 하는 수평적 연결, 즉 크로스 도메인 연결지배성이 주요한 경쟁력이 된다. 프롤로그에서 언급했던 가스경보기처럼 도난경보기도 마찬가지 예이다. 일본의 세콤은 도난경보기의 성능만으로는 도둑을 막을 수 없다는 상식을 깨닫고 위험 경보가 울리면 경비원을 보내는 서비스를 하게 되었다.

재규어 2015 시리즈부터 적용된 네비도 인간 중심의 사용자경험이 적용된 사례이다. 기존의 네비는 자동차의 출발지에서 도착지를 안내한다. 즉 자동차 중심의 사고이다. 하지만 이를 사용자경험 관점에서 보면 사용자가 자동차를 이용하는 이유는 자신이 목적지로 이동하기 위한 것이다. 자동차를 목적지 근처로 옮겨놓으려는 게 아니다. 따라서 재규어의 네비는 자동차가 목적지 근처에 다다르면 주차할 공간을 찾고 주차 후에는 목적지로 이동할 수 있도록 스마트폰으로 안내한다.

이러한 연결은 사물인터넷이 기존의 제품과 차별화되는 주요한 요소이다. 그래서 다음 섹션에서는 사물인터넷에 대해 간단하게라도 이해하는 기회를 가져보도록 하자.

사물인터넷은 스마트 씽즈를 기반으로 한 데이터 서비스이다

사물인터넷이란 용어는 2009년 캐빈 애쉬튼Kevin Ashton이 지었지만 원래 사물지능통신이라고 불렸던 머신투머신M2M, Machine To Machine의 개념에서 시작되어 현재는 사물들을 인터넷으로 연결해 작동하는 개념으로 발전해가고 있다. 사물인터넷은 보통 특별한 목적을 가진 스마트 (임베디드) 디바이스, 인터넷 서비스, 인터넷에 연결할 게이트웨이 디바이스, 모바일 앱이나 웹으로 구성되어 있다. 그리고 사용자 인터페이스 UI는 스마트폰 앱과 웹, 디바이스 자체에 있는 온보드 콘트롤러, 혹은 둘

왼쪽부터 스마트 플레이트 탑뷰, 스마트컵 프라임, 스마트 포크 해피포크. 이들은 일반 사물이 스마트화된 스마트 씽즈이다. 사물인터넷이 아니다.

다일 수 있다.

사물인터넷을 이해하기 위해서는 먼저 사물인터넷 디바이스 혹은 스마트 씽즈Smart Things를 이해해야 한다. 스마트 씽즈는 다른 말로 스마트 디바이스 혹은 임베디드 디바이스라고도 불린다. 사물인터넷은 개별 디바이스 기술이 아니라 데이터 중심의 서비스이고 이를 위해 사용하는 기기를 사물인터넷 디바이스 혹은 스마트 씽즈라고 부른다. 학술적으로는 그래서 사물인터넷 엣지edge 디바이스라고 부르기도 한다. 스마트 씽즈는 일반 사물이 스마트화된 것이다. 예를 들어 건강을 위하여 음식의 양을 측정하는 스마트 플레이트 탑뷰, 음료수를 모니터링하는 스마트 컵 프라임베실, 그리고 과식이나 급식을 할 때마다 부르르 떠는 해피포크가 그것이다.

참고로 우리가 평소 스마트폰을 디바이스라고 부르는 경향이 있는데 그리 적절한 호칭은 아니다. 디바이스란 형태는 기능을 따른다form follows function처럼 특수한 목적에 맞게 기능과 형태가 일관성을 가지는 것이다. 예를 들어 망치라는 디바이스는 못같이 튀어나온 것을 힘을 가해 두드릴 수 있도록 형태를 갖추었다(참고로 이 책에서 기기라는 용어를 디바이스와 같은 의미로 쓸 것이다). 스마트폰은 휴대 가능한 다목적 슈퍼컴퓨터여서 특수한 형태가 있을 필요는 없으며 시스템이라고 부르는 게 보다 적절할 수 있다.

스마트 씽즈에는 환경을 탐지하고 입력Input을 받을 수 있는 센서가 있다. 예를 들어 위치측정장치GPS 센서는 위치를 찾아주고 온도센서는 외부 온도를 알아내고 무게 센서는 무게를 잰다. 이런 센서는 기본적으로 아날로그 정보를 디지털 정보로 전환한다. 그리고 디지털 정보값을 처리할 수 있는 프로세서가 있다. 스마트폰과는 달리 강력한 프로세서를 가진 경우는 거의 없고 최소한의 성능만 가졌다. 그리고 이를 네트워크를 통해 전송할 통신모듈이 있다. 보통 와이파이나 블루투스를 통해 연결한다.

예를 들어 스마트 의자를 만든다고 하자. 저울에 쓰는 로드셀 센서를 부착하면 무게를 알 수 있고, 즉 누군가 앉아 있는지를 알 수 있다. 식당에서 사용하면 손님이 있다는 것을 알 수 있다. 또 의자의 위치와 시간 정보를 연결하면 어떤 자리가 언제 인기가 많고 어느 자리가 자주 비는지 알 수 있다. 그러면 식당은 좌석배치를 다시 할 수 있다. 이 스마트 의자를 좀 더 발전시키면 손님의 몸무게를 측정할 수 있고 심지어 체지방이나 자세를 측정할 수 있다. 그리고 무엇을 먹는지, 얼마를 사용하는지 같은 정보를 연결할 수 있다. 여기서 효율적인 운영안이 나오고 좋은 서비스를 만들 수 있다.

병원 침대도 스마트 침대로 만들고 경영전략의 대가 마이클 포터의 소위 모니터링 서비스를 할 수 있다. 이전 예에서 사용했던 저울센서를 사용하면 침대에 환자가 있는지를 알 수 있다. 그리고 만약 밤 사이 침대에서 측정하는 무게가 심하게 왔다갔다했다면 환자가 잠자리에서 뒤척였다는 것을 알 수 있다. 그러면 아침에 회진하는 의사에게 이를 알려줄 수 있다. 의사는 "어제 치료가 힘드셨나 봅니다. 밤새 잠을 못 주무셨네요."라며 따뜻한 한 마디를 건넬 수 있다. 병원 전체에서 보면 환자들의 수면상태를 한번에 파악하고 관리할 수 있게 된다.

사물인터넷은 스마트 씽즈를 기반으로 한 데이터 서비스다. 여기서 어떤 가치를 만들어내는가가 비즈니스의 핵심이라고 볼 수 있다. 예를 들어 위딩스의 스마트 체중계는 그 자체로는 기존 저울에 새로운 기능이 추가된 스마트 씽에 불과할 수도 있다. 그런데 헬스메이트와 마이피티니스팔이란 서비스를 통해 위딩스 고, 펄스 옥스, 액티비테 스틸 등 토탈 건강관리 서비스를 하고 있다.

사물인터넷은 이종의 도메인을 수평적으로 연결하는 크로스 도메인 비즈니스이다

이미 우리는 초연결사회에 살고 있다. 그러나 스마트폰 시대의 초연결과 사물인터넷 시대의 초연결은 양적인 팽창뿐만 아니라 질적인 비약에서 또 다르다. 사물인터넷을 위시로 하는 연결은 전혀 다른 도메인들을 쉽게 연결할 수 있기 때문이다. 기술적인 난이도마저 낮은 사물인터넷은 이종의 도메인을 수평적으로 연결하는 크로스 도메인 비즈니스에 최적화되어 있다. 이 점에서 사물인터넷의 영어 표현인 인터넷 오브 씽즈Internet of Things에서 씽즈Things는 대표복수를 넘어 실제 복수형이라고 볼 만큼 이종의 도메인이 연결될 수 있다는 의미를 내포한다.

나는 크로스 도메인을 설명하기 위해 종종 중국요릿집에 가면 볼 수 있는 턴테이블을 비유로 든다. 턴테이블 위에는 다양한 종류의 음식이

중국집에 가면 턴테이블처럼 빙글빙글 돌아가는 원형 식탁이 있다. 중국인들은 '좐반转盘, 둥근 유리판' 혹은 저녁식사 턴테이블dinner-table turntables이라고 부르는데 국제적으로는 '레이지 수잔 테이블A lazy susan Chinese Restaurant table'로 부른다. 나는 크로스 도메인을 설명하기 위해 종종 중국요릿집에 가면 볼 수 있는 그 턴테이블을 비유로 든다. 턴테이블 위에는 다양한 종류의 음식이 올려지고 사람들은 턴테이블을 돌리며 다양한 종류의 음식을 먹는다. 이를 헬스케어에 적용하면 일명 턴테이블 헬스케어 신사업이 탄생할 수 있다.

올려지고 사람들은 턴테이블을 돌리며 다양한 종류의 음식을 한 자리에서 먹는다. 예를 들어 이를 헬스케어에 적용하면 일명 턴테이블 헬스케어 신사업이 탄생할 수 있다. 사람들은 건강을 지키기 위해 피트니스센터에 가서 운동하고 아프면 병원이나 약국에 가고 음식 조절을 위해 채소와 과일을 먹거나 건강식을 한다. 이를 담당하는 전통 산업은 개별적으로 분류된 수직적 채널 산업이다. 그런데 이것들을 '크로스(경계를 허물고 서로 엮으며 교차)'해서 수평적으로 연결하면 새로운 서비스가 탄생한다. 즉 턴테이블 헬스센터는 마치 원스톱 서비스처럼 운영된다. 고객이 센터에 도착하면 먼저 의사와 만나 건강 상태를 체크한다. 상담 내용을 바탕으로 피트니스 트레이너는 근력 운동이든 유산소 운동이든 적절한 결정을 하며 진행한다. 다음에는 식이요법 전문가와 상담 후 식사를 할 수 있다. 고령층의 경우는 기억력 강화를 위한 인지치료를 추가할 수도 있다. 이는 사용자 입장에서는 건강관리를 위해 필요한 것들을 원스톱으로 한 장소 안에서 턴테이블처럼 돌아가며 제공받는 것이다.

최근 지하철 광고에서 본 '독립운동'이란 서비스 역시 일종의 크로스 도메인이라고 할 수 있다. 독립운동 서비스는 지하철역 근처의 피트니스 센터들을 연결해 고객은 자신이 원하는 곳은 어디든지 가서 운동할 수 있도록 했다. 마찬가지로 독립운동 고객이라면 각 가맹점 고객만 이용할 수 있던 필라테스나 댄스 등 업장 고유의 프로그램을 이용할 수 있게 연결했다.

크로스 도메인 같은 수평적 연결은 하드웨어 자체보다 데이터에 기반한 서비스가 핵심이다. 물론 사물인터넷 서비스는 하드웨어 기기 없이 불가능하지만 여러 기기 간에 발생하는 데이터를 연결하여 이루어진다. 그러다 보니 자연스럽게 하드웨어 기기 안에 내재된 서비스에서 벗어나게 되어 마치 아바타 현상처럼 하드웨어 기기와 서비스가 분리된다. 사용자경험 디자인 전문가 마이크 쿠니아브스키Mike Kuniavsky도 마찬가지 표현을 썼다. 예를 들어 우리나라의 교통카드를 생각해보자. 사람들은 버스, 전철, 택시에서 교통요금을 내기 위해 T-머니카드, 신용카드, 스마트폰 등을 사용한다. 요금을 지불하기 위해 사용할 수 있는 기기가 매우 다양하고 버스, 전철, 택시에서 사용하는 수신기 또한 다양하다. 하드웨어 중심의 시스템에서는 어떤 하드웨어를 추가할 것인가 혹은 제외할 것인가는 매우 중대한 결정이다. 시스템 전체에 영향을 미치기 때문이다. 그런데 교통카드 서비스에서는 그렇지 않다. 무엇을 추가하든 사용하든 그렇다. 더군다나 고객 입장에서는 오직 교통요금을 결제하는 서비스만이 중요하다.

하드웨어 아바타 현상은 결국 서비스가 하드웨어 기기에 종속된 모습에서 벗어나 자유로운 서비스를 할 수 있게 된다. 예를 들어 영상콘텐츠 서비스를 굳이 스마트TV에서 할 필요 없이 냉장고든 세탁기든 테이블이든 혹은 심지어 스마트컵에서도 할 수 있다. 너무 당연한가?

사물인터넷은 사용자경험 중심의 비즈니스 모델 혁신이다

사물인터넷은 비즈니스 모델에도 변화를 몰고 오고 있다. 왜냐하면 사물인터넷 서비스는 연결 과정에서 도출된 데이터를 기반으로 새로운 가치와 수익을 창출할 수 있기 때문이다.

미국의 신생 자동차보험사 메트로마일MetroMile은 고객들에게 페이퍼마일Pay-per-mile이란 서비스를 내놓았다. 페이퍼마일이란 주행거리에 따라 보험료를 책정하는 모델이다. 일반 보험사들이 연 단위로 고정 보험료를 내는 것과 달리 주행거리에 따라 보험료를 산정한다. 즉 차를 몰지 않으면 보험료가 적게 나오고 많이 운전한 달은 보험료가 많이 나온다. 이것이 가능한 이유는 사물인터넷 디바이스 덕분이다.

메트로마일의 보험에 가입하면 메트로마일 펄스Metromile Pulse라는 기기를 보내준다. 그럼 자동차의 운전석 대시보드 아래쪽에 있는 운행기록 자기 진단 장치ECU와 연결되는 일명 OBD 포트에 연결하면 된다. 이 기기는 스마트폰이나 블루투스에 연결하지 않아도 직접 메트로마일의 서버로 주행정보를 보내게 된다. 물론 보험료는 주행거리, 운전자의

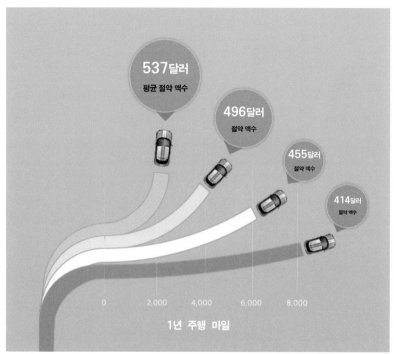

537달러
평균 절약 액수

496달러
절약 액수

455달러
절약 액수

414달러
절약 액수

0   2,000   4,000   6,000   8,000

1년 주행 마일

미국의 신생 자동차보험사 메트로마일MetroMile은 고객들에게 페이퍼마일Pay-per-mile이란 서비스를 내놓았다. 페이퍼마일이란 주행거리에 따라 보험료를 책정하는 모델이다. 일반 보험사들이 연 단위로 고정 보험료를 내는 것과 달리 주행거리에 따라 보험료를 산정한다. 즉 차를 몰지 않으면 보험료가 적게 나오고 많이 운전한 달은 보험료가 많이 나온다.

나이, 사고경력, 자동차 가격에 따라 영향을 받고 산정이 된다. 그렇지만 사용량만큼 보험을 낸다는 개념은 고객 입장에서는 매우 합리적으로 보인다.

혁신적인 비즈니스 모델을 언급할 때 구글이 인수한 네스트랩Nest Labs을 언급하지 않을 수 없다. 네스트랩의 주력제품은 온도조절기다. 이 온도조절기를 집안에 설치하고 원하는 실내 온도를 설정하면 자동으로 보일러와 에어콘을 작동시켜 스스로 최적 온도에 맞게 조절해준다. 가격은 세전으로 약 250달러다. 네스트랩의 본업을 제조라고 본다

네스트랩은 러시아워 리워드 프로그램이라는 흥미로운 비즈니스 모델을 가지고 있다. 고객이 이 프로그램에 가입하면 네스트랩의 온도조절은 고객이 아닌 네스트랩에서 직접 한다. 러시아워 리워드 프로그램에 가입한 고객은 집에 도착하기 한 시간 전부터 집 온도를 서서히 낮춰준다. 고객은 냉방된 집에 들어갈 수 있고 덕분에 전기세도 절약할 수 있다.

면 온도조절기를 판매하는 것이 수익모델이어야 한다. 그런데 네스트랩은 러시아워 리워드 프로그램Rushhour reward program이라는 흥미로운 비즈니스 모델을 가지고 있다. 고객이 이 프로그램에 가입하면 네스트랩의 온도조절은 고객이 아닌 네스트랩에서 직접 한다.

예를 들어 텍사스처럼 무더운 곳에 사는 직장인들은 퇴근 후 집에 도착하면 뜨겁게 달궈진 집을 식히기 위해 에어컨을 튼다. 거의 동 시간대에 집안 온도를 급격히 낮추게 된다. 이렇게 되면 발전소에 과부하가 걸리며 낭비가 발생한다. 그런데 러시아워 리워드 프로그램에 가입한 고객은 집에 도착하기 한 시간 전부터 집 온도를 서서히 낮출 수 있다. 고객은 냉방된 집에 들어갈 수 있고 덕분에 전기세도 절약할 수 있다. 동시에 발전소의 과부하를 막을 수 있고 결과적으로 발전소는 비용을 줄일 수 있게 된다. 네스트랩은 전기회사들로부터 절약된 비용 중 일부를 받고 이 중 일부를 다시 고객에게 돌려준다. 그래서 고객은 예컨대 '이번 달에는 20달러를 절약했습니다.'라는 수표를 받는다.

네스트랩의 수익모델은 전통 제조업에 시사하는 바가 특히 크다. 제조업체가 데이터 기반의 서비스를 통해서 본업의 추가 수익모델을 가질 수 있을 뿐만 아니라 경우에 따라서는 배보다 배꼽이 더 큰 훌륭한 수익원이 될 수 있기 때문이다. 네스트랩의 수익모델은 고객의 에너지 절약 활동으로부터 부가적이면서 지속적인 수익을 창출할 수 있다. 고객들도 마찬가지로 다양한 가치를 얻을 수 있다. 제품을 구매하고 나서 에너지 절약으로 돈을 벌고 환경에도 이바지한다.

　네스트랩의 사례는 개별 제품 중심의 비즈니스를 넘어서는 사물인터넷 서비스, 즉 연결을 통해 기존과는 다른 가치를 창출하는 모습을 잘 보여준다. 덕분에 월풀Whirlpool도 네스트랩의 협력업체가 됐다. 월풀은 네스트랩의 온도조절기와 연동해서 전기요금이 낮은 시간에 세탁기와 건조기를 사용할 수 있도록 했다. 네스트랩 온도조절기와 연결하니 사람들이 집에 없는 때를 알 수 있다. 사람들이 집에 없을 때는 전기요금이 많이 나오는 고온 고속 건조보다는 오래 걸리더라도 온도를 낮춘 상태에서 건조기를 돌리면 에너지를 절약할 수 있다. 만약 빨래 건조 중에 사람들이 집으로 돌아오면 소음이 덜 나는 조용한 모드로 작동할 수 있다. 만약 네스트랩의 러시아워 리워드 프로그램에 가입했다면 고객은 에너지를 절약한 만큼의 추가적인 혜택을 받을 수도 있다. 네스트랩의 비즈니스는 지속적으로 확장됐고 동시에 월풀은 에너지 효율을 높일 수 있게 됐다.

　글로벌 정유사 비피BP의 경우도 눈여겨볼 만하다. 비피는 직원들에게 핏비트Fit-Bit라는 웨어러블 기기를 나눠줬다고 한다. 그 덕분에 직원들이 얼마나 걷고 뛰는지 알 수 있었고 직원의 건강을 챙길 수 있었다. 그런데 비피는 여기서 멈추지 않고 직원의 운동 데이터를 갖고 의료보험사와 협의해서 직장 의료보험 비용을 낮출 수 있었다. 비피는 직원들

기업에서는 직원들의 건강을 챙기기 위해 웨어러블 기기를 나눠주기도 한다. 그러면 직원들이 얼마나 걷고 뛰는지 알 수 있고 또 그 데이터를 가지고 의료 보험사와 협의해서 직장 의료 보험 비용을 낮출 수 있다. 직원 건강도 챙기고 보험료도 낮추고. 일거양득이다.

의 건강을 챙기면서도 의료비용을 줄일 수 있었던 것이다.

톰 크루즈가 주연한 영화 「마이너리티 리포트」에서 보면 디지털 광고판에서 길가는 사람의 망막을 촬영해서 신상을 확인하고 심박수도 측정해서 힐링 상품을 추천한다. 웨어러블 디바이스를 연결해 사물인터넷 서비스를 초개인화하는 비즈니스 모델도 속속 등장하고 있다. 네스트랩과 손목에 착용하는 밴드 형태의 웨어러블 기기인 조본 업Jawbone Up을 예로 들어보자. 조본 업을 통해서 사용자가 수면 중인지, 깨어 있는지, 운동 중인지를 파악할 수 있다. 즉 네스트랩은 이 데이터를 이용해 수면 중, 깨어 있는 중, 혹은 운동 중 선호 온도를 알 수 있다.

슬리피오Sleepio라는 회사도 밴드와 연결을 했다. 슬리피오에서는 이 데이터를 분석해서 수면 문제를 극복하도록 돕는 온라인 프로그램을 월

호텔이나 최근 지어지는 아파트나 쏘카 같은 렌트카에서는 필수 아이템이 되고 있고 미국에서는 부동산들이 키박스에 적용하고 있다.

25달러에 판매하고 있다. 이런 사례들은 사물인터넷 서비스라는 연결 기반 새로운 비즈니스의 가능성을 잘 보여준다. 그렇게 연결을 통해 창출된 데이터는 기존에 가질 수 없었던 새로운 수익 창출을 일으킬 수 있다.

마지막으로 어거스트August의 스마트 도어락같이 원격으로 제어하는 도어락이 널리 퍼지고 있다. 호텔이나 최근 지어지는 아파트나 쏘카 같은 렌트카에서는 필수 아이템이 되고 있고 미국에서는 부동산들이 키박스에 적용하고 있다. 임시번호를 발급하거나 일시적인 사용을 허가해야 할 때 카드발급을 위해 만나야 하는 번거로움이나 유지 비용을 줄이면서도 관리가 쉽기 때문이다. 힐튼 호텔도 2014년부터 객실 키를 이런 스마트키로 대체하고 스마트폰 전용 앱으로 관리하고 있다. 더불어 스마트키 전용 앱을 호텔 서비스와 연결시켜서 객실을 직접 고르는 것은 물론 체크인과 체크아웃까지 가능하게 할 예정이다.

2020년경 사물인터넷 디바이스는 260억 개가 넘을 것이다

사물인터넷의 무한한 가능성에도 근 미래가 장밋빛이라고 보이지만은 않는다. 특히 스마트 홈 영역에서는 그렇다. 스마트 기기가 너무 많아져 연결이 새로운 위험을 잉태하기 때문이다. 미국의 정보기술 컨설팅 회사인 가트너의 짐 툴리Jim Tully 부사장은 2020년경이 되면 사물인터넷 디바이스가 260억 개가 넘을 것으로 예측했다. 이 수치를 지구상 인터넷 가입자 수로 나누면 1인당 최소 10여 개에서 30개 정도를 써야 한다. 이를 다시 4인 가정으로 계산하면 한 가정당 40개에서 120개 정도가 된다. 즉 사물인터넷 세상이 본격적으로 현실화하면 한 사람이 수십 대의 컴퓨팅 기기를 사용하게 된다는 것이다. 이런 단순한 계산 수치로만 보아도 세상은 상당히 복잡해짐을 짐작할 수 있다. 기껏해야 스마트폰에 컴퓨터 한 대에 프린터 한 대 관리하는 삶과는 무척 다르다. 그래서 나는 사물인터넷을 '끔찍한 인터넷Internet of Terribles'이라고 부르기도 한다. 필연적으로 엄청나게 많은 스마트 기기와 사물인터넷 서비스가 등장할 것이다. 마치 조직에서 중간관리자가 역할을 담당하여 인력을 관리하는 것과 비슷하다. 현재 아마존 에코나 SK텔레콤 누구 같이 초보적인 비서 역할은 앞으로 더욱 강화될 것으로 보인다.

사용자의 관점에서 사물인터넷 서비스의 복잡성은 구입 후 처음 설치할 때부터 시작된다. 보통 냉장고나 세탁기 같은 가전제품은 전원만 연결하고 나면 즉시 사용할 수 있지만 사물인터넷 디바이스들은 몇 가지 추가적인 설치를 해야 하는 경우가 있다. 예를 들어 네스트랩스의 온도 조절기나 스마트 가스 밸브 차단기처럼 기존 배선을 뜯어서 새로 설치해야 한다거나 시설 공사를 하면서 변형을 가하는 경우가 그러하다. 이는 일반 사용자에게는 버거운 일이 아닐 수 없다. 이런 초기 연결의 어려움은 자동차용 블랙박스도 마찬가지이다. 너무 복잡해서 서비스 업체에 가지 않으면 일반인은 설치하기 어려운 경우가 적지 않다. 그런데 애플에서 스마트카를 하던 이들이 나와 창업한 펄Pearl이란 스타트업은 후

2020년경이 되면 사물인터넷 디바이스가 260억 개가 넘을 것으로 예측된다. 세상은 상당히 복잡해짐을 짐작할 수 있다. 기껏해야 스마트폰에 컴퓨터 한 대에 프린터 한 대 관리하는 삶과는 무척 다르다. 그래서 나는 사물인터넷을 '끔찍한 인터넷'이라고 부르기도 한다.

방카메라를 자동차번호판에 프레임을 꽂아서 설치하고, 스마트폰에 무선으로 연결해서 사용할 수 있는 리얼비전Rear Vision을 시장에 내놓았다. 이들의 혁신은 쉬운 설치였다.

아울러 와이파이나 블루투스 같은 통신 인프라와 연결하는 것 역시 사용자들이 겪는 어려움이다. 사용자는 직접 네트워크에 연결하기 위해 여러 가지 지정을 해야 한다. 블루투스라면 기기도 찾아야 하고 각종 비밀번호를 교환하며 서로 페어링pairing시켜야 한다. 이 과정은 상당히 복잡하고 어렵다. 이런 네트워크 연결과 셋업은 인터넷에 연결되는 기기가 늘어날수록 더 복잡해질 것이다. 장노년 층에게는 무척 힘든 일이다. 개인적으로는 우리나라 IT 기기들이 상당히 취약한 부분이라고 보는데

스마트업인 펄은 후방카메라를 자동차번호판에 프레임을 꽂아서 설치한 뒤 스마트폰에 무선으로 연결해서 사용할 수 있는 리얼비전Rear Vision을 시장에 내놓았다. 이들의 혁신은 쉬운 설치였다.

중소기업만의 이슈가 아니다. 심지어 국내 유명 가전업체의 스마트TV 에서 이런 문제를 경험하기도 했다. 스마트TV의 기능을 쓰려 해도 매우 복잡한 와이파이 설정이 필요했다. 더군다나 한 번만 설정하면 되는 게 아니라 종종 초기 설정을 다시 반복해야 했다. 그렇지 않아도 어려운데 와이파이 설정까지 매번 해야 하는 상황에서 결국 스마트TV 기능을 포기하고 말았다. 물론 외국 제품에서도 이런 문제가 발생했다. 소노스Sonos 스피커는 다양한 컨텍스트에 따라 플레이 리스트와 플레이 시간을 사용자 마음대로 설정해 이용할 수 있는 와이파이 기반 무선 음향 시스템이다. 그런데 와이파이 라우터를 변경하자 소노스 음향 시스템이 먹통이 됐다. 매뉴얼에 있는 대로 여러 차례 시도해봤지만 연결이 되지 않았다. 하드웨어 드라이버가 필요 없는 플러그 앤 플레이Plug & Play 시스템처럼 사물인터넷 시스템도 네트워크 환경을 스스로 판단하고 자동으로 설치될 수 있어야 한다.

소노스Sonos 스피커는 다양한 컨텍스트에 따라 플레이 리스트와 플레이 시간을 사용자 마음대로 설정해 이용할 수 있는 와이파이 기반 무선 음향 시스템이다. 그런데 와이파이 라우터를 변경하자 소노스 음향 시스템이 먹통이 됐다. 매뉴얼에 있는 대로 여러 차례 시도해봤지만 연결이 되지 않았다.

사물인터넷 서비스는 사용 중에 문제가 생기면 원인을 진단하기도 어렵지만 원인을 파악해도 문제를 해결하기 쉽지 않을 수 있다. 그러다 보니 의도치 않은 결과를 낳기도 한다. 미국의 제이시페니 백화점에서는 모든 제품에 무선자동 정보인식장치RFID 태그를 붙이고 여기서 모인 데이터를 이용해서 재고관리를 하고 공급망도 개선하고자 했다. 이전에는 바코드를 사용해서 수작업으로 처리했지만 근거리 무선통신NFC이나 무선자동 정보인식장치RFID를 활용해 모든 물품을 추적하고 관리할 수 있게 됐다. 그리고 무선자동 정보인식장치RFID 태그를 사용하면 고객이 스스로 계산을 하고 나가는 셀프 체크아웃도 활성화할 수 있기 때문에 비용을 절감할 수 있으리라 예상했다. 그런데 막상 현장에서는 큰 문제가 발생했다. 무선자동 정보인식장치RFID가 보내는 무선주파수가 도난 방지 센서와 간섭 현상을 일으켰다. 결국 당장 운영해야 하는 무선

자동 정보인식장치RFID 서비스를 위해 도난 방지 센서를 제거했다. 그러자 상점 절도가 급증했다.

그런데 이 문제를 해결하기 위해 설치해놓은 무선자동 정보인식장치 RFID 태그를 회수하려 했으나 워낙 작아 찾아내서 회수하는 것 자체가 어려웠고 막대한 비용이 발생했다. 아울러 고가의 새로운 무선자동 정보인식장치RFID 기술을 구매하고 설치하는 비용도 생겼다. 이 과정에서 협력사들 또한 새로운 하드웨어가 필요했다. 또 새롭게 소프트웨어도 설치해야 했고 또다시 여러 가지 운영비용이 발생했다. 기기 간 연결로 서비스 사용하기가 더 복잡해졌다. 필연적으로 사용 편의성이라는 사용자경험이 나빠질 수밖에 없다. 이는 자연스레 사물인터넷 서비스의 소외 계층을 만들어낼 수 있다. 사물인터넷의 혜택을 누리는 데 나이별, 지역별, 소득별 차이가 발생할 수 있다는 얘기다. 그래서 사물인터넷의 성공은 이러한 복잡성을 줄이는 것에 달려 있다고 해도 과언이 아니다. 그 어느 때보다도 사용자경험적 접근이 필요하다.

또한 우리에게 많은 혜택을 가져다줄 사물인터넷의 최대 걸림돌 중 하나는 사생활 침해와 안전 문제다. 전통적으로 사생활이라고 여겨지지 않았던 부분이 사물인터넷에서 탐지되고 비즈니스에 사용되고 있다. 예를 들어 위치기반 쿠폰 서비스는 사용자가 매장에 들어간 것을 탐지해서 쿠폰을 준다. 즉 사용자의 위치 정보를 활용해서 비즈니스에 활용한다. 웨어러블 기기들은 사용자의 위치 정보 데이터뿐만 아니라 심장박동 같은 생체 데이터를 측정한다. 사물인터넷은 인간의 개입 없이 스스로 데이터를 수집하고 처리한다. 그러다 보니 사람들이 원하지 않는 데이터도 자동으로 수집될 수 있다. 외국 정보기관에서는 꺼져 있는 스마트TV의 카메라나 마이크를 통해 실내를 촬영했다고 보도된 바도 있다.

이제는 데이터가 누구의 소유이고 어디까지 허용되는지가 문제되고 법적인 이슈로 등장하기 시작했다.

헬스케어와 라이프 스타일 분야에서 사물인터넷을 통해 수집하는 생체 데이터와 생활 데이터 역시 활용되고 있다. 이에 대한 사회적 논의도 필요하다. 개인 정보는 물론이고 개개인의 사생활과 건강 정보까지 다루기 때문이다. 누군가가 자신의 신체적 비밀을 아는 것은 썩 유쾌한 일이 아니다. 이보다 더 무서운 것은 바로 신체 해킹이다. 통신망이 5세대 이상으로 발전하면 1,000배 이상의 속도를 즐길 수 있다고 한다. 하지만 1,000배 속도라는 것은 단순히 속도만 빠른 것이 아니라 우리 몸에서 사용하는 뇌파 등과 같은 대역폭을 쓸 수 있다는 것을 내포한다. 영화에서나 나오는 신체 조작이나 브레인 해킹 등이 더는 웃을 일이 아니게 된 것이다.

또한 사물인터넷의 안전 이슈는 심각할 지경인데 심지어 생명을 위협하는 사례도 나타나고 있다. 예를 들어 지프Jeep사의 체로키는 인터넷에 연결된 스포츠 차량이다. 어느 날 고속도로를 달리는 중에 두 명의 해커가 해킹해서 에어컨, 라디오, 대시보드를 마음대로 조종했다. 심지어 브레이크마저도 작동 불능으로 만들어버려서 급기야 도로를 넘어 구덩이에 빠졌다. 해커들은 지프의 엔터테인먼트 시스템에 접속해 관리자 권한을 획득하고 차량 내의 다양한 기기들을 원격으로 통제했던 것이다. 이전에도 유사한 사례가 있었다. 해커들이 도요타자동차를 해킹해 운전대를 움직이고 브레이크를 마음대로 조정하기도 했다. '무선 자동차 절도범'이라는 별명의 해커들을 막기 위해선 보안 시스템에 대한 진지한 고민이 필요했다. 이 두 명의 해커들은 보안의 중요성을 환기하고자 한 실험이라고 했지만 일상화할 수 있는 현실이다. 보안과 물리적

안전 문제를 진지하게 고민해야 한다. 그렇지 않은 기업들은 당장 화려한 성장을 하더라도 순식간에 몰락할 수 있다.

연결을 지배하는 자가 세상을 지배한다

그럼에도 사물인터넷은 거스를 수 없는 대세가 됐다. 이제는 연결을 지배하는 자가 세상을 지배한다. 사물인터넷을 중심으로 하는 제3세대 비즈니스는 기존 전통 IT 비즈니스를 넘어서는 새로운 서비스를 창출하며 기업에는 신성장 동력의 역할을 할 수 있다. 특히 기존에 존재하지 않는 비즈니스 모델을 통한 수익 창출의 기회는 큰 매력이 아닐 수 없다. 다만 사물인터넷 시대가 마냥 장밋빛 미래만을 보장할 것으로 생각해선 안 된다. 수많은 기기 간 연결을 기반으로 하는 사물인터넷 서비스는 지나치게 복잡하고 이해하기 어렵다는 속성이 있기 때문이다. 따라서 사물인터넷 시대로 접어들면 들수록 연결의 복잡성을 제거하는 사용자경험의 역할은 더욱 중요하다고 할 수 있다.

예를 들어 가정에서 쓰는 스마트TV 리모컨을 보자. SK 브로드밴드나 KT 올레TV, LG U+ TV 등의 가입자라면 최소한 두 개의 리모컨이 있다. 하나는 스마트TV 제조사에서 만든 리모컨이고 또 다른 하나는 TV 서비스 제공사에서 만든 리모컨이다. 그런데 이 둘 중 어떤 리모컨을 사용하는가. 전통 사용자경험 관점에서 보면 기본적으로 제조사에서 만든 리모컨이 우수하다. 온갖 정성을 들여 만들었다. 이해도 쉽고 사용도 쉽고 심미적이기도 하다. 그런데 사람들은 아주 멋지고 심플하게 만든 고급진 리모컨보다는 통신사가 만든 복잡한 리모컨을 쓴다. 왜 그럴까? 제품 하나 잘 만들어서 차별화를 가져와야 하는 전통 사용자경험과 휴

사람들은 아주 멋지고 심플하게 만든 고급진 리모컨보다는 통신사가 만든 복잡한 리모컨을 쓴다. 이유는 생각보다 간단하다. 제조사 리모컨을 이용하면 스마트TV는 켤 수 있지만 통신사의 셋톱박스를 켤 수 없기 때문이다.

먼 컴퓨터 인터렉션HCI 관점에서 보면 답이 나오지 않는다.

하지만 이유는 생각보다 간단하다. 제조사 리모컨을 이용하면 스마트TV는 켤 수 있지만 통신사의 셋톱박스를 켤 수 없기 때문이다. 이와 달리 통신사의 리모컨은 스마트TV도 켤 수 있을 뿐만 아니라 콘텐츠를 시청하기 위한 채널도 조정할 수 있고 볼륨키도 가지고 있다. 열심히 만든 스마트TV 리모컨은 통신사의 셋탑박스를 켜고 끌 수도 없고 채널을 바꾸거나 소리를 조절할 수 없다. 통신사 리모컨이 연결을 장악하고 결국 스마트TV는 디스플레이로만 역할을 하며 수많은 스마트 기능과 콘텐츠는 버려진다.[*]

리모컨의 사례에서 기기 간 연결을 지배했기 때문에 제조사와의 경쟁에서 승리할 수 있었다고 하면 과언일까? 이렇게 사용자 인터페이스를 장악하려는 노력이 진행되고 있다. 이 시대를 대표하는 연결을 장악한 인터페이스의 사례는 2014년 11월에 등장한 아마존 에코를 들 수

---

[*] 삼성전자에서 2016년에 출시한 리모콘 One Remote를 꼭 분석해보기 바란다. 편리, 연결 그리고 혁신적인 비즈니스를 그린 대단히 우수한 리모콘이다.

있다.* 애플의 시리나 구글의 구글나우를 원통형 스피커에 옮겨놓은 듯한 모습에서 출발해서 2년이 지난 지금 아마존 에코는 매일 새로운 서비스가 에코의 생태계에 편입하면서 끊임없이 진화하는 사물인터넷 허브로 각광받고 있다.

아마존 에코는 대화형 인터페이스를 사용자 인터랙션의 전면으로 부상시키고 뒷단에는 다양한 서비스 생태계를 꾸렸다. 즉 사용자가 다종다기한 서비스와 기기들의 사용자 인터페이스를 배워야 할 필요 없이 에코에게 대화하듯 음성으로 명령하기만 하면 된다. 그러면 에코가 통일적으로 관리해준다. 따라서 에코의 가치는 생태계의 가치와 함께 상승할 것이며 대화형 인터페이스에 사용자는 락인된다.

그 생태계를 보면 에코는 아마존 프라임 서비스를 통해 사용자의 취향대로 무제한의 음악을 재생해준다. 음악 스트리밍은 시작일 뿐이다. 인터넷에 연결된 에코는 척척박사처럼 궁금한 것은 그 무엇이든 즉각 답해준다. 검색을 위해 스마트폰을 찾을 필요도 없고 포털에 들어가 타이핑할 필요도 없다. 집안 어디에서든지 에코는 사용자의 질문에 바로 반응하며 영화정보, 통근길 안내, 일정 확인 등 인터넷 정보부터 개인정보까지 원하는 건 뭐든지 읊어준다. 심지어 책까지 읽어주는 만능 엔터테이너이다.

또한 아마존 쇼핑몰과 연계돼 있어 결제 및 쇼핑을 편리하게 만들어준다. 아마존 대시가 버튼 하나로 필요한 물품을 주문할 수 있게 해줬다면 에코는 주문방법을 더욱 편하고 직관적인 방법으로 변화시켰다. "알렉사, 우유 좀 주문해줘." 한 마디면 쇼핑, 주문, 결제 그 모든 것이 다 해

---

* 아마존 에코 관련 글은 배진화, 조광수의 2016/04/1 『테크M』 칼럼 「스마트 스피커에서 IoT 허브로, 아마존 에코」를 재편집하여 수록.

아마존 에코는 대화형 인터페이스를 사용자 인터랙션의 전면으로 부상시키고 뒷단에는 다양한 서비스 생태계를 꾸렸다. 즉 사용자가 다종다기한 서비스와 기기들의 사용자 인터페이스를 배워야 할 필요 없이 에코에게 대화하듯 음성으로 명령하기만 하면 된다. 그러면 에코가 통일적으로 관리해준다.

결되는 것이다.

　이와 같이 에코는 제품 자체의 고유 기능으로 사람들의 엔터테인먼트와 소비의 라이프 스타일을 변화시켰다. 하지만 에코가 사물인터넷 세상의 한가운데로 들어오게 된 것은 외부 서비스와 스마트 기기들과의 연결이 가능해지면서부터다. 이를 위해 아마존 에코는 아마존 내부의 음악이나 영상 등의 콘텐츠 서비스와 쇼핑서비스뿐만 아니라 외부의 도미노피자, 우버, 판도라 음악서비스, 공영라디오NPR 뉴스 같은 서비스를 연동하고 있다(참고로 우리나라 『조선일보』의 플래시 브리핑을 한국어로 들을 수 있다). 아울러 스마트 홈 사물인터넷들이 아마존 에코에 연결하고 있다. 최근에 나오는 것들은 거의 모두라고 할 정도이다. 아마존 에코에 연결하면 스마트폰 전용 앱을 쓰는 대신 "거실의 위모를 켜다오."처럼 에코에게 음성으로 명령해서 스마트 디바이스를 제어할 수 있다.

사실 아마존 에코의 시도는 이미 애플과 구글에서 시도했던 것이다. 하지만 아마존은 음성인터페이스 시장의 후발주자이며 기술력에서 뒤진다고 평가를 받았음에도 성공했다. 애플과 구글이 스마트폰에 집착하며 폐쇄적으로 자신들이 지배할 생태계를 구축하려 했던 반면 아마존은 사람들은 집에서 스마트폰을 내려놓는다는 평범한 사용자경험의 진리에 주목했다. 그래서 집에서는 스마트폰 대신 쓸 수 있는 스마트 스피커를 착안했다. 그리고 스마트 홈 내에 들어올 수 있는 가지각색의 사물인터넷 기기들을 수용해낸 개방형 정책을 펼쳤다. 즉 다양해지는 기기들을 어떻게 연결하고 포용할지 고민하는 것이 바로 스마트 홈 허브의 핵심이다. 아마존 에코는 애플이나 구글과 달리 오픈 마인드로 각종 사물인터넷 기기들을 쉽게 호환하는 방향으로 가고 있다. 다른 기기들과 연결 호환이 잘되는 것만으로도 사용자들이 느끼는 진입 장벽은 낮아지기 때문이다.

아마존은 각종 기기의 포용과 더불어 에코를 통해 새로운 앱이 서비스되는 것 또한 적극 장려한다. 아이폰을 중심으로 앱 생태계가 활성화됐던 것처럼 에코를 중심으로 하나의 거대한 생태계가 형성되기 시작한 것이다. 아마존은 에코라는 하나의 제품을 서비타이제이션servitization해 추가 가치를 지속적으로 창출하고 있다. 서비타이제이션이란 특정 제품에 서비스를 추가해 제품을 통한 물리적인 가치뿐만 아니라 서비스 가치까지 얻을 수 있도록 하는 것이다.

앞으로 다가오는 사물인터넷 시대는 결국 연결을 지배하는 자가 지배할 것이다. 즉 이제 위대한 제품은 연결을 잘해야 한다.

음성인터페이스 외에도 큐빅처럼 앱들의 앱이 돼 생태계를 장악하려고 한다거나 스마트씽즈사처럼 플랫폼화하려고 하고 있다. 스마트씽즈사는 아직 완벽한 오픈 시스템은 아니지만, 문 자물쇠는 슈리지 앤 퀵셋 Schlage and Kwikset을 지원하고 조명이나 파워소켓은 GE와 허니웰이 지원되고 오디오는 소노스, 필립스 휴, 벨킨, 위딩스들이 지원되고 있다.

사물인터넷 서비스는 기기와 서비스 간의 연결을 기반으로 해서 연결이 수월해야 한다. 다시 말해 사용자가 편하게 사용할 수 있는 연결이어야 생명력을 가질 것이다. 앞으로 다가오는 사물인터넷 시대는 결국 연결을 지배하는 자가 지배할 것이다. 즉 이제 위대한 제품은 연결을 잘해야 한다.

사물인터넷 서비스는
전통 제품과 무엇이 다른가

———

　사물인터넷 서비스는 전통 전자제품이나 스마트폰과 근본적인 차이가 있다. 일반적으로 (임베디드) 디바이스, 인터넷, 인터넷에 연결할 게이트웨이 디바이스, 모바일 앱, 웹으로 구성돼 있다. 사물인터넷을 전통 제품과 핵심 구성요소 측면에서 먼저 간단히 비교해보자. 사물인터넷 디바이스는 용도와 목적이 분명히 정해져 있기에 상대적으로 저성능 프로세서와 저용량 메모리를 가지고 일부 역할은 클라우드와 분담하기도 한다. 이와 달리 스마트폰은 다양한 목적을 위해서 사용하는 다목적 시스템이기에 마이크로 프로세서나 메모리 모두 파워풀하다. 예를 들어 위딩스 체중계 보디 카디오Body Cardio는 측정한 몸무게를 스마트폰으로 전송하는 정도의 간단한 역할만을 한다. 마찬가지로 전원과 배터리도 제약이 있다. 사물인터넷 디바이스는 반드시 전기를 쓴다. 그런데 일반 가전제품과 달리 도어락이나 습도 센서처럼 위험한 곳에 부착하거나 외부온도탐지기처럼 전기 공급이 쉽지 않은 곳에 설치하는 경우가 종종 있다.

위딩스 체중계 보디 카디오Body Cardio는 측정한 몸무게를 스마트폰으로 전송하는 정도의 간단한 역할
만을 한다.

그럴 경우 배터리를 써야 하므로 배터리의 성능뿐만 아니라 배터리 관리
가 사물인터넷 서비스 질에 영향을 미친다. 사물인터넷의 차별성은 앞서
간단히 살펴본 것에만 국한되지 않는다. 이제 사물인터넷의 주요한 특징
몇 가지를 좀 더 상세히 살펴보자.

사물인터넷은 인터넷을 사용한다

사물인터넷에서는 인터넷이 그 무엇보다도 핵심 역할을 한다. 따라서
다양한 종류의 유무선 네트워크와 통신 프로토콜로 구성된 인터넷의
불안정성, 비동기적 특성, 연결 지연이 성능에 영향을 미친다. 만약 인
터넷이 끊기면 서비스 자체가 중단된다. 우리나라같이 인터넷이 안정된
곳이라면 그런 문제가 없겠지만 미국이나 유럽만 가도 문제가 자주 생
긴다. 인터넷 자체의 문제 외에도 사용자의 스마트폰 배터리가 떨어진
다거나 와이파이가 끊어지는 등의 이슈도 인터넷 연결에 영향을 미칠
수 있다.

사물인터넷은 연결할 디바이스마다 사용하는 운영체제OS, 소프트웨어, 각기 다른 통신규약과 기술표준들이 혼재되어 있다. 그럼에도 연결해야 한다. 이 역시 인터넷의 특징이다. 그래서 위딩스의 경우 공통적인 인터넷 서비스를 가지고 데이터를 공유하려고 한다. 하지만 애플의 에어플레이는 독자 생태계 내의 애플 제품끼리만 커뮤니케이션할 수 있다. 이에 비해 유튜브는 어느 스마트폰을 사용하든 스마트TV로 쉽게 연결된다.

사용자 인터페이스와 디바이스가 분리돼 있다

인터넷의 특성을 끌어안은 사물인터넷은 대개 사용자 인터페이스UI가 매우 독특하다. 전기밥솥을 제어하는 사용자 인터페이스는 전기밥솥 위에 있는 것처럼 일반적으로 전자제품은 제품 자체에 사용자 인터페이스가 탑재되어 있다. 그런데 종종 사물인터넷은 제품 자체에 있는 제어용 사용자 인터페이스뿐만 아니라 스마트폰의 앱이나 웹으로 입출력을 원격으로 제어한다. 스마트폰 앱을 이용하는 원격제어는 보일러처럼 접근성이 떨어지는 위치에서는 편리하다. 아울러 조명이나 온습도 센서 등 관리해야 할 센서와 디바이스가 많은 경우 역시 스마트폰 전용 앱으로 통합 관리하는 게 편리하다. 예를 들어 포트레즈Fortrezz는 물 사용량을 모니터링하는 디바이스, 수도 파이프에서 직접 물을 중단시키는 밸브 액추에이터, 실내의 누수 경보기를 갖추고 있다. 이런 것들을 개별적으로 직접 관리하기보다는 전용 앱 하나로 하는 게 편리할 것이다.

그런데 인터넷의 특성상 원격에서 사물인터넷을 제어하면 나타나는 비동기성이 여러 이슈를 불러일으킬 수 있다. 디바이스와 콘트롤 인터

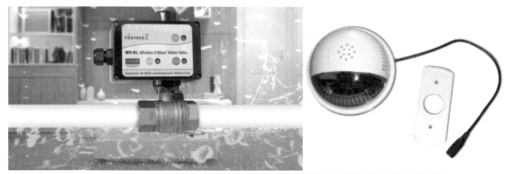

포트레즈Fortrezz는 물 사용량을 모니터링하는 디바이스, 수도 파이프에서 직접 물을 중단시키는 밸브 액추에이터, 실내의 누수 경보기를 갖추고 있다. 이런 것들을 개별적으로 직접 관리하기보다는 전용 앱 하나로 하는 게 편리할 것이다.

페이스가 연동돼 있지만 실시간으로 제어할 수 없기 때문이다. 인터넷의 비동기성 때문이다. 이메일을 상상하면 쉽게 이해될 것이다. 이메일을 보낸다고 해서 즉시 상대방에 전달되는 게 아니라 약간의 오차가 생긴다. 보내는 쪽에서의 시간소요도 있겠지만 수신자의 소프트웨어가 메일 서버에 접속해서 확인해야 하기 때문이다. 물론 10초 간격으로 확인할 수도 있고 10분 간격 혹은 30분 간격으로 할 수도 있고 메일 클라이언트 프로그램을 열 때만 확인할 수도 있다. 즉 사물인터넷 디바이스는 속성상 인터넷에 간헐적으로 접속하고 그 간극이 비동기화된 순간이라고 볼 수 있다. 물론 자주 확인하는 것도 좋으나 그만큼 프로세서의 자원을 이용하고 배터리를 사용하는 점에 유의해야 한다.

비동기성이 미치는 영향을 예를 들어 살펴보자. 어느 무더운 여름날 귀갓길에 스마트폰 앱으로 집 에어컨을 미리 작동시키려 한다고 하자. 스마트폰 앱으로 집에 있는 에어컨을 조작해서 실내온도를 섭씨 25도로 맞추려고 했다. 이때 사용자가 조작한 스마트폰 앱에는 섭씨 25도로 돼 있을 것이다. 그러나 막상 에어컨이 인터넷에 접속해서 명령을 체크하고 받는 데 30분마다 하게 돼 있다면 어쩌면 집에 돌아와도 원하는 온도로 내려가지 않을 수 있다. 심지어 에어컨의 실제 상태는 스마트폰의 앱으로 전달되지 않았을 수도 있다. 이런 불연속성과 지연반응이 사물인터넷이 가진 현실이다. 여기서 자세히 논의하진 않지만 예약, 계약, 결제에 사물인터넷을 이용할 때는 실시간 운영체제와 인터넷의 속성을 좀 더 고려해야 할 것이다.

이러한 사물인터넷의 원격 제어는 미래의 결과를 위한 것이어서 전통적인 직접 조작direct manipulation의 원리와 상충한다. 따라서 미래 오작동 시 나타날 문제를 미리 고려해야 한다. 마찬가지로 사용자의 입력에 대해 즉각적인 피드백을 주기 어렵다는 점 역시 한계이다. 사용자들은 즉각적인 피드백과 결과를 원하지만 지연 반응은 서비스의 질을 넘어서서 실제 시스템이 고장이 난 것으로 생각할 수도 있기 때문이다.

스마트폰에서의 사용자경험과 달리 사물인터넷에서는 사용자 인터페이스와 디바이스 사이에 인터넷이 들어간다. 따라서 사용자가 사물인터넷 디바이스를 제어하려고 할 때 인터넷이 가진 속성이 사용자경험에 그대로 영향을 미친다. 브라우저로 인터넷 사이트에 접속했을 때 끊어졌던 경험이 있을 것이다. 우리가 만드는 사물인터넷 서비스에도 그대로 적용이 될 수 있다. 사물인터넷은 인터넷이란 불안정성과 지연 속성을 내포한 연결에 기반하기 때문이다. 예를 들어 외출한 사이에 친구가 방문했다고 하자. 다행히 스마트 도어락을 사용하고 있었다. 친구는 열쇠가 없으니 원격으로 열어주었다. 그런데 문만 열리고 이 친구는 들어가질 않았다. 문을 잠그기 위해 신호를 보냈지만 막상 인터넷이 끊긴다거나 스마트폰 배터리가 떨어지면서 닫으라는 신호가 해당 디바이스에 도착하지 않았다면? 결국 문을 활짝 열어놓은 셈이다. 이 이슈가 여러분의 집과 회사 그리고 금고에 적용될 수 있다. 스마트락을 사용하는 렌트카의 경우를 상상해보자. 온라인으로 예약하고 렌트카가 있는 곳으로 가서 스마트폰을 통해 인증하고 차를 열고 타게 된다. 그런데 예약은 돼 있는데 차량으로 예약 정보가 전달되지 않아서 열리지 않는다면 불편한 점이 많을 것이다. 이 시나리오들은 전통적인 사용자경험의 원리인 즉각 반응성이나 투명성 원리에 심각히 어긋난다. 실시간 동기화는 사물인터넷에선 어려운 이슈이기 때문이다. 사물인터넷은 인터넷의 특성상 시공의 불연속성을 가정하고 작동한다는 점을 잊지 않길 바란다.

하나의 사물인터넷 서비스에서 사용자 인터페이스가 다양하고 복잡해질 수 있다. 우선 사용자 인터페이스가 스마트폰 전용 앱으로 주어지는 경우와 디바이스의 온보드 콘트롤러 인터페이스로 주어지는 경우의 디자인이 상당히 다를 수 있다. 따라서 사용자가 이해하고 사용하기 어려울 수 있다. 그런데 대개 디바이스상에 콘트롤 인터페이스가 있지만 없는 경우도 있다. 예를 들어 온도조절기 중에 네스트는 디바이스에 휠 기반의 온도조절장치가 붙어 있고 상대적으로 앱을 이용한 콘트롤은 잘 사용하지 않는다. 이와 달리 타도Tado는 디바이스에 온보드 입출력 콘트롤 인터페이스 없이 스마트폰 앱을 통해 컨트롤하게 돼 있다. 그래서 온도조절기 바로 옆에 있어도 스마트폰을 꺼내서 사용해야 한다. 이 두 가지는 전혀 다른 비즈니스 모델을 가지고 있다. 네스트랩은 로컬에서 조절하는 게 목적이지만 타도는 로컬에서 콘트롤을 하지 못하게 하는 것이 목적이다. 중앙에서 관리하는 목적에 적합하다.

만약 이프트IFTTT 규칙처럼 자동화 설정을 하면 사용자가 개입하기 어려울 수도 있다. 예를 들어 노래가 재생될 때마다 노래에 맞추어 조명의 색을 변화하도록 했다고 하자. 그런데 어느 순간 노래는 듣고 싶지만 조명이 바뀌는 게 불편하여 조명을 껐다. 하지만 다음 노래가 재생되면 다시 조명이 밝아오게 된다. 자동화를 하면 할수록 사용자가 개입하기 어려워진다. 여기에 센서가 추가되고 디바이스와 연결 규칙이 추가되면 그 복잡도가 지수 함수적으로 증가할 수 있다.

사물인터넷은 연결을 지배하는 상호사용성이 중요하다

전통적으로는 개별 제품의 사용성이 중요했다. 그러나 사물인터넷 서비스에서는 개별 제품의 사용성도 중요하지만 상호사용성interusability이 더 중요하게 고려되어야 한다. 사물인터넷 서비스는 연결된 서비스와 기반 하드웨어들의 기기 간 상호사용성이 핵심이기 때문이다. 따라서 사용자가 사물인터넷 시스템을 개념적으로 이해하기가 쉽지 않다. 기존 전통 제품보다 복잡하기 때문이다.

사물인터넷을 사용자가 제대로 이용하기 위해서는 구성 요소들보다 전체를 시스템적으로 이해할 수 있도록 해야 한다. 사물인터넷의 서비스와 기능은 여러 구성 디바이스와 센서들로 분산되어 있고 기기 간 상호작용에 달려 있기 때문에 시스템 모델에 대한 이해가 되지 않으면 설치에서부터 사용하는 자체에 어려움이 생긴다. 예를 들어 만약 정수기와 공기청정기가 연결된 사물인터넷 서비스를 한다고 하자. 그럼 정수기를 이해하는 것과 공기청정기를 이해하는 것으로는 충분하지 않다. 정수기와 청정기의 상호작용을 이해해야 한다. 또 다른 예로 스마트 홈 제품들이 보통 여러 개의 온습도센서를 사용해야 한다. 넷애모나 센서푸시사의 스마트센서는 온습도를 측정하는데 냉장고 안과 세탁실 등등 집안 곳곳에 흩어 설치한다. 그렇다면 사용자는 개별 센서보다는 전체

센서 생태계의 시스템을 이해해야 할 것이다.

사물인터넷은 전기를 사용한다

너무 당연한 이야기라 의아할 것이다. 모든 사물인터넷 디바이스는 전기를 써야 한다. 전기를 사용할 수 없을 때는 배터리를 써야 한다. 도어락, 리모컨, 휴대용 스피커, 웨어러블 등등 상당수가 그렇다. 아울러 대개 임베디드 디바이스나 센서는 눈에 띄지 않는 배경에 머물기도 한다. 그래서 처음에 설치할 때 외에는 사용자와 상호작용을 거의 하지 않는다. 더군다나 손이 닿기 어려운 곳이나 잘 가지 않는 곳에 설치되니 결국 배터리 소비에 관해서도 고려해야 한다. 또 배터리가 소모됐을 때도 고려해야 한다. 특히 보안용 사물인터넷 서비스는 심각하게 고려해야 할 것이다.

사물인터넷이 모두 전기를 사용한다는 보편적 특징을 매우 잘 이용한 사례가 있다. 바로 벨킨의 위모WeMo이다. 위모는 일종의 스마트 플러그*이다. 원격으로 전기를 조절하거나 차단할 수 있고 전기사용량을 모니터링할 수 있다. 이 플러그는 모든 전기 사용 전자제품을 원격으로 통제할 수 있다. 즉 일반 플러그 단자에 위모를 끼고 여기에 어떤 전자제품이든 전원을 연결하면 원격으로 제어할 수 있다. 예를 들어 스탠드 조명을 위모에 연결하면 원격으로 조명을 조작할 수 있다. 침대 옆에 스탠드 조명이 없더라도 잠자리에 들어서 불을 _끄_거나 켜기 위해 일어날 필요가 없어 매우 유용하다. 더군다나 필립스 휴hue처럼 고가의 스마트 전구를 사지 않아도 집안 조명의 밝기를 원격으로 조절하고 _끄_고 켤 수

---

* 우리가 평소 콘센트라고 부르는 말은 콘센트릭 플러그를 줄인 일본용어이다.

위모는 일종의 스마트 플러그이다. 원격으로 전기를 조절하거나 차단할 수 있고 전기사용량을 모니
터링할 수 있다. 이 플러그는 모든 전기 사용 전자제품을 원격으로 통제할 수 있다.

있다. 최근에 휴 가격이 내렸지만 전구 3개에 15만 원이다. 아직은 부담
이 되는 가격이다.

　네트워크에 접속하는 자체도 에너지를 소모한다. 환경에서 탐지한
정보를 처리하고 보내는 것도 에너지가 든다. 그래서 가급적 덜 접속
하고 덜 처리해야 오래간다. 그래서 모션 센서들은 보통 저전력 상태
에서 5분 주기로 작동하고 특정 이상 징후가 발생한 경우만 네트워크
에 접속한다. 단점은 금방 알아차릴 것이다. 각 주기가 끝난 직후에 일
이 터지면 그 다음 주기가 시작될 때까지는 속수무책이다.

　전력소비 이슈는 사용자 인터페이스에도 주요한 영향을 미친다. 그래
서 스마트폰처럼 다양한 시도를 하기도 어렵지만 디바이스의 출력에도
제약을 준다. 이와 관련된 독특한 사례가 필립스 휴 탭이다. 필립스 휴 탭
은 필립스의 스마트전구인 휴의 원격 스위치인데 배터리를 사용하지 않
는다. 그 대신 사용자가 탭의 스위치를 누를 때 발생하는 운동에너지를
사용한다.

사물인터넷 사용자경험의 핵심은 데이터이다

사물인터넷의 핵심가치는 서비스이다. 개별 하드웨어에 내재된 기능보다 중요하다. 예를 들어 집안에 보안카메라가 포함된 사물인터넷을 설치했다고 하자. 그럼 사용자경험의 핵심은 보안카메라 자체의 성능을 넘어서서 안전을 지키기 위한 전체 시스템의 서비스에 있다.

다양한 디바이스들의 플랫폼 역할을 하면 할수록 결국 사물인터넷 디바이스들에서 수집하는 데이터가 사물인터넷 서비스의 핵심이다. 예를 들어 미국 도시에서 교통체증의 30%는 주차장을 찾는 차들 때문이라고 한다. 우리나라의 '모두의 주차장' 서비스 같은 미국의 스트리트라인의 파커Streetline's Parker는 센서를 이용해서 비어 있는 주차공간을 모니터링해 운전자들에게 공유한다. 넷애모는 공기의 질, 대기압, 습도, 온도들을 측정하지만 막상 센서에는 사용자 인터페이스가 없다. 이 센서들에서 모은 데이터를 모니터링하고 제어하고 분석하는 것은 스마트폰이나 태블릿의 앱으로만 가능하다. 특히 센서들을 많이 사용할수록 이런 경향이 강해진다.

사물인터넷 디바이스 중에는 홈네트워크 안에 항시 머무르는 것이 있는가 하면 집 안팎을 오고 가는 것들이 있다. 집으로 들어오면서 외부의 데이터를 분류하고 정리할 수 있을 것이다. 예를 들어 주말에 가족과의 소풍에서 찍은 사진, 개인용 피트니스 트래커의 데이터, 병원진료기록은 가정 내 클라우드로 자동으로 백업되도록 하는 것이 필요하다.

사물인터넷의 UX/UI는 설치부터 시작이다

앞서 끔찍한 사물인터넷에서 언급한 것처럼 사물인터넷의 사용자경험은 설치부터 시작이다. 특수목적형 디바이스와 센서를 설치해야 하기에 위치를 선정하고 전원을 연결하고 인터넷이나 게이트웨이 역할을 하는 디바이스에 연결해야 한다. 연결, 연결, 연결……. 관련 디바이스를 연결한다면 또 연결해야 한다. 예를 들어 인공지능 온도조절기 네스트는 보기엔 화려해도 설치하려면 집안의 전원 아웃렛을 뜯고 기존의 전선을 연결해야 한다.

세상을 연결하는 규칙 이프트

사물인터넷을 접하다 보면 이프트IFTTT란 용어를 만나게 될 것이다. 이 용어는 사실 린덴 티베츠Linden Tibbets가 만든 스타트업의 이름이다. 다양한 소셜미디어나 정보서비스들이 각기 독립적으로 서비스하고 있었는데 이들을 연결하고자 2010년 12월에 창업해 2012년부터 이프트 서비스를 시작했다. 프로그래밍을 몰라도 사용할 수 있도록 하는 게 목표였다. 이프트란 이프 디스 덴 댓IF This Then That의 약어로서 만약에 어떤 조건이 맞는다면 어떤 행위를 하라는 규칙이다. 전자의 조건 부분이 트리거 역할이고 후반이 액션의 역할을 한다. 하지만 프로그래밍을 하는 게 아니라 질의응답식으로 화면을 눌러서 선택하며 진행하면 이프트 규칙을 생성할 수 있다. 매우 쉽다. 남녀노소 누구나 할 수 있고 매우 강력하다. 물론 직접 만들지 않아도 된다. 이프트 규칙은 공유할 수 있기 때문에 다른 사람이 만든 것을 이용해도 된다. 예를 들어 "인스타그램에 사진이 올라오면 구글 드라이브로 그 사진을 저장하라."라거나 "(일기예보에서) 비가 온다고 하면 필립스 휴 조명의 색을 푸른색으로 바꿔라." 혹은 "전화가 오면 위모를 이용해 집안 조명을 깜빡거리게 하라."

2008년 트위터에 올라오는 글의 해시태그에 따라 비눗방울을 만들어내도록 한 버블리노Bubblino는 세상을 놀라게 했다. 사물인터넷 콘셉트가 의미하는 바도 그런 수평적인 연결의 의미이다.

같은 규칙을 설정할 수 있다. 이프트에서는 이런 규칙을 레시피라고 부른다. 이프트는 매우 쉬우면서도 헤아리기 어려울 만큼 많은 서비스를 제공한다. 지금 즉시 스마트폰 앱에서 다운받아 사용해보길 추천한다.

　이프트가 널리 퍼지게 만든 사례들이 있다. 2012년 런던올림픽 당시 미국 스포츠 채널인 ESPN의 한 기자가 미국이 금메달을 땄다는 뉴스가 나올 때마다 벨킨 위모에 연결된 디스코볼을 작동하게 했고 미국 국가를 SNS로 보내도록 이프트를 사용했다. 결혼식에서 하객들이 사진을 찍고 인스타그램에 올린다. 이때 #누구와누구의결혼 이란 해시태그를 달고 올리면 자동으로 수집해서 드롭박스에 저장하고 페이스북의 사진 앨범으로 만들 수 있다. 하객들에게 메일로 보내달라고 요청하고 일일이 하던 일을 이프트 덕분에 자동으로 연결해서 할 수 있게 된 것이다. 우리 집에서 사용하는 이프트 중에는 가수 케이트 페리의 「로어Roar」가 나오면 나노리프 오로라 조명의 컬러 패턴을 컬러 블라스트Color Blast로 바꾸도록 했다.

　이미 간파한 것처럼 인스타그램과 구글 드라이브는 서로 다른 서비

이프트란 이프 디스 덴 댓IF This Then That의 약어로서 만약에 어떤 조건이 맞는다면 어떤 행위를 하라는 규칙이다. 전자의 조건 부분이 트리거 역할이고 후반이 액션의 역할을 한다. 하지만 프로그래밍을 하는 게 아니라 질의응답식으로 화면을 눌러서 선택하며 진행하면 이프트 규칙을 생성할 수 있다. 매우 쉽다.

스이다. 하지만 이프트 덕분에 연결할 수 있고 일기예보 서비스와 필립스 휴 디바이스를 연동시킬 수도 있다. 이미 페이스북, 트위터, 인스타그램, 구글 지메일, 캘린더 등의 수백 가지 서비스가 연동돼 있고 위모, 네스트, 아마존 에코, 필립스 휴 같은 수많은 사물인터넷 디바이스들을 연동할 수 있다.

연결을 관리하는 인공지능 비서와 대화형 인터페이스*

사물인터넷에서 이프트FTTT와 함께 가장 많이 접하는 말이 바로 대화형 인터페이스인 아마존 에코에 연결할 수 있다는 것이다. 아마존 에코는 알렉사란 이름으로 불리는데 마치 영화 「허」에 등장하는 사만다나 「아이언맨」의 인공지능 가상비서 자비스처럼 인간과 동일한 방식으

---

* 김진현, 조광수의 2016/11/25 『테크M』 칼럼 「AI 비서 시대, '대화'의 본질 자문해야」를 재편집하여 수록.

로 대화하면서 사용자가 원하는 정보를 준다. 영화의 시간적 설정 때문에 왠지 먼 미래에서나 경험할 것 같았는데 이제는 '대화형 인터페이스'라는 이름으로 이미 주위에서 다양한 형태로 경험하고 있다. 스마트폰이나 데스크톱을 열면 손쉽게 운영체제os에 내장된 가상비서 기능을 이용하기도 하고 '구글 홈'이나 '아마존 에코'처럼 외부 사물인터넷 디바이스의 형태로 접하기도 한다. 애플의 '시리', 마이크로소프트의 '코타나', 아마존의 '알렉사'와 같은 대화형 인공지능은 이식성이 유연해 어떤 형태의 디바이스와 결합하느냐에 따라 다채로운 인터페이스를 사용자에게 제공할 수 있다.

최근 가장 주목받는 대화형 인터페이스인 '메신저 봇' 또한 빼놓을 수 없다. 대화형 인공지능과 텍스트 기반의 메신저 앱이 결합한 메신저 봇은 마치 친구가 보낸 문자 메시지처럼 자연스러운 구어체를 구사하면서 사용자가 원하는 맞춤 정보를 제공한다. 친구와 약속을 잡고 있으면 약속 날짜에 맞춰 우버 서비스 예약을 제안할 수 있다. 또 그날 뭘 먹을지 이야기하면 해당 지역의 추천 레스토랑을 알려줄 수도 있다. 이런 커머스 플랫폼으로서의 잠재력을 알아챈 기업들은 치열한 메신저 봇 시장 선점 경쟁을 펼치고 있다. 2017년 초부터 이어진 페이스북의 '메신저 플랫폼'이나 구글 '알로'의 등장은 그 좋은 예다.

이렇듯 대화형 인터페이스 시장은 글로벌 기업들의 관심을 한몸에 받고 있다. 그렇다면 대화형 인터페이스의 어떤 점에 세상은 이토록 주목하는 것일까. 그 비밀은 '대화'라는 인간의 아주 오래된 의사소통 방식에서 찾을 수 있다. 대화란 인간의 언어활동 가운데 가장 기본이 되는 의사소통 수단이다. 두 사람 이상이 서로 화자와 청자 역할을 번갈아가면서(순서 교대) 집약적으로 상호작용한다.

대화형 인터페이스의 어떤 점에 이토록 주목하는 것일까. 그 비밀은 '대화'라는 인간의 아주 오래된 의사소통 방식에서 찾을 수 있다. 대화란 인간의 언어활동 가운데 가장 기본이 되는 의사소통 수단이다. 두 사람 이상이 서로 화자와 청자 역할을 번갈아가면서(순서 교대) 집약적으로 상호작용한다.

대화는 자신의 의사를 간단한 표현으로 전달하고자 하는 경제성의 원리와 상대방이 정확하고 쉽게 이해할 수 있게 전달하고자 하는 구별성의 원리를 바탕으로 이뤄진다. 따라서 다른 의사소통 방식보다 간결하고 합리적인 성격을 띤다. 대화 순서 교대에는 일반적으로 대응쌍이라고 하는 형태의 상호작용이 만들어진다. 대응쌍이란 특정 질문에 대한 대답이나 요청에 대한 행동 등등 일상적으로 대화에서 나타나는 묵시적인 규칙들을 말한다.

화자가 "안녕"이라고 인사하면 청자도 너무나 당연하게 "안녕"이라는 인사로 답하는 것이 대표적이다. 인간은 대화의 기본 구조와도 같은 이 대응쌍들을 조합해 상황에 맞게 적절한 대화 행위를 수행할 수 있다. 이와 같은 대화의 합리적인 구조를 담아내 사용자에게 인간과의 상호작용과 가장 흡사한 사용자경험을 제공한다. 갑자기 내일 날씨를 알고 싶어졌다고 가정하자. 기존 인터페이스를 통해서라면 날씨 앱을 다운받고 실행해 내일 날씨 섹션을 확인해야만 한다. 하지만 대화형 인터페이스라면 "내일 날씨 어때?"라는 질문을 시작으로 몇 번의 순서 교대를 통한 소통만으로 "25도로 맑은 날씨에요."라는 정보를 손쉽게 얻을 수 있다.

이렇게 대화를 인터페이스로 채용하면 별도의 조작법을 익히지 않아도 평소에 뱉는 구어체 형식의 말과 문장이 곧 컴퓨터가 인식 가능한 명령어로서 작동하기 때문에 서비스의 사용 진입 장벽은 크게 낮아진다. 물론 아직 모든 말을 인식할 수도 없고 사용자가 모든 명령어를 자동으로 아는 것은 아니다. 물론 대화가 간결하고 합리적인 데는 인간이 대화의 맥락을 이해하는 존재란 점을 간과해서는 안 된다. 대화는 철저히 맥락에 의존한다. 화자와 청자가 같이 교실 안에 있는 상황이라고 하자. 화자가 "여기 너무 덥다, 온도 낮추자."라고 말하면 청자는 당연히 "교실이 너무 더우니 에어컨 온도를 낮춰야겠다."고 이해할 것이다. 교실의 직접적인 언급이나 에어컨이라는 조작 대상에 대한 언급이 일절 없었으나 인간은 시공간적인 현 맥락을 고려해 그렇게 이해가 가능하다. 이처럼 화자가 의도한 혹은 기대하는 맥락을 청자가 잘 이해하고 선택해야 성공적으로 의사소통을 이끌 수 있다.

이전까지만 해도 대화의 맥락 이해를 대화형 인터페이스에 기대하기 어려운 실정이었다. 하지만 최근 기술력은 이를 보완하기에 충분한 듯하다. 구글이 발표한 대화형 비서 구글 어시스턴트는 사용자의 구체적인 맥락을 고려해 정보를 제공한다. 예를 들어 당신이 남대문에 가서 "'이건' 언제 세워졌어?"라고 구글 어시스턴트에게 물었다고 가정하자. 구글 어시스턴트는 당신이 남대문에 있다는 장소적 맥락을 고려해 답변을 한다. 이는 인간과 대화하는 듯한 사용자경험을 선사해 사용자에게 이질감 없이 자연스러운 인터랙션 환경을 제공한다.

당연히 기술적 한계로 대화형 인터페이스는 아직 사람의 모든 언어를 이해할 수 없다. 애초에 질문을 인식하지 못하거나 질문과는 전혀 무관한 동문서답을 듣게 되는 상황은 필연적으로 맞닥뜨리게 되는 순간들이다. 이런 오류 상황들에 대처하기 위해 대화형 인터페이스는 사용자의 감정 상태를 고려해 유기적인 감성적 관계를 형성하면서 섬세한 경험을 제공해야 한다.

인간이 대화를 할 때는 단순히 자신의 이익을 취하는 것뿐 아니라 상대의 체면을 배려하면서 서로의 인간관계를 원만히 유지하고자 하는 의지가 포함돼 있다. 후자의 목적을 달성하기 위해 인간은 대화에 감정 표현을 담는다. 누구나 상대에게 좋은 일이 있을 때는 기쁜 마음으로 축하하고 그 반대의 경우에는 위로하며 잘못을 저지르면 미안한 마음에 사과의 뜻을 내비친다.

이와 같은 감정 표현의 특징을 인간과 대화형 에이전트 간의 인터랙션에도 고스란히 적용할 수 있을까? 실제로 많은 선행연구를 보면 실수에 대한 감정 표현을 하는 에이전트가 그렇지 않은 에이전트보다 긍정적인 인상을 준다고 한다. 심리학자 로라 클라인Laura Klein의 논문을 보면 인터랙션 오류 상황에서 에이전트의 진정성 있는 사과 한마디가 사용자의 좌절감을 많이 감소시킨다고 한다. 예기치 못한 상황에서 사용자의 체면을 배려하는 섬세한 감성 표현 설계가 양질의 사용자경험을 제공할 수 있다는 것이다.

음성인식 기반의 대화형 인터페이스 상황에서는 목소리 톤과 같은 비언어적인 요소를 고려한 감정 표현이 중요해진다. 실제로 아마존은 당사의 대화형 인공지능인 알렉사가 사용자의 목소리를 듣고 감정 상태를 알아내 그에 따라 자신의 대화 화행을 바꿀 수 있게끔 설계 중이라고 밝힌 바 있다. 보다 유기적으로 사용자와 대화형 인터페이스가 교감하게 될 날이 머지않은 듯하다.

국내에서도 대화형 인터페이스의 바람이 거세게 불고 있다

2016년 9월 SK텔레콤은 음성인식 기반 사물인터넷 디바이스인 '누구'를 출시하면서 한국 최초로 대화형 인공지능을 탑재한 기기를 출시한 기업이 됐다. KT는 올레TV용으로 기가지니를 선보였다. 삼성전자도 미국의 인공지능 플랫폼 개발 기업인 비브랩스를 인수하고 갤럭시 S8에서 서비스하며 대화형 서비스 시장 진입의 신호탄을 쏘아 올렸다. 이렇게 국내 업계의 움직임이 증명하듯 앞으로 대화형 인터페이스 시장은 치열한 경쟁과 함께 눈부신 고공 행진을 이어나갈 것으로 보인다.

인간 중심 혹은 사용자경험 중심이 사물인터넷 시대에 얼마나 중요한지 세 가지만 지적하며 정리하자. 첫째, 아마존 에코가 후발주자이며 기술적으로 뒤질지라도 스마트 홈을 선도할 수 있었던 것은 전술했던 것처럼, 사용자경험 연구 덕분이다. 시장과 기술의 선두였던 애플과 구글이 모두 스마트폰에 집착하는 동안, 스마트 스피커를 만들어 내놓았다. 집에서는 스마트폰을 내려놓는다는 단순하지만 중요한 사용자경험 연구를 반영한 것이다. 퍼스트 무버가 되려고 하면, 사람이 어떻게 사는지 과학적으로 이해해야만 가능하다. 너무 당연하고 단순해서 등한시하는 1등 전략이다.

둘째, 지난 20여 년간 홈 네트워크라는 식의 타이틀로 스마트 홈에 관한 상당한 연구개발이 있었다. 그런데 사실 사용자경험과 사용자 인터페이스에 의해 한 방에 무너졌다고 하면 과언일까. 아마존 에코라는 스마

제주도에 있는 넥슨 컴퓨터 박물관 식당에서. 키보드와 마우스가 바꾼 혁신을 기념하고 있다.

트 스피커를 통해 구현된 음성 인터페이스는 이후 생태계를 꾸려가면서 전통적인 기술주도의 서비스에서 사용자 중심의 기술이 왜 중요한지 보여주었다. 과거 IBM이 키보드와 모니터를 중시하였고, 마이크로소프트가 윈도우와 동시에 마우스를 등장시켰고, 애플은 스마트폰을 통해 터치 인터페이스를 등장시켰다는 것과 동일하다. IT에서 중요한 것은 사용자 인터페이스 즉 연결을 사로잡는 것이다.

마지막으로, 기술적인 완성도도 물론 중요하지만 인간의 대화를 필수적으로 고려해야 할 것이다. 왜냐하면, 인간-인간의 대화가 인간-기계의 대화의 모델이 되기 때문이다. 인간은 기계와의 대화를 위해 인간 간의 대화를 적용하고 그렇게 이해한다. 미디어 동일시media equation 이론이나 컴퓨터를 사회적 행위자로 인식하는 카사CASA, Computersare Social

Actors이론이 모두 그런 류의 주장을 한다. 그런데 이런 언어 연구는 심리학과, 인지과학, 해당 언어 전공학과에서나 연구한다. 이런 연구는 인문사회 계열 연구이고 기초연구에 해당한다. 국가연구비조차 그리 주어지지 않는 분야이다. 빨리 달려가려는 선택과 집중에서 배제되면 뒤질 수밖에 없다. 미래를 여는 또 하나의 열쇠는 그들이 쥐고 있다.

연결을 지배하는 자가 세상을 지배한다

2부

사물인터넷 엣지 디바이스

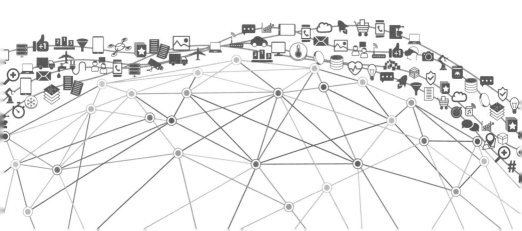

Cross-Domain Linkability

1
건강과 운동

1. 필로토크
연인의 심장박동 소리를 전하는 팔찌와 스피커

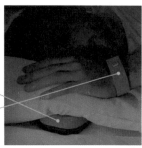

사랑하는 사람의 실시간 심장박동을 듣는다!

아마 연인들 사이에 가장 큰 고통은 함께 있지 못하는 것이 아닐까? 하지만 이젠 그런 고통을 느낄 필요가 없다. 연인이 지구 반대편에 있다 할지라도 바로 내 옆에서 숨 쉬는 것처럼 느낄 수 있는 애정 넘치는 사물인터넷 디바이스가 있다. 바로 필로토크. 일명 커플 베개. 마치 한 베개를 베고 누워 서로의 심장박동 소리를 드는 것 같은 편안함을 준다. 먼저 손목에 필로토크용 팔찌를 착용하면 팔찌에 장착된 심박 센서가 심장박동을 측정한다. 그 심장박동 정보가 인터넷을 통해 상대방 필로토크의 스피커로 전송되는 것이다. 그러면 연인들은 베개 밑에 놓아둔 스피커로 상대방의 심장박동 소리를 실시간으로 느낄 수 있다.

제품은 팔찌와 소형 스피커가 한 조로 구성돼 있고 두 조 한 세트로 판매한다. 실시간으로 상대방의 심장박동 소리를 들을 수 있다. 사랑하

커플이 각각 팔찌를 착용하면 심장박동이 측정된다. 심장박동 소리는 머리맡에 놓아둔 스피커로 들을 수 있다. 리틀라이엇 설립자이자 인터랙션 디자이너인 조안나 몽고메리Joanna Montgomery. 그녀는 필로토크를 만든 이유에 대해 다음과 같이 말한다. "우리는 스마트폰으로 끊임없이 메시지를 주고받고 또 화상 통화도 할 수 있습니다. 하지만 그것만으로는 진짜 연결됐다고 느낄 수는 없습니다. 아무래도 이모티콘이나 픽셀로 된 동영상 화면만 가지고는 약하죠. 그래서 진짜 서로의 심장박동 소리를 들을 수 있다면 어떨까 하는 생각을 했습니다. 그럼 바로 옆에 있는 것 같고 연결된 것 같을 거예요. 그래서 필로토크를 만들었습니다."

는 사람과 연결돼 있다는 느낌이 든다. 필로토크는 장거리 커플이나 기러기 가족 등이 사용하면 좋다. 외로움도 줄고 잠자리도 편안해질 것이다. 아울러 아기들에게 유용하다. 아기들은 언제 어디서든 엄마 품에 안겨 있는 것처럼 엄마의 심장박동을 들을 있다. 물론 연인의 심장 건강을 모니터링할 수도 있다. 누가 아는가 부정맥을 탐지할 수 있을지도. 예쁜 열쇠고리 액세서리는 별도로 25달러에 구입할 수 있다.

• **회사** 리틀라이엇Littleriot • **제품명** 필로토크Pillow Talk
• **출시연도** 2017년 가을 출시 예정 • **센서** 심장박동, 압력 감지 • **통신방식** 블루투스
• **가격** 179달러(선주문) • **홈페이지** www.littleriot.com

2. 씽크

건강한 정신을 위해 뇌를 조율하는 멘탈 헬스

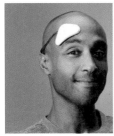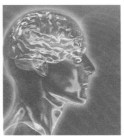

"뇌에 전가자극을 줘 활기와 휴식을 준다!"

두뇌를 자극해 갑자기 머리가 좋아지거나 행복해지거나 혹은 스트레스를 없애거나 편안해질 수는 없을까? 그런 소망은 그야말로 꿈만 같다. 두뇌 훈련 시장은 이미 13억 달러로 성장했고 2020년에는 60억 달러까지 성장할 것으로 예상된다. 이미 두뇌에 활력을 주고 휴식을 주는 것은 가능하게 됐다. 바로 애리조나대 생물 및 건강 시스템 공학 교수인 제이미 타일러Jamie Tyler가 개발한 헬스케어 웨어러블 기기 씽크. 한때 큰 인기를 얻었던 학습용 집중력 향상기 엠씨스퀘어를 생각하면 금방 이해가 될 것이다.

사용 방법도 간단하다. 낮은 전류와 전자기장이 흐르는 패드를 머리나 목에 붙이면 된다. 그럼 미세한 전기 펄스가 발생시켜서 사용자의 신경을 자극하고 에너지 진동 모드가 뇌의 아드레날린 시스템을 활성화시켜 활기차게 한다. 또한 씽크에서 발생하는 전기 펄스의 차분한 진동

씽크 공동창업자 이시 골드바서Isy Goldwasser와 제이미 타일러Jamie Tyler. (출처: 씽크) 씽크를 머리나 목에 부착하면 전기 펄스를 발생시켜 사용자에게 전달한다. 씽크에 들어오는 LED 불빛으로 블루투스 페어링 여부를 확인한다.

은 스트레스 발생을 느리게 해서 사용자의 휴식과 숙면을 돕는다.

씽크는 신경과학자들과 엔지니어들이 설계해 4년간의 임상 연구를 거쳐 개발돼 안전성이 확인됐다. 씽크를 머리나 목에 부착하면 전기 펄스를 발생시켜 사용자에게 전달한다. 씽크에 들어오는 LED 불빛으로 블루투스 페어링 여부를 확인한다. 사용자는 스마트폰 앱에서 펄스의 모드와 강도를 조절할 수 있다. 아직 별다른 부작용은 없다. 정신건강의 중요성에 대해서는 다들 알고 있다. 하지만 많은 사람이 시간과 비용의 부담으로 본인의 상황에 맞는 관리를 받기 어렵다. 휴대가 간편하고 전용 앱에서 제공되는 정보 또한 간단해 일반 사람들의 멘탈 헬스 관리를 돕는다. 목에 부착하는 스트립은 캄 팩Calm Pack, 에너지 팩Energy Pack 두 종류로 24.99달러에 판매하고 매달 사용료로 29달러를 내면 자동으로 리필해준다.

- **회사** 씽크Thync   · **제품명** 씽크Thync
- **출시연도** 2016(2017년 봄 씽크 릴렉스 프로Thync Relax Pro 출시 예정)
- **통신방식** 블루투스   · **가격** 199달러   · **홈페이지** www.thync.com

3. 뮤즈
뇌파 변화를 시각 이미지로 보여주는 헤드밴드

"명상에 빠지게 한다!"

나의 들끓는 머릿속을 한번 보고 나면 얼마나 헛된 망상에 사로잡힌 일상을 보내는지 알게 될 터. 뮤즈는 뇌파의 변화를 감지해 스마트폰이나 태블릿을 통해 시각화된 이미지로 보여주는 헤드밴드다. 뮤즈 헤드밴드에는 7개의 센서가 있어 사용자의 뇌파와 뇌전도를 실시간으로 측정하고 측정된 뇌전도와 뇌파는 컴퓨터나 스마트폰으로 시청각적인 데이터를 전송한다. 사람들은 두뇌 활동을 볼 수 있고 또 명상에 활용할 수 있다.

또한 뮤즈는 캄Calm이라는 앱을 통해 사용자의 뇌파를 분석하고 제어할 수도 있다. 캄은 집중력 및 스트레스 제어를 도와주는 3분짜리 프로그램으로 뇌의 신호 변화를 바람 소리로 바꾸어 들려주어 사용자의 명상을 돕는다. 명상 목표 도달 시까지 명상을 돕는 음악이 재생된다. 사용자가 차분한 상태를 유지하면 캄 포인트를 보상으로 지급한다. 일정 포인트를 모으면 명상을 돕는 소리의 개수가 늘어난다.

뮤즈 공동 창업자인 아리엘 가튼Ariel Garten, 트레비 콜맨Trevor Coleman, 크리스 아이모네Chris Aimone. 뮤즈의 전원을 켜고 블루투스를 사용해 스마트폰과 연결한다. 머리에 착용한 뒤 전용 앱을 사용해 뇌파와 뇌전도를 확인한다. 사용자는 스마트폰 앱에서 수집된 생체 데이터의 분석 정보를 상세하게 확인할 수 있다.

　사용자들은 머리에 뮤즈를 착용하기만 해도 뇌파나 뇌전도 같이 복잡한 데이터를 간편하게 확인할 수 있다. 뇌의 각 부분이 담당하는 기능이 다르다는 점을 기반으로 뇌 속에서 일어나는 활동을 비침습적 방법으로 두피 바깥에서 측정하는 것이다. 총 7개의 뇌전도 센서로 뇌파를 이용한다(이마 2개, 귀 뒤 2개, 레퍼런스 3개). 인지공학적인 분석을 통해 사람의 현재 상태를 파악한다. 분석된 데이터를 통해 사용자는 스트레스 관련 질환을 진단하고 대처하는 데 도움을 받을 수 있다. 공식 홈페이지에서는 쿠션이나 매트와 같은 명상 관련 제품들을 함께 판매하고 있다.

　명상할 때 두뇌에서 어떤 일이 일어나는지 정확하고 실시간으로 피드백해주는 세계 최초의 도구이다. 맞춤 추적, 동기 부여 문제 및 보상은 보다 규칙적이고 효과적인 실천을 구축하도록 권장합니다. 언제 어디서나 최소 3분 안에 명상 연습을 할 수 있다. 명상할 때 얻을 수 있는 휴식, 기분 개선, 스트레스 감소 등을 경험할 수 있다.

• **회사** InteraXom　• **제품명** 뮤즈Muse
• **출시연도** 2016년　• **센서** 뇌전도 측정　• **통신방식** 블루투스
• **가격** 299달러　• **홈페이지** www.choosemuse.com

4. 벨티
착용자의 허리둘레에 맞춰 자동 조절되는 스마트 허리띠

"우리 조금만, 조금만 더 빨리 걸어요."

허리에 벨트처럼 착용하면 걸음 수, 허리둘레 변화, 활동량, 소모 열량, 이동거리 등을 측정해주는 웨어러블 기기이다. 오랫동안 움직이지 않고 있으면 진동이 오는 알람기능도 있다. 예를 들어 사용자가 걸을 때, 계단을 오를 때, 움직이지 않을 때 더 움직이라고 진동으로 재촉한다. 만약에 멈추고자 한다면 벨트의 버클을 탭 하면 된다. 사용자가 제어하는 방식을 학습해 개인 맞춤 방식으로 작동한다. 벨티는 이러한 방법으로 사용자의 호흡과 발걸음을 한 단계 업그레이드시키는 것이다. 벨트를 통해 측정된 활동량과 생활 방식은 스마트폰 앱에서 모니터링이 가능하다.

벨티는 머신 러닝을 통해 사용자의 행동을 학습한다. 사용자의 움직임, 반응, 벨티 제어 방법을 학습해 개인화된 생활 습관 개선 서비스를 제공한다. 벨티는 앱에서 사용자가 활동하고 싶은 방식으로 설정할 수 있다. 활동적인 운동뿐만 아니라 숨쉬기 같은 운동에도 도움도 줄 수 있다. 새로운 습관을 만들기 위한 목표를 세워도 좋다. 또 보통 웨어러블 기기들의 디자인이 부담스러워 사용되지 않는 경우가 많은 데 비해 최

근에 나온 스마트 벨트들처럼 벨티 역시 스타일을 중시한다. 프랑스제 최고급 가죽과 세련된 디자인이 적용돼 패셔너블하기까지하다. 앉거나 서는 바람에 허리둘레가 순간적으로 변해도 최적의 상태로 변형돼 불편함이 거의 없다.

　최근에 삼성에서 나온 스타트업에서 출시한 웰트Welt도 스타일을 중시한다. 빈폴과 협업을 하며 다양한 디자인을 선보이고 있다. 스마트 벨트로서는 허리둘레 사이즈를 모니터링하며 식사량에 따라 피드백을 준다. 복무 비만을 고민하는 이들이 특히 관심을 가질 만하다. 관련하여 이 책에서 소개하진 않지만 루머 리프트Lumo Lift라는 웨어러블이 있다. 리프트는 허리에 착용하면 구부정하게 앉거나 서면 진동피드백을 주어 자세를 교정시킨다. 똑바로 앉고 곧추서는 바른 자세를 안내하는 웨어러블이다.

・**회사** 에미오타Emiota　・**제품명** 벨티Belty
・**출시연도** 2015년　・**통신방식** 블루투스
・**가격** 395달러　・**홈페이지** www.wearbelty.com

5. 조본 업
심장 건강을 책임지는 팔찌 형태의 피트니스 측정기

"나의 심장은 소중하니까!"

　그녀를 만나기 100미터 전 혹은 피트니스 클럽에서 두 근 반 세 근 반 힘차게 요동치는 나의 심장. 언제까지 이것이 내 가슴속에서 같은 속도로 움직일지 알 수 없다. 방심하다가는 언제 어디서 느닷없이 뻥하고 폭발할지도 모르는 것이 나의 소중한 심장 아닌가. 이제 심장을 예의 주시해야 한다.

　조본에서 만든 업밴드는 팔찌 형태의 피트니스 측정기다. 사실 턱뼈를 말하는 조본이란 기업은 10여 년 동안 오디오 헤드셋을 만들었다. 그러다가 2011년 창사 이래 최초로 운동량을 추적하는 업밴드를 내놓았다. 조번의 업밴드는 사용자의 활동 거리, 활동 시간, 휴식 시간을 추적하고 심박수와 수면 상태도 측정한다. 센서를 통해 극소량의 전류에 대한 피부 조직의 저항을 측정해 휴식기 심박수 및 수동 심박수를 포착해 심장 건강을 전체적으로 파악할 수 있게 한 것이다.

또한 가속도 센서를 사용해 수면의 명확한 4단계인 기상, EM, 선잠, 숙면을 감지한다. 스마트폰 앱을 이용하면 사용자가 입력한 나이, 성별, 키, 체중을 고려해 칼로리 소모량을 계산해 알려주고 더 나은 수면을 취할 수 있는 팁도 알려준다. 더불어 무엇을 먹었는지 정보를 입력하면 영양 정보와 음식별 영양 점수를 부여하고 건강한 섭취를 위한 가이드까지 해준다.

기상 직전에 측정하는 휴식기 심박수와 몸이 가만히 있을 때의 심박수를 측정한다(생각이나 스트레스의 요인을 받지 않는 휴식기 심박수가 심장의 건강 상태를 살펴보기 위한 가장 좋은 지표). 또 일상적인 스트레스 및 외부 요인이 심장에 어떤 영향을 미치는지 확인한다. 똑똑한 심장 지킴이 조본 업의 핵심가치는 개인 사용자가 식사, 활동, 수면패턴 등의 정보를 제공받을 뿐만 아니라 다른 사용자와 운동량을 비교하고 경쟁해 지속적으로 운동할 수 있도록 도움을 준다는 것이다.

조번업밴드는 팔찌 위의 LED 표시등으로 현재 상태를 알려주지만 비활동 시간이 오래되면 진동 햅틱피드백으로 알려준다. 그밖에도 운동, 수면시간, 약 복용 시점에 대한 맞춤 알람을 받을 수 있고 스마트폰 앱에서 수집된 생체데이터의 분석 정보를 상세하게 확인 가능하다.

· **회사** 조본Jawbone · **제품명** 조본 업Jawbone Up
· **출시연도** 2015년 · **센서** 생체 임피던스 센서(심박 센서), 모션 센서, 가속도 센서
· **통신방식** 블루투스 · **가격** 49달러 · **홈페이지** jawbone.com

6. 바이오링
24시간 다이어트와 건강을 책임지는 스마트 반지

"프러포즈할 때 주면 감동할 거야!"

24시간 물 샐 틈 없는 건강관리를 하고 싶은 당신. 손가락에 반지 하나만 쏙 끼면 된다. 그럼 사용자의 체내 수분, 지방 소모량이 측정되고 스마트폰 앱에 칼로리, 탄수화물, 지방, 단백질의 섭취 및 열량을 기록해 다이어트 계획을 관리할 수 있다. 보통의 스마트 기기들은 심박계를 가지고 소모 칼로리만 측정해줬다. 식사 후 섭취 칼로리를 알고 싶으면 직접 하나하나 입력해야만 했다. 그런데 바이오링은 음식 섭취 전후 15분 동안만 착용하면 체내 인슐린을 분석한 후 데이터를 합산해 칼로리를 측정하고 기록해준다. 음식을 먹고 나서 바로 섭취 칼로리를 알 수 있다.

또 바이오링은 3축 가속도 센서를 이용해 사용자의 활동과 걸음을 측정한다. 남녀 누구나 종일 착용 가능해 신체 데이터 수집도 쉽다. 크기는 작지만 수많은 생체 임피던스 센서가 내장돼 있어 열량, 지방, 단백질, 심박, 스트레스, 수분량, 활동 강도와 같은 다양한 신체 데이터를 측정하

손가락에 반지 하나만 쏙 끼면 된다. 그럼 사용자의 체내 수분, 지방 소모량이 측정되고 스마트폰 앱에 칼로리, 탄수화물, 지방, 단백질의 섭취 및 열량을 기록해 다이어트 계획을 관리할 수 있다.

고 개인 맞춤형 건강관리 서비스를 제공한다. 또 수면 시간뿐만 아니라 수면의 질도 분석해주고 스트레스를 수치화해 보여준다. 건강 정보는 타인과도 공유하는 것이 가능하며 건강 관련 정보도 받아볼 수 있다.

사용자는 반지를 착용하기만 하면 된다. 바이오링에 내장된 센서를 이용해 생체데이터를 측정하고 이 데이터는 블루투스로 연결된 스마트폰에 기록된다. 바이오링에는 별도의 디스플레이가 없어 자세한 분석 결과는 스마트폰에서만 확인할 수 있다.

* **회사** 바이오링 팀BioRing Team * **제품명** 바이오링BioRing * **출시연도** 2016년
* **센서** 3축 가속도, 생체 임피던스 센서, 옵티컬 HR 센서 * **통신방식** 블루투스
* **가격** 299달러 * **홈페이지** www.facebook.com/bioringofficial

7. 액티비테 스틸
나의 하루를 꼼꼼히 추적해주는 시계형 피트니스 추적기

"효과적인 심플함이 돋보인다!"

액티비테 스틸은 세련된 아날로그 시계 모양의 한 피트니스 추적기다. 사용자가 액티비테 스틸을 착용하고 생활하면 활동량과 수면 패턴을 모니터링한다. 사용자의 몸무게, 성별, 나이 정보와 액티비테 스틸에서 측정한 데이터를 기반으로 사용자에게 적합한 운동법을 제안하고 건강한 삶에 대한 조언을 한다.

액티비테 스틸은 심박 센서로 휴식기 심박수 및 수동 심박수를 포착해 심장 건강을 전체적으로 파악할 수 있다. 또한 가속도 센서를 사용해 수면의 명확한 4가지 단계인 기상, EM, 선잠, 숙면을 감지한다. 워치 페이스에 매일 운동 목표에 대한 정보를 확인할 수 있는 서브다이얼이 있다. 전용 스마트폰 앱인 위딩스 헬스 메이트Withings Health Mate 앱으로 운동량 목표를 정하고 실제 측정된 운동량을 확인하고 수면 상태를 분

사용자가 액티비테 스틸을 착용하고 생활하면 활동량과 수면 패턴을 모니터링한다.

석할 수 있다. 목표에 따른 성과를 보상하고 건강과 관련된 조언을 해주는 헬스 메이트 앱은 무료로 제공된다.

전용 앱으로 칼로리 섭취량, 목표 활동량, 목표 체중과 같은 데이터를 기록하고 목표 달성 정도와 활동량 정보를 친구들과 공유해 건강유지에 대한 동기를 부여하면 좋다. 앱에서 알람을 설정하면 시계를 통해 진동 알람도 준다. 마이피트니스팰MyFitnessPal 앱에 섭취한 음식을 등록하면 자동으로 섭취한 영양과 소모된 열량을 계산해 보여주는 액티비테 스틸은 약 8개월 정도 사용 가능한 배터리가 있어서 충전의 부담을 줄였다.

데이터를 확인할 수 있는 액정이나 입력 장치가 없어서 생체데이터 확인 및 목표활동량 설정은 스마트폰을 사용한다. 액티비테 스틸의 전원을 켜고 블루투스를 사용해 스마트폰과 연결한다. 손목에 착용하고 전용 앱을 사용해 활동량과 수면 패턴을 확인한다. 스마트폰 앱으로 목표 활동량을 설정하면 목표달성을 위한 건강 조언을 받아볼 수 있다.

• 회사 위딩스Withings • 제품명 액티비테 스틸Activite Steel
• 출시연도 2016년 • 센서 가속도, 심박, GPS • 통신방식 블루투스
• 가격 169.95~229.95유로
• 홈페이지 www.withings.com/eu/en/products/activite-steel

8. 위딩스 고
24시간 전방위 피트니스 코치

"이제부터 내가 당신의 주치의!"

단연 가성비 갑인 피트니스 밴드 위딩스 고. 손목에 착용하면 사용자의 도보, 달리기, 수영, 수면 등의 활동을 추적해 데이터를 보여준다. 자동 추적이라 따로 버튼을 누를 필요도 없다. 시계 형태로 손목에 착용하는 것 외에 클립 형태로 옷, 키홀더, 가방 등 다양한 곳에 부착할 수 있어 활용도도 높다. 메인 스크린을 통해 사용자의 활동 수준을 특정 목표에 따른 다이얼 눈금으로 보여주며 아날로그 시계 모양으로 변환도 가능하다. 또한 위딩스 헬스 메이트 앱과 연동돼 개인의 피트니스 코치 및 식사 기록 기능을 지원한다. 마이피트니스팔 앱에 섭취한 음식을 등록하면 자동으로 섭취한 영양과 소모된 열량을 계산해 보여준다.

또한 위딩스 고는 전자잉크 화면을 사용한다. 전자잉크 화면 사용에는 두 가지 장점이 있다. 첫 번째는 한 번의 배터리 교체로 8개월가량 사용할 수 있다는 점이다. 위딩스 고의 둥근 전자잉크 화면은 전력 소비량이 매우 적으므로 단추형 배터리(CR2032) 하나로 3개월 정도 작동한다. 두 번째는 보통 추적기들은 햇빛 아래에서 화면이 잘 보이지 않는데 비해 위딩스 고는 햇빛 아래에서도 화면을 쉽게 확인할 수 있다. 즉 LCD 액정을 보는 것과 달리 오래 보아도 눈의 피로가 적다. 화면을 볼 수 있는 각도가 넓어 어느 각도에서도 화면을 쉽게 확인할 수 있다. 전력 소모가 적어 한 번 충전으로 오랫동안 기기를 사용할 수 있다.

위딩스 고를 손목에 착용하거나 벨트 또는 체인에 고정시켜 사용한다. 배터리 사용량을 늘리고 야외 활동 시 햇빛 아래에서도 피트니스 수치를 쉽게 확인할 수 있도록 전자잉크 화면을 사용하며 손목 위 작은 화면에서 많은 정보를 보여주기 어려워 전용 스마트폰 앱을 사용한다.

• **회사** 위딩스Withings • **제품명** 위딩스 고Withings Go
• **출시연도** 2016년 • **센서** 가속도, 심박 • **통신방식** 블루투스
• **가격** 49.95유 • **홈페이지** www.withings.com/eu/en/products/withings-go

9. 펄스 옥스
손목에 착용하는 형태의 활동량 측정 밴드

종일 나를 따르는 고급형 피트니스 트래커

피트니스 트래커가 대세다. 나도 모르는 나를 발견하게 해주기 때문이다. 펄스 옥스는 활동량을 측정하는 고급형 웨어러블 밴드로 손목에 착용하는 형태이다. 손목에 착용하는 것이 마음에 들지 않을 때는 액정 부분만을 떼어내 클립 형태로 옷에 부착하거나 주머니 혹은 가방에 넣어서 사용할 수도 있다.

펄스 옥스는 하루 동안의 걸음 수, 올라간 계단의 수, 이동 거리, 소모 칼로리를 보여주며 잠든 시간과 일어난 시간을 기록해주고 수면의 질까지 평가한다. 심박 센서로 심박수와 혈액 산소량을 측정한다. 사용자가 별다른 설정을 하지 않고서도 심박수나 고도 측정이 가능하다. 또한 생체 데이터들을 다양한 카테고리로 나눠서 정보를 제공한다.

한 번의 충전으로 약 2주 정도 사용 가능하다. 전용 스마트폰 앱인 위딩스 헬스 메이트 앱으로 운동량 목표를 정하고 실제 측정된 운동량과

펄스 옥스는 하루 동안의 걸음 수, 올라간 계단의 수, 이동 거리, 소모 칼로리를 보여주며 잠든 시간과 일어난 시간을 기록해주고 수면의 질까지 평가한다. 심박 센서로 심박수와 혈액 산소량을 측정한다. 사용자가 별다른 설정을 하지 않고서도 심박수나 고도 측정이 가능하다. 또한 생체 데이터들을 다양한 카테고리로 나눠서 정보를 제공한다.

수면 상태 분석 결과를 확인할 수 있다. 마이피트니스팔에 섭취한 음식을 등록하면 자동으로 섭취한 영양과 소모된 열량을 계산해 보여준다. 스마트폰이 없는 상황에서도 펄스 옥스 기기의 LED 화면을 좌우로 슬라이드하면 최대 10일 분량의 기록을 확인할 수 있다.

펄스 옥스를 밴드나 클립 형태로 신체에 착용해 사용한다. 펄스 옥스의 LED 디스플레이가 운동이나 신체 관련 정보를 숫자와 아이콘으로 표기한 정보를 확인할 수 있고 스마트폰에 기록된 수치와 분석된 활동 데이터들을 확인한다. 헬스 메이트 앱은 무료로 사용 가능하다.

· **회사** 위딩스Withings · **제품명** 펄스 옥스Pulse Ox
· **출시연도** 2016년 · **센서** 심박 · **통신방식** 블루투스
· **가격** 99.95유로 · **홈페이지** www.withings.com/eu/en/products/pulse

10. 기가 IoT 헬스 골프 퍼팅
올레TV를 이용한 가상의 골프 퍼팅 서비스

■ 기가 IoT 헬스 골프 퍼팅은 오른손 / 왼손 잡이 둘 다
사용이 가능합니다.

"소리 질러! '나이스 샷'"

실내에 푸른 잔디를 깔고 잠시 우리 집이 골프장이 됐다고 생각하자.
기가 IoT 헬스 골프 퍼팅은 올레TV와 연동해 실제 골프장 퍼팅 그린과
유사한 환경에서 퍼팅을 즐겁게 하도록 도와주는 가상의 골프 퍼팅 서
비스다. 골프존 같은 가상현실 골프게임을 집으로 옮겨놓았다고 생각하
면 이해가 쉬울 것이다.

골프 퍼팅매트와 퍼팅매트 볼가이드를 TV 앞에 설치하고 올레TV와
연결해 사용하면 된다. 사용자는 기기를 올레TV와 연결해 일종의 리모
컨인 에어마우스로 골프장 선택, 퍼팅 거리, 멀리건을 설정한다. 그러면
TV 화면으로 골프장의 모습을 보여주며 실제 골프장과 유사한 환경으

본 영상은 VR전용 카메라로 촬영되었습니다

로 골프 퍼팅 연습과 게임을 할 수 있다. 퍼팅한 각도와 힘 등을 실시간으로 확인할 수 있다. 적외선 센서로 매우 정밀하게 속도, 방향, 거리 측정이 가능하며 최상의 그래픽 품질로 실제 같은 퍼팅 방향, 거리, 속도가 보여 현장감을 느낄 수 있다.

적외선 센서 60개(초당 10만 회 감지)로 0.1초 내 볼의 속도, 방향, 거리를 감지할 수 있으며 자체 개발한 MLSS 방식과 최적 알고리즘을 적용해 20미터 퍼팅 시 오차 2센티미터 미만의 정확성을 구현한다. 그린의 속도별 정확한 거리, 방향을 연습할 수 있는 연습장 기능, 다양한 국내외 그린, 매치 플레이, 스킨스 게임과 같이 다양한 게임을 확보하고 있고 목표거리별 정확한 스트로크로 홀컵에 공을 넣을 수 있다.

일반 가정에서도 간단한 설치로 연습이 많이 필요한 퍼팅 연습을 할 수 있다. 최대 6명까지 이용 가능해 가족이나 친구와 함께 퍼팅 게임을 할 수 있다. 골프 퍼팅에 필요한 기본 구성품을 세트로 판매하며 골프채는 별도로 갖춰야 한다. 퍼팅을 즐기기 위한 퍼팅 가이드나 스킨 같은 서비스를 판매한다. 매달 1만 원대 가격으로 36개월 렌탈 서비스도 운

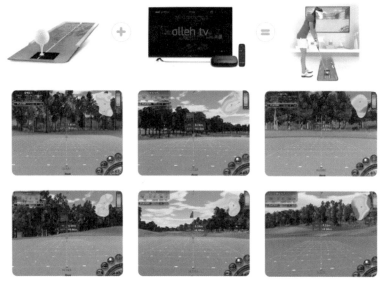

올레TV를 연결하면 실제 골프장 퍼팅 그린과 동일한 환경으로 골프 연습이 가능한 가상의 골프 서비스이다. 설치가 쉬우며 실제 그린 컨디션을 옮겨놓은 듯한 느낌을 주는 실감형 사물인터넷 헬스 골프 퍼팅이다. 가상 골프장 30곳과 2곳의 그린을 제공한다.

영 중이다. 참고로 스타트업들을 중심으로 스마트 골프채들도 나오고
있다.

• **회사** KT • **제품명** 기가 IoT 헬스 골프 퍼팅 • **출시연도** 2016년
• **센서** 적외선(60개) • **통신방식** 블루투스 • **가격** 37만 원(할인가)
• **홈페이지** shop.olleh.com/iot/prodGigalotGolf.do

11. 기가 IoT 헬스 바이크
게임을 즐기며 재미있게 타는 실내용 스마트 자전거

"실내에서도 어디든 못 가는 곳이 없다"

운동해야 한다는 건 다 알지만 지루하다. 운동을 게임처럼 한다면 얼마나 신이 날까? 아마도 시간 가는 줄 모르고 게임과 운동에 미친 듯이 빠질 것이다. 실내용 자전거 운동기기인 기가 IoT 헬스 바이크는 올레TV와 연결해 3D 게임을 즐기면서 운동이 가능한 제품이다. 자율훈련, 트레이닝, 훈련 프로그램과 같은 다양한 운동 모드가 있다. 스마트폰 앱에 입력한 개인 정보와 헬스 바이크에서 측정된 운동 능력을 바탕으로 맞춤형 운동 프로그램을 설계하고 코칭해준다.

사용자는 스마트폰과 헬스 바이크를 블루투스 페어링(연동)한다. 그리고 스마트폰과 올레TV를 연결해 게임을 선택한다. 그다음에는 바이크를 타며 바이크 손잡이 앞의 버튼을 사용해 좌우 이동 메뉴 선택을 한다. 바이크 핸들이 360도로 움직이며 실제로 자전거를 타는 듯한 느

사용자는 스마트폰과 헬스 바이크를 블루투스 페어링(연동)한다. 스마트폰과 올레TV를 연결해 게임을 선택한다. 바이크를 타며 바이크 손잡이 앞의 버튼을 사용해 좌우 이동과 메뉴 선택을 한다.

낌이 드는 기가 IoT 헬스 바이크는 바이크 몸통 안에 센서가 페달 회전수를 실시간으로 전달해 정확한 운동량 측정이 가능하다. 바퀴에 달린 정밀한 회전감지 센서가 페달 회전수에 따라 운동량을 실시간으로 측정하는 것이다.

재미있게 즐기면서 운동이 가능한 기가 IoT 헬스 바이크의 게임 콘텐츠는 지속적으로 업데이트된다. 실시간으로 정확한 운동량 측정과 개인의 운동 능력에 맞는 맞춤형 운동 프로그램이 제공돼 집에서도 균형 잡힌 운동이 가능하다. KT의 다른 기가 IoT 제품들과 연동이 가능하며 공식 홈페이지를 통해 함께 판매되고 있다. TV 게임 연결은 올레TV 가입자만 사용 가능하다. 매달 1만 원대의 가격으로 36개월 렌탈 서비스도 운영 중이다.

•**회사** KT •**제품명** 기가 IoT 헬스 바이크 •**출시연도** 2016년
•**센서** 자이로 센서, 회전 감지, 심박 센서 •**통신방식** 블루투스
•**가격** 43만 7,800원(할인가)
•**홈페이지** shop.olleh.com/iot/prodGigalotHealthbike.do

12. 윈드
나와 함께 걸어 다니는 공기청정기

"숨 막히는 황사와 미세먼지 이제 그만!"

바야흐로 미세먼지 공포가 남의 일이 아닌 내 일이 됐다. 공기청정기를 들고 다니든지 해야겠다고 농담했는데 진짜 그렇게 할 수 있게 됐다. 윈드는 텀블러 모양으로 생긴 휴대용 공기청정기이다. 스마트 공기청정기와 작은 클립형 공기질 추적기로 구성돼 있다. 휴대가 가능한 작은 크기로 집, 사무실, 자동차, 야외 등 다양한 장소에서 사용할 수 있다. 특히 휴대용이라 이동 중에도 사용할 수 있다는 것이 강점이다. 사용법은 간단하다. 공기청정기 전면부의 전원 버튼을 켜면 공기청정 기능이 작동해 센서로 공기질을 측정한 뒤 필터를 통해 공기를 정화한다. 전용 스마트폰 앱으로 공기질 데이터와 작동 히스토리를 확인한다.

윈드의 공기질 추적기는 공기질 상태를 실시간으로 측정하며 공기청정기는 주변공간의 먼지, 알레르기 유발물질, 담배 연기, 공기 오염물

윈드팀. (출처: 퀵스타터)

질 등을 제거한다. 공기 중 부유하는 건강에 나쁜 물질들을 필터링해 깨
끗한 공기를 배출할 수 있도록 한다. 공기청정기 주변의 먼지(세균, 초미
세먼지)를 여과하며 초당 8리터 이상의 쾌적한 공기를 배출하는 윈드는
자동모드로 설정하면 공기질 추적기로부터 얻은 공기질 데이터를 기반
으로 공기청정기를 작동시켜 공기를 정화한다.

윈드는 이동 중에 주변 공기질을 측정하고 분석해 보여준다. 전용 스
마트폰 앱에서 필터의 사용 정도를 알 수 있다. 소모품 자동주문 설정을
해놓으면 자동으로 집으로 보내준다. 또한 사용자는 하나의 사용자 계
정에 여러 대의 윈드를 등록할 수 있어 자녀와 노인 부모 주변의 공기
질 정보를 확인할 수 있다. 스마트폰 앱으로 종일 어떤 공기를 마시고
생활했는지와 지역별 공기질을 그래프로 확인하는 것이 가능하다. 판매
사에서는 필터(10달러)와 아기용 유모차 받침대(21달러)도 판매한다.

• **회사** 윈드 테크놀러지Wynd Technologies, Inc. • **제품명** 윈드Wynd
• **출시연도** 2017년 • **센서** 공기질 측정, M.5센서(공기 중 초미세먼지 측정)
• **통신방식** 블루투스 • **가격** 공기청정기 154달러 공기질 추적기 76달러
• **홈페이지** helloWynd.com

13. 스트라이크
센서를 내장한 야구공

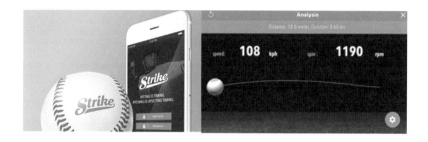

"더 정확한 구질을 위해 센서를 장착한다!"

그냥 야구공이 아니다. 스트라이크는 야구를 즐기는 사람들을 위한 스마트 야구공이다. 스트라이크에는 속도, 회전, 궤도를 측정하는 센서가 내장돼 있어 공의 움직임을 궤적, 회전, 회전축 등 세부적인 단위로 기록할 수 있다. 또한 기록된 데이터를 그래프나 수치화된 정보로 확인할 수 있어 지난 기록과 비교하기 쉽다. 야구를 즐기는 일반인이나 아마추어 야구단은 장비부족 및 관리인 부재로 선수들의 기록을 정확하게 측정하기 어렵다. 그런데 스트라이크는 공을 사용하는 것만으로도 선수의 기록을 측정하고 비교해 경기력을 향상시킬 수 있다. 스트라이크는 3차원 공간에서 앞뒤, 상하, 좌우 3축의 이동을 감지하는 가속도 센서와 피치Pitch, 롤Roll, 요Yaw의 3축 회전을 측정하는 자이로스코프 센서로 이루어져 있다. IMU 센서를 통해 선수가 던진 공의 3D 궤적, 회전, 회전축, 구속, 피치 로케이션을 실시간으로 측정한다.

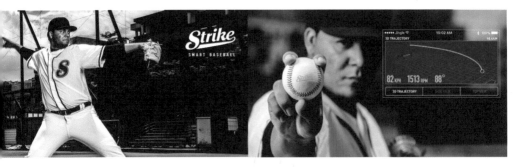

 스트라이크와 일반 야구공과 외형, 재질, 크기, 무게를 거의 흡사하게 만들었다. 사용감 차이가 나면 경기력에 영향을 미칠 수 있기 때문이다. 심지어 기존 야구공과 바느질까지 동일하다. 당연히 별도의 화면이나 버튼이 없다. 스트라이크를 스마트폰과 블루투스 통신으로 연동한 뒤 공을 한 번 흔들어 피칭 거리 및 피치를 설정해 사용한다. 스트라이크를 사용해 경기한 후 스마트폰 앱으로 실시간으로 측정한 데이터를 확인한다. 스마트폰 앱에서는 보기 좋게 시각화된 그래프와 수치화된 야구공 움직임 정보를 확인할 수 있다.

 스트라이크 전용 앱에서는 목표를 달성해 게임처럼 즐길 수 있는 성취도 시스템과 측정된 데이터 분석을 바탕으로 한 맞춤형 코칭 서비스를 제공한다. 스트라이크를 패드 위에 올려 무선으로 충전하며 한 번의 충전으로 대기 시에는 48시간 연속 사용 가능하다. 실제 사용 시에는 12시간 연속 사용이 가능하다.

• **회사** 스트라이크Strike • **제품명** 스트라이크Strike
• **출시연도** 킥스타터Kickstarter 펀딩 진행 중(2017년 7월 배송 예정)
• **센서** IMU(자이로+3차원 가속도) • **통신방식** 블루투스
• **가격** 99달러
• **홈페이지** www.kickstarter.com/projects/1060656318/Strike-the-worlds-first-smart-baseball?ref=discovery

14. 아이콘 스마트 콘돔
세계 최초의 스마트 콘돔 반지

"성적 능력을 측정해서 알려준다!"

당신은 성교 중에 얼마나 많은 열량을 소모하는지 궁금해한 적이 있는가? 얼마나 많이 삽입을 하나? 삽입 속도는? 섹스 지속 시간은? 횟수는? 한 주, 한 달, 또는 한 해 동안 얼마나? 전 세계의 다른 사람들과 얼마나 견줄 수 있는지 궁금한 적이 있는가? 잠자리에서 알고 싶은 그야말로 불타는 질문들이다. 놀라지 마시라. 그 모든 궁금한 점들을 한 번에 해결해줄 똑똑한 제품을 소개해보겠다. 정말이지 '세상에 이런 스마트 제품이!'라는 감탄사가 나올 법하다. 미래에 가장 먼저 도착한 침대 위 사랑의 기술이다. 바로 세계 최초의 스마트 콘돔 반지 아이콘 스마트 콘돔.

아이콘 스마트 콘돔은 실제 콘돔은 아니다. 조본의 업이나 핏빗 같은 피트니스 트래커를 남자 성기에 붙여놓고 성생활을 트래킹하는 것이라

아이콘 스마트 콘돔의 주요 기능은 다음과 같다. 성교 시 열량 소모량, 삽입 속도, 삽입 평균 속도, 삽입 횟수, 성교의 빈도, 총 성교 지속시간, 성기 크기 측정, 다른 체위의 사용 여부(현재 베타 테스트 중인데 곧 더 많은 정보가 출시될 예정이다), 평균 피부 온도 등.

고 보면 된다. 즉 성 활동을 재는 것이다. 남자 성기의 뿌리 부분의 콘돔 위에 끼워서 수차례 반복적으로 사용할 수 있는 링 형태의 반지이다. 매우 쾌적하고 방수성이 뛰어나며 가벼우며 끼었는지도 모르게 최대한의 즐거움을 느낄 수 있다. 또 어떤 콘돔에도 다 사용할 수 있다. 사용 방법도 간단하다. 나노 칩과 센서를 활용해 성교 중의 다양한 변수를 측정하고 저장한다. 성교가 끝나면 아이콘 스마트 콘돔 앱을 사용해 블루투스로 연결된 기기에 최근 데이터를 다운로드할 수 있다. 데이터를 다운로드하면 자동으로 다음 성교 기록을 위해 메모리를 지운다. USB 포트를 통한 충전이 가능하며 한번 충전하면 약 6~8시간 지속된다.

그럼 아이콘 스마트 콘돔 데이터를 통해 무엇을 할 수 있을까? 일단 모든 데이터는 익명으로 유지된다. 다만 사용자 스스로 친구나 외부 세상과 최근 데이터를 SNS로 공유할 수도 있다. 전 세계의 사용자와 비교할 수 있는 통계에 익명으로 접근할 수도 있다. 세계 남성 중에서 자신의 성적 능력이 어느 정도 되는지 알아볼 수 있다. 아이콘 스마트 콘돔은 59.99파운드(약 74달러)로 1년 보증이 적용된다. 2017년 3월 출시 때는 영국 콘돔 제조사 브리티쉬콘돔 사이트Britishcondoms.uk에서만 구매할 수 있었다. 하지만 전 세계의 소매업체들의 관심이 초 집중되고 있어 조만간 전 세계 매장에서 사서 사용하게 될 것으로 예상된다.

아이콘 스마트 콘돔의 주요 기능은 다음과 같다. 성교 시 열량 소모량, 삽입 속도, 삽입 평균 속도, 삽입 횟수, 성교의 빈도, 총 성교 지속시간, 성기 크기 측정, 다른 체위의 사용 여부(현재 베타 테스트 중인데 곧 더 많은 정보가 출시될 예정이다), 평균 피부 온도 등. 아이콘 스마트 콘돔은 밴드 조정 기능을 사용해 모든 사람의 둘레에 맞게 조정할 수 있다. 밴드 조절을 통해 링을 사이즈에 맞게 구부려 최대의 편안함을 보장할 수 있다.

아이콘 스마트 콘돔의 수석 엔지니어 애던 레버슨은 "세계 최초의 혁신 기기인 스마트 콘돔은 침실에서 일어나는 모든 성능을 측정할 것"이라며 자랑스러워 했다. 홍보 담당 아론 슬레이터는 "안전한 성관계를 추구해온 우리 회사는 웨어러블 기술의 첨단 기술을 보여 줄 것"이라며 "벌써 9만 6,000건 이상의 선주문이 그것을 증명한다"고 밝혔다. 고객들의 반응도 폭발적이다. 출시 전부터 "이 기기가 '침대 위 애플워치'가 되기를 기대하고 있다"고 밝혔다.

• **회사** 브리티시 콘돔british condom • **제품명** 아이콘 스마트 콘돔i-con smart condom
• **출시연도** 2017년 • **센서** 심장 박동, 압력 감지 • **통신방식** 와이파이 · 블루투스
• **가격** 74달러 • **홈페이지** britishcondoms.uk/i-con-smart-condom

Cross-Domain Linkability

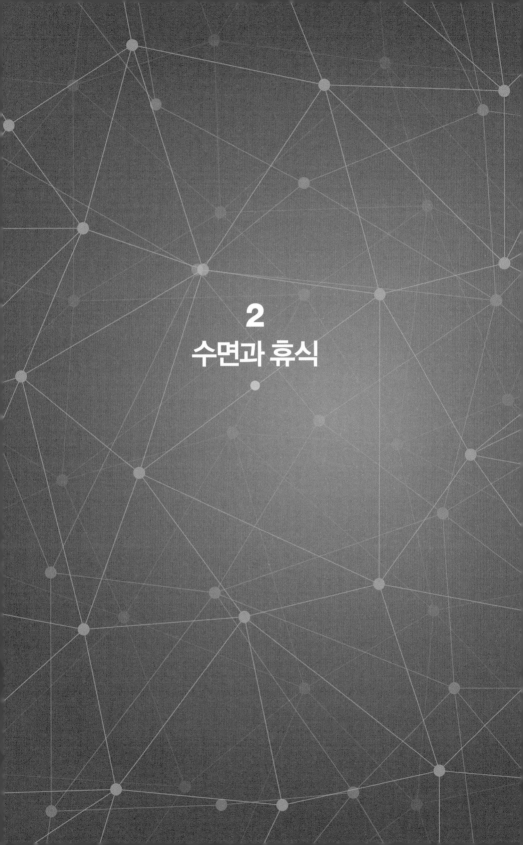

2
수면과 휴식

15. 센스

완벽한 숙면을 위한 센스쟁이 수면 모니터링기

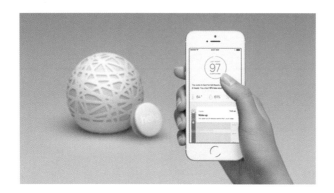

"오케이 센스, 나의 숙면을 부탁해!"

신이 인간에게 준 가장 큰 선물이라면 판도라의 상자에서 마지막에 나온 희망과 숙면을 준 것은 아닐까? 그런데 숙면이 있어야 희망이 생기는 법이다. 호메로스가 『오디세이아』에서 말했듯 잠을 자야 눈꺼풀을 덮어 선한 것, 악한 것, 모든 것을 잊게 할 수 있다. 그래야 희망도 생긴다. 센스는 음성명령으로 사용하는 수면 모니터링 기기다. 조명, 온도 등 방 안의 다른 가전기기와 연결해 음성으로 명령할 수 있고 여러 기기와 연결돼 통합적으로 침실 환경을 관리할 수 있다.

사용법도 간단하다. 침실 근처에 센스를 놓고 베개 클립을 베개에 부착하면 된다. 그럼 센스는 사용자의 수면 상태와 시간을 측정해 수면 패턴을 분석하고 점수로 기록한다. 가장 큰 특징은 '오케이 센스'라는 음성명령으로 조작할 수 있다는 점이다. 예를 들어 "오케이 센스, 어젯밤

침실 근처에 센스를 놓고 베개 클립을 베개에 부착하면 된다. 그럼 센스는 사용자의 수면 상태와 시간을 측정해 수면 패턴을 분석하고 점수로 기록한다.

내가 잘 잤어?" "오케이 센스, 지금 온도가 몇 도야?" 같이 '오케이 센스'를 부른 뒤 말을 하면 된다. 마찬가지 방법으로 음악 재생이나 알람 설정이 가능하고 침실 온도나 조명 등도 조절할 수 있다.

수면 사운드Sleep Sound라는 음악 재생 기능을 사용하면 자연 소리와 백색 소음을 재생해 숙면에 도움이 된다. 최적화된 온도와 습도를 알려주고 잠자리에 맞는 소리까지 들려줘 깊은 잠이 들게 도와준다. 아울러 센스는 깨어났을 때 가장 상쾌한 상태일 수 있도록 적절한 수면단계에서 알람을 울려준다. 그리고 수면 습관을 분석해 잠자리 환경을 어떻게 바꿔야 하는지까지 알려주는 그야말로 센스쟁이다. 그리고 슬립 필 클립(49달러)을 낱개로도 판매하고 있어 추가 구매 시 여러 명이 사용할 수 있다.

• **회사** 헬로Hello • **제품명** 센스Sense • **출시연도** 2016년
• **센서** 온도, 습도, 주변광, 근접, 미립자, 가속도
• **통신방식** 와이파이, 블루투스 로 에너지Low Energy
• **가격** 149달러 • **홈페이지** hello.is/#!

16. 지크
코골이를 막아주는 스마트 베개

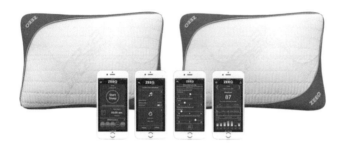

"제발 코 골지 않고 잠잘 수만 있다면……"

나의 숙면은 물론 남의 숙면까지 방해하는 지긋지긋한 코골이를 멈추게 할 방법이 없을까? 성인 중 약 30%가 코를 골고 코를 골다가 수면무호흡증을 동반하는 사람들도 무려 약 5%에 달한다고 한다.

지크는 코골이를 멈출 수 있게 하는 스마트 베개다. 우선 지크에는 스피커가 내장돼 있어서 음악, 명상, 오디오북과 같은 음원을 무선으로 재생할 수 있다. 잠 잘 오는 음악을 들을 수 있다는 것. 센서는 수면과 코골이 데이터를 수집해 사용자의 수면 상태를 분석한다. 수면 패턴을 분석해 가장 이상적인 시간에 깨워준다.

그럼 코를 골 때는 어떻게 멈추게 할까? 사용자의 코골이가 심해지면 지크 본체를 미세하게 진동시켜 잠자는 자세를 바꾸도록 유도한다. 지크는 베개에 연결된 유선 리모컨으로 조작과 충전을 할 수 있다. 리모컨에서 LED로 전원 상태, 충전 상태, 오디오 연결 상태를 알 수 있다. 침대

코를 골 때는 어떻게 멈추게 할까? 사용자의 코골이가 심해지면 지크 본체를 미세하게 진동시켜 잠자는 자세를 바꾸도록 유도한다.

위에서 바로 리모컨으로 강도를 조작할 수 있고 베개에서 수리와 진동을 준다.

- **회사** 워릭 벨 앤 미구엘 마레로Warrick Bell and Miguel Marrero ·**제품명** 지크ZEEQ
- **출시연도** 2016년 2월 ·**센서** 자이로스코프 ·**통신방식** 블루투스
- **가격** 299달러
- **홈페이지** shop.rem-fit.com/remfit-range/zeeq-pillow.asp www.kickstarter.com/projects/2121327950/zeeq-smart-pillow-stream-music-stop-snoring-sleep

17. 에스플러스S+
수면 상태를 모니터링해 숙면을 처방하는 스마트 기기

"당신의 꿀잠을 위해 태어났다!"

요즘 자도 자도 피곤한 사람들이 한둘이 아니다. 왜 이렇게 잠을 많이 자도 몸 상태가 가뿐하지 않을까? 가끔은 방안에 CCTV를 달아 수면 습관을 모니터링해보고 싶다. 그래서 나온 것이 에스플러스. 수면 문제를 말끔히 씻어주고 도와주기 위해 탄생한 제품이다.

에스플러스는 내 머리맡에서 나의 수면 상태를 모니터링하고 꿀잠을 만들어주는 제품이다. 스피커처럼 생긴 에스플러스를 침대 근처 머리맡에 두면 된다. 특별히 조작하거나 상호작용할 필요가 없다. 에스플러스는 사용자의 수면 상태를 자동으로 측정하고 수면 습관을 모니터링한다. 어떻게? 그러니까 에스플러스는 침실의 조도, 소음, 온도를 동시에 기록하여 수면 패턴과 관련성을 분석하고 사용자에게 알맞은 수면 환경을 찾을 수 있도록 돕는다. 즉 나의 숙면을 유도하기 위해 잠들기 전

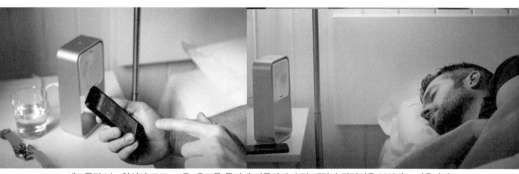

에스플러스는 침실의 조도, 소음, 온도를 동시에 기록하여 수면 패턴과 관련성을 분석하고 사용자에게 알맞은 수면 환경을 찾을 수 있도록 돕는다.

에 내 호흡 상태와 유사한 음악을 재생할 수 있다. 자체 스피커를 이용하여 음악을 들려준다. 기분 좋게 깰 수 있도록 선잠light sleep인 때를 찾아 알람을 울려주기도 한다.

보통 수면상태를 측정하기 위한 기기들은 웨어러블 형태로 사용자의 팔이나 머리 등 신체에 부착해야 한다. 에스플러스는 비접촉식으로 수면 상태를 모니터링하는 최초의 제품이다. 사용자의 숙면을 이해하기 위해 수면 상태를 점수화한 뒤 비슷한 연령의 사람들과 비교해 사용자에게 맞는 수면 피드백을 준다. 이것이 어떻게 가능한 것인지 약간 더 들어가 보자.

수면 중인 사용자가 움직이면 라디오파의 반사 패턴이 변하는 원리를 이용한다. 즉 라디오파를 이용해 사용자의 호흡과 움직임 등 수면 상태를 모니터링하는 것이다. 또한 에스플러스의 마인드 클리어 기능은 잠들기 전 텍스트 또는 음성으로 다음 날의 '해야 할 일to-do list'을 작성하게 함으로써 마음을 비우고 숙면할 수 있도록 유도한다.

· **회사** 레스메드ResMed · **제품명** 에스플러스S+
· **출시연도** 2015년 · **센서** 소리 감지, 조도, 온도 센서 등 · **통신방식** 와이파이
· **가격** 129.99달러 · **홈페이지** www.resmed.com/us/en/consumer/s-plus.html

18. 레스트온
얇고 기다란 패드 형태의 수면 모니터링 기기

"건드리지는 말고 숙면만 도와줘요"

숙면을 도와준다면서 오히려 번거롭고 귀찮은 제품들이 많다. 그런데 그냥 침대 위에 늘어뜨려 올려놓고 그 위에서 자면 되는 제품이 있다. 바로 레스트온. 두께 2밀리미터에 길이 약 60센티미터 정도의 패드로 된 수면 모니터링 기기이다. 가슴 부위 바로 아래쪽에 놓아야 한다. 몸에 착용하지 않아도 된다는 것이 가장 큰 장점이다. 사용법도 간단하다.

레스트온은 자동으로 심박수, 호흡, 수면 주기 등 수면 상태를 측정하고 스마트폰으로 전송한다. 스마트폰 앱에서는 수면 패턴을 분석한 결과와 함께 숙면을 취할 수 있는 조언을 해준다. 구체적인 수면 시간, 깨거나 뒤척인 횟수, 실제로 잠이 든 시각 등을 측정해 종합적으로 수면 상태를 평가하고 숙면을 도울 수 있는 운동, 식이요법, 수면습관같이 쉽

레스트온을 흉부 아래쪽에 올려놓고 자기만 하면 된다. 자동으로 심박수, 호흡, 수면 주기 등 수면 상태를 측정하고 스마트폰으로 전송해준다. 그럼 스마트폰 앱에서 수면 패턴을 분석한 결과를 확인하면 된다.

고 간편한 지침 가이드까지 알려준다. 또한 개인별 수면 주기에 맞춰 적절한 기상 시각에 소리가 나고 조명이 나오게끔 설정해 최상의 컨디션으로 기상할 수 있도록 도와준다.

　의료기기용 센서를 사용하기 때문에 여타의 웨어러블 기기보다 정확한 데이터를 측정한다. 각각의 데이터들이 명확하게 구분되고 분석되도록 자체 알고리즘을 활용하고 있다. 사용자가 설정한 알람 시간 30분 이전에 가장 선잠에 빠져 있을 때 깨우기 시작해 자연스럽게 일어날 수 있도록 돕는다.

・**회사** 슬립페이스Sleepace　・**제품명** 레스트온RestOn
・**출시연도** 2015년　・**센서** 심박, 호흡, 압력　・**통신방식** 블루투스
・**가격** 149.99달러　・**홈페이지** www.sleepace.com/reston.html?category=reston

19. 아우라
빛과 소리를 방출하는 탁상시계형 숙면 보조기기

"당신의 숙면을 유도하는 영리한 디바이스"

잠만 제대로 푹 잘 수 있다면 무슨 큰일을 못 할쏘냐 싶은 사람이 많다. 현대인의 피로는 '간 때문이야.'라는 유명한 광고 카피도 있지만 '질 나쁜 수면' 때문이라는 것도 유력한 정설이다. 아우라는 탁상시계처럼 생긴 숙면 보조기기다. 먼저 아우라를 침대 옆에 두고 사용자 쪽으로 향하게 하면 된다. 그러면 침대 옆에서 사용자의 숙면을 도와준다. 아우라에 장착된 센서가 먼저 사용자의 수면 상태를 자동으로 측정하고, 빛과 소리를 사용해 숙면을 도와주는 것이다.

아우라는 두 가지 종류의 수면 데이터를 측정한다. 그 하나는 사용자가 잠이 들었을 때 호흡과 심박수와 같은 신체 상태이다. 침대 매트리스에 위치한 패드 내 센서가 사용자의 뒤척임, 호흡 주기, 심박수 등을 측정해 수면 패턴을 분석하고 분석한 결과는 앱을 통해 바로 알 수 있다. 또 다른 수면 데이터는 침실의 소음, 온도, 밝기이다. 아우라의 환경 센

아우라는 탁상시계처럼 생긴 숙면 보조기기다. 먼저 아우라를 침대 옆에 두고 사용자 쪽으로 향하게 하면 된다. 그러면 침대 옆에서 사용자의 숙면을 도와준다. 아우라에 장착된 센서가 먼저 사용자의 수면 상태를 자동으로 측정하고, 빛과 소리를 사용해 숙면을 도와주는 것이다.

서들을 이용해 사용자 침실의 온도, 빛, 소음 정도를 측정한다. 아우라는 이 정보를 바탕으로 숙면에 방해되는 요소를 제거하고 쾌적한 수면 환경을 만들어주고자 한다.

　이런 측정결과를 바탕으로 숙면에 효과적이라고 증명된 여러 과학적 방법들을 사용해 최적화된 침실 환경을 조성해준다. 예를 들어 수면 호르몬을 촉진시키는 최적화된 색상의 빛을 내고 잠을 유도하는 음악 서비스를 한다. 아울러 알람시계 기술을 통해 활기찬 빛과 맞춤형 음악으로 기운을 북돋는 기상 경험을 제공한다. 사용자가 기상 알림을 설정하면 적절한 기상 타이밍을 찾아내어 기상 알림을 해준다. 슬립Sleep 프로그램이 포함된 개별 제품과 스마트 알람, 수면 사이클 분석 서비스 등 슬립 센서 액세서리Sleep Sensor Accessory를 포함한 두 종류의 제품을 판매한다.

· **회사** 위딩스Withings · **제품명** 아우라Aura
· **출시연도** 2016년 · **센서** 터치 센서, 조도센서, 온도센서, 소음센서, 수면센서
· **통신방식** 블루투스 · **가격** 189.95유로 299.95 유로(+슬립 센서 액세서리)
· **홈페이지** www.withings.com/eu/en/products/aura

20. 크로나

최적의 수면을 유도하고 아침마다 나를 깨우는 스마트 베개

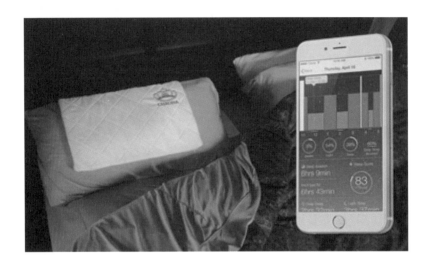

"숙면은 예스, 그러나 롱면은 노"

요즘은 누구에게나 불면의 밤이 깊다. 잠 좀 제대로 자려고 하다 선잠을 오래 자게 마련이다. 크로나는 얇은 메모리폼 재질의 스마트 베갯잇으로 오랜 시간 뒤척임 없이 깊게 잠들게 도와주고자 한다.

크로나를 일반 베개에 넣어 사용하면 된다. 크로나를 베고 자면 수면 상태가 측정된다. 사용자가 얕은 잠에서 깰 때마다 작은 소리를 통해 깊은 잠에 빠지도록 해준다. 크로나에는 스피커가 장착돼 있어 소리 재생이 가능하다. 이 스피커로 사용자의 수면 사이클에 적절한 저주파 소리를 재생해 사용자가 숙면을 취할 수 있도록 돕는 원리이다. 코골이를 할

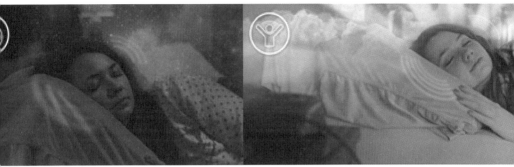

크로나를 일반 베개에 넣어 사용하면 된다. 크로나를 베고 자면 수면 상태가 측정된다. 사용자가 얕은 잠에서 깰 때마다 작은 소리를 통해 깊은 잠에 빠지도록 해준다.

때도 소리 기능으로 알려주고 잠을 잔 뒤에는 작은 진동과 소음과 진동을 통해 자연스럽게 잠에서 깰 수 있게 도와준다. 또한 크로나 스마트폰 앱에서 알람을 설정하면 그 시간에 쉽게 일어날 수 있도록 고주파 음역대의 소리와 진동 알람을 준다. 햅틱(촉감형) 알람으로 사용자가 상쾌하게 기상할 수 있도록 유도한다. 그때 이 알림으로 옆자리의 파트너를 깨우지는 않는다.

크로나는 신체에 부착해서 사용하거나 매트리스를 구매해 사용해야 하는 다른 수면 관리 제품들과 달리 베개 형태로 일반 침대에 올려놓기만 하면 돼 접근성이 높다. 또 스피커를 이용해 저주파 소리와 알파권역대의 소리를 들려줘 사용자가 깊이 잠들 수 있도록 한다. 가속도 센서는 수면 중 움직임을 체크해 스마트폰 앱으로 전송도 해준다. 1달러부터 기부도 가능하며 다양한 제품 패키지를 판매하고 있다.

• **회사** 울트라디아Ultradia • **제품명** 크로나The Chrona
• **출시연도** 2015년 • **센서** 가속도 센서 • **통신방식** 블루투스
• **가격** 119달러(1개) 179달러(2개) 299달러(4개) • **홈페이지** chronasleep.com

21. 밸루가
자동으로 공기압이 조절되는 스마트 매트리스

"고객님은 그저 누워만 계십시오"

침대에 눕기만 하면 매트리스가 알아서 척척 최적의 푹신푹신한 상
태로 조절된다면 얼마나 좋을까? 바로 밸루가가 그렇다. 밸루가는 공기
압이 자동으로 조절되는 스마트 매트리스다. 그냥 누워서 잠만 자면 된
다. 가히 미래에서 온 매트리스라고 할 만하다. 만약 원하는 상태가 다
르다면 침대 위에서 터치로 컨트롤러를 조작하거나 스마트폰 전용 앱
으로 온도와 공기압을 조절할 수 있다. 이후 내장된 모션 센서, 압력 센
서, 소리 감지 센서가 사용자의 수면 데이터를 측정한다. 그 측정 데이
터를 이용해 사용자의 수면 상태를 분석한다. 사용자는 스마트폰에서
수면 데이터를 확인할 수 있다.

밸루가는 공기를 이용한 에어스프링셀Air spring cell로 이루어졌고 사
용자의 근육을 이완시켜 숙면을 하도록 돕는 압력 포인트 마사지 기능
이 있다. 사용자에게 맞게 온도와 강도(딱딱한 정도)를 조절할 수 있다.
또한 밸루가에서 측정된 압력 데이터를 바탕으로 에어스프링셀의 공기

밸루가는 공기압이 자동으로 조절되는 스마트 매트리스다. 그냥 누워서 잠만 자면 된다. 가히 미래에서 온 매트리스라고 할 만하다.

압 조절로 매트리스의 강도를 최적화시켜 사용자가 숙면할 수 있도록 돕는다. 철스프링을 사용하는 일반 매트리스는 시간이 오래되면 매트리스 꺼짐 현상이 일어난다. 하지만 밸루가는 공기압을 조절해 매트리스의 모양을 유지하기 때문에 그럴 일이 없다. 에어스프링셀에서는 진동을 발생시켜 마사지 효과를 주며 부드러운 진동 알람으로 기상을 유도하고 사용자의 움직임에 따라 조명 빛의 색깔을 바꿔주는 개인 맞춤형 환경을 제공한다.

밸루가는 두 명이 동시에 사용할 수 있다. 왼쪽, 오른쪽에 누운 사용자가 각각 자신에게 적절한 온도로 조절하는 것이 가능하다. 또한 1인 이상이 사용하는 상황이 많은 제품인 것을 고려해 코골이 방지 기능이 탑재돼 있어 다른 사람의 숙면을 방해하지 않는다. 소리 인식 센서로 사용자의 코골이를 인식하고 코골이를 방지하는 것이다. 스마트폰 앱으로 수면 모니터링이 가능하다. 주변이 어두울 때도 LED 조명 시스템이 사용자가 원하는 시간에 자연스러운 기상을 유도한다.

- **회사** 벨루가 리미티드Balluga Limited　·**제품명** 밸루가Balluga
- **출시연도** 2016년　·**센서** 모션 센서, 압력 센서, 소리 인식 센서, 수면 측정
- **통신방식** 블루투스
- **가격** 1,299~1만 달러(싱글, 킹 사이즈, 개인맞춤형 등)　·**홈페이지** www.balluga.com

22. 베딧 3
아무 방해 없는 패드 형태의 수면 모니터링 기기

"잠이라는 보약 한 첩 주세요."

영국의 문호 셰익스피어도 "좋은 잠이야말로 자연이 인간에게 부여해주는 살뜰한 간호부"라고 말한 바 있다. 이제는 보약 같은 잠을 만들기 위해서 수면 모니터링 기기를 사용하는 것이 일상화되고 있다.

베딧은 긴 줄 모양의 패드 형태의 수면 모니터링 기기다. 베딧 기기에는 사용자가 조작하는 인터페이스가 없다. 수면을 방해하지 않기 위해서이다. 사용자는 베딧을 침대 위에 올려놓고 베딧과 스마트폰을 블루투스로 연결한 후 그 위에서 잠을 자기만 하면 된다. 그러면 자동으로 수면 상태가 모니터링된다. 한 침대에서 두 사람까지 측정할 수 있고 수면을 방해하지 않기 위해서 빛이나 소리를 이용한 알림도 없다.

종합적인 수면 패턴과 신체 데이터는 스마트폰 앱으로 확인할 수 있다. 수면 패턴, 심장박동, 호흡, 코골이를 측정하고 그 패턴을 분석해 건강한 수면을 하는지를 확인한다. 또 다음 수면 시 숙면을 취할 수 있는

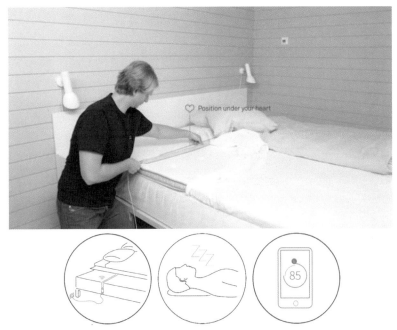

베딧은 긴 줄 모양의 패드 형태의 수면 모니터링 기기다. 베딧 기기에는 사용자가 조작하는 인터페이스가 없다. 수면을 방해하지 않기 위해서이다.

조건을 분석해 제안한다. 즉 온도와 습도 등 침실 환경을 모니터링해 최적의 수면 환경 조건을 제안하는 것이다. 수집된 온습도 데이터와 분석 결과도 스마트폰에서 확인할 수 있다.

베딧의 가장 큰 특징은 인터랙션을 최소화한 것이다. 단지 침대에 올려놓고 사용하면 될 뿐이다. 일체의 수면 방해를 받지 않고 편하고 자연스럽게 사용할 수 있다.

• **회사** 베딧Beddit • **제품명** 베딧 3Beddit 3
• **출시연도** 2016년 • **센서** 압전력, 정전식 터치, 습도 센서, 온도 센서
• **통신방식** 블루투스 • **가격** 149달러 • **홈페이지** www.beddit.com

23. 무조

소음 차단 기술을 이용한 개인 공간 생성기

"인생에 고요한 순간이 필요할 때!"

세상이 너무 시끄럽다. 큰 소리로 떠드는 소리, 차 소리, 경적 소리, 스마트폰 소리, 공사하는 소리, 각종 안내방송, 각종 전자기기에서 나오는 소리 등 듣기 싫은 소리로 가득하다. 도대체 조용한 곳을 찾기가 쉽지 않다. 그러다 보니 인간이 점점 신경질적이 되는 것 같다. 아래층 위층 이웃끼리 층간소음 때문에 사소한 다툼을 벌이다 완전 원수가 되는 일이 심심치 않다. 심지어 살인까지 일어난다. 겨우 소음 때문에 그런 끔찍한 일이 일어나기도 하는구나 하고 넘어갈 일이 아니다. 이미 우리 주변에 그런 일이 비일비재하기 때문이다. 이제 소음은 끔찍한 환경 오염이 됐다.

더욱이 소음은 주관적이기도 하다. 스트레스가 쌓였거나 피곤한 상태에서 들으면 평소 좋아하던 소리도 불쾌하고 듣기 싫은 소음이 되기 때문이다. 문제는 현대인들이 항상 바쁘게 살고 스트레스도 많이 받고 하

위에서부터 세레니티 모드, 슬립 모드, 시크릿 모드.

다 보니 소음에 관대해질 수가 없다는 것이다. 언제 어디서든 소음을 막을 수 있어야 한다. 무슨 뾰족한 해결 방법은 없을까? 그럴 때 사용하면 좋은 제품이 있다. 바로 무조. 놀랍게도 소음을 줄여준다. 마법사의 마법 구슬 같다. 창문, 벽, 책상처럼 평평한 곳에 붙여두면 '눈에는 눈 이에는 이'식으로 외부에서 들어오는 소음을 차단하는 소음을 만들어 소음을 없애는 효과를 낸다. 원리는 이렇다. 외부에서 들려오는 소음을 메커니컬 바이브레이션으로 탐지해 반진동회로로 보내 처리한다. 즉 진동을 없앨 수 있는 진동파를 생성해 소음을 제거하는 것이다. 휴대하기 편리할 정도의 크기이며 디자인도 단순하다.

무조는 세레니티Serenity 모드, 슬립Sleep 모드, 시크릿Secret 모드가 있다. 세레니티 모드는 외부 소음을 줄이고 싶을 때 사용한다. 집이나 사무실에서 사용하면 좋다. 슬립 모드는 잠잘 때 사용하면 좋다. 시크릿 모드는 신기하게도 두 사람이 하는 말을 다른 사람이 듣지 못하게 한다. 무조만 있으면 언제 어디서든 나만의 조용한 공간을 만들 수 있다. 덕분에 조용하게 수면을 취할 수 있고 때로는 밖으로 흘러나갈 수 있는 말소리를 막을 수 있으니 사생활 보호에도 도움이 된다.

배터리로 구동되며 약 20시간 정도 유지할 수 있다. 환경친화적 접착제를 사용하고 있다. 무조는 매우 다양한 시그널 데이터를 계산할 수 있도록 강력한 프로세서를 내장하고 있다. 사용법도 매우 간단하다. 적절한 위치를 찾아서 놓고 무조 중간의 버튼을 누르고는 조용히 흐르는 주변 소음 모드를 선택하거나 소음제거 모드를 선택한다. 그리고 마지막으로 버튼을 돌려서 볼륨을 조절하면 된다.

• 회사 셀레셜 트라이브Celestial Tribe • 제품명 무조Muzo
• 출시연도 2017년 • 센서 소리 • 통신방식 와이파이
• 가격 249달러 • 홈페이지 www.facebook.com/getMuzo

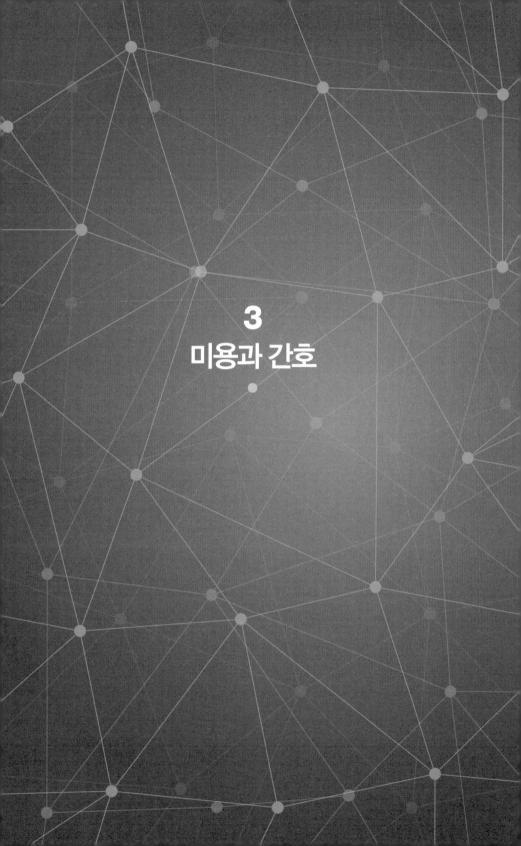

3
미용과 간호

24. 네이키드 3D 트래커
체중계와 거울로 구성된 최초의 가정용 신체 스캐너

"거울아, 거울아, 내가 얼마나 예뻐졌니?"

남녀노소 누구나 예뻐지고 싶고 날씬해지고 싶어한다. 절대 시들지 않는 인간의 욕망이다. 하지만 욕망은 욕망으로만 방치될 뿐 일상생활에서 그 욕망을 실현하는 행동을 지속하기란 쉽지 않다. 그래서 나온 것이 네이키드 3D 트래커다. 체중계와 거울로 구성된 최초의 가정용 신체 스캐너다. 매일매일 나를 관찰하고 건강과 미모를 놓치지 않도록 동기부여해준다.

조작도 간단하다. 네이키드 3D 트래커 위에 올라서면 체중계가 턴테이블처럼 360도로 회전하면서 자동으로 측정을 시작한다. 그러고 나서 스마트폰 앱에서 체중계와 거울로 측정한 3D 모델링 데이터를 자세하게 확인할 수 있다. 병원이나 운동기관에 방문할 필요 없이 집에서 정밀한 신체 사이즈 측정이 가능하다. 전통적인 생체 임피던스 시스템이 플러스·마이너스 8%의 정확도를 갖는 데 비해 네이키드는 약 플러스·마

네이키드 3D 트래커 위에 올라서면 체중계가 턴테이블처럼 360도로 회전하면서 자동으로 측정을 시작한다.

이너스 2.5%의 정확도를 가진다. 앱에서 체중과 신체 사이즈뿐만 아니라 3D 모델링된 신체 이미지를 보여주기 때문에 부위별 신체 사이즈와 비율의 변화를 세세하게 기록하고 관리할 수 있다.

인텔의 리얼센스 기술을 적용한 네이키드 3D 스캐너는 3D 심도 센서와 적외선을 이용해 몸의 굴곡을 정확한 3차원 영상으로 스캔한다. 네이키드 3D 스캐너로 체중과 체지방 측정은 물론 팔, 종아리, 허리 등 부위별 신체 사이즈와 근육량을 측정하고 히트맵Heat Map을 이용해 신체 부위에서 근육량과 체지방량의 변화가 있는 곳을 나타낸다. 따라서 사용자는 시간이 지남에 따라 자신의 몸이 어떻게 변화되는지를 시각적으로 볼 수 있다. 또한 이를 타임랩스로도 확인할 수 있다. 빠르고 정확한 스캐닝이 가능한 이 제품은 한 번에 여섯 명까지 사용자 데이터를 저장할 수 있어 온 가족이 함께 이용할 수 있다.

• **회사** 네이키드 랩스Naked Labs • **제품명** 네이키드 3D 트래커Naked 3D Fitness Tracker
• **출시연도** 2017년 3월 • **센서** 무게 측정, 3D 심도 • **통신방식** 와이파이, 블루투스
• **가격** 699달러(할인가) • **홈페이지** naked.fit

25. 기가 IoT 헬스 체지방계 플러스
균형 잡힌 신체 체성분 관리가 가능한 스마트 체중계

"파랑은 감량, 초록은 유지, 빨강은 증가"

건강을 살핀다면 이제 단순히 몸무게가 문제가 아니다. 문제는 체질량지수. 이제 집에서 손쉽게 체질량을 분석할 수 있다. 기가 IoT 헬스 체지방계 플러스는 체중, 체질량 지수, 복부비만 수준, 기초대사량, 체질량 지수, 체수분율, 근육률, 골량을 측정할 수 있어 균형 잡힌 신체 체성분 관리가 가능한 스마트 체중계다. 일반 체중계처럼 올라서기만 하면 체중계 화면으로 체중을 알 수 있다. 체중계 옆의 버튼을 눌러 사용자를 등록하면 체중을 측정할 때 LED 불빛으로 체중의 증감 상태를 보여준다. 자세한 분석 결과는 스마트폰 앱을 사용해 확인한다.

기가 IoT 헬스 앱과 연동해 기기별로 일일, 주간, 월간, 연간 체중 및 체성분 변화를 제공받으며 최대 여덟 명의 사용자를 등록할 수 있어 자녀와 노인 부모까지 온 가족이 함께 신체 데이터를 관리할 수 있다. 스마트폰 앱으로 각자의 목표 체중 설정과 진행과정을 확인할 수 있다. 체내에 약한 전류를 흘러보내면 근육처럼 수분이 많은 곳엔 전류가 잘 흐

기가 IoT 헬스 체지방계 플러스는 체중, 체질량 지수, 복부비만 수준, 기초대사량, 체질량 지수, 체수분율, 근육률, 골량을 측정할 수 있어 균형 잡힌 신체 체성분 관리가 가능한 스마트 체중계다. 일반 체중계처럼 올라서기만 하면 체중계 화면으로 체중을 알 수 있다.

르고 수분이 적은 지방엔 전기가 통하지 않는 원리를 이용해 체성분 비율을 분석한 것이다. 사용자는 스마트폰 앱으로 신체 데이터 분석 결과를 확인하거나 신체 변화를 그래프 형태로 볼 수 있다.

스마트폰 앱을 거치지 않고 체중계로 신체 변화를 확인할 수도 있다. 사용자는 체중계의 화면과 불빛(파랑-체중 감량, 초록-체중 유지, 빨강-체중 증가)으로 체중 증감 상태를 확인한다. 기가 IoT 시리즈와 함께 판매 중이며 매달 1만 원대의 가격으로 36개월 렌탈 서비스도 운영 중이다.

• 회사 KT • 제품명 기가 IoT 헬스 체지방계 플러스 • 출시연도 2016년
• 센서 중량 측정 고정밀 G센서 • 통신방식 블루투스 • 가격 8만 4,900원(할인가)
• 홈페이지 shop.olleh.com/iot/prodGigalotBodyScale.do

26. 쿼디오 베이스
체중이 줄면 웃고 늘면 우는 스마트 체중계

제발 어제보다 줄어들었기를……

아침마다 체중계에 숨죽이고 올라서며 간절히 갈구한다. 몸무게가 조금이라도 줄어들었기를. 그런데 이때 체중계가 나를 보고 웃으면 기도발이 받은 것이고 반대로 체중계가 나를 보고 울고 있다면 바람은 무참히 짓밟힌 것이라 할 수 있다. 쿼디오 베이스는 바로 그런 스마트 체중계다.

사용자가 체중을 재면 "20% fat"과 같이 몸무게 변화량을 %로 표시하고 체중 증가량에 따라 스마일 모양의 이모티콘을 보여준다. 사용자의 몸무게가 증가하면 슬픈 표정의 스마일 이모티콘, 몸무게가 감소하면 웃는 표정의 스마일 이모티콘이 LED 디스플레이에 표시된다.

4개의 위치 기반 센서를 사용하며 몸무게, 체질량지수BMI, 신체 구성성분을 측정하고 측정치를 스마트폰 앱으로 자동 전송한다. 몸무게 측정 시 사진을 추가할 수 있다.

체중 증가량에 따라 스마일 모양의 이모티콘을 보여준다. 사용자의 몸무게가 증가하면 슬픈 표정의 스마일 이모티콘, 몸무게가 감소하면 웃는 표정의 스마일 이모티콘이 LED 디스플레이에 표시된다.

　동기부여를 위해 목표에 대한 지속적인 모니터링 및 목표에 따른 차트와 그래프를 보여준다. 목표 달성 정도에 따라 숫자가 아닌 스마일 표정으로 결과를 보여줌으로써 다이어트 의욕을 더욱 북돋워 준다. 사용자는 체중계에 표시된 숫자와 이모티콘을 확인하고 스마트폰을 통해 기록된 수치와 그래프를 확인한다.

　여러 사용자가 동시에 사용 가능하다. 임산부의 경우 임신 모드가 있어 몸무게 측정을 일주일마다 관리할 수 있다.

• **회사** 쿼디오Quadio · **제품명** 쿼디오 베이스Quadio Base
• **출시연도** 2016년 · **센서** 무게 센서, 4개의 LBS(위치 기반) 센서
• **통신방식** 블루투스 · **가격** 127.49달러
• **홈페이지** www.getqardio.com/qardiobase-smart-scale-iphone-android

27. 보디 카디오
복잡한 몸 상태를 명쾌하게 보여주는 스마트 체중계

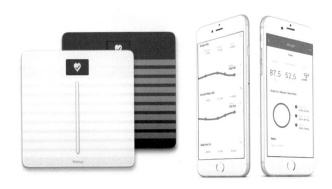

"체중계 하나로 온갖 정보가 한 번에 오케이!"

이제 체중계로 체중만 재는 시대는 갔다. 체중은 기본이고 나의 이모 저모 건강 상태를 동시에 체크해주는 것이 스마트 체중계다. 보디 카디오는 1.78센티미터(0.7인치)의 얇은 두께를 가진 스마트 체중계이다. USB로 한 번 충전하면 12개월까지 사용 가능하다. 최대 8명까지 구분해 몸무게, 지방량, 근육량, 수분량, 골밀도 신체 구성을 측정할 수 있다.

맥박 속도를 측정해 심장박동과 동맥경화 정도를 파악하고 심장과 혈관 건강관리를 도와주는 보디 카디오는 체중을 재는 것뿐만 아니라 체중 및 체성분의 변화를 볼 수 있어 자신이 설정한 목표에 도달하도록 돕는다. 또한 위딩스사의 헬스메이트 앱에서 위딩스 웨어러블 제품과 함께 사용하면 헬스케어 모니터링도 겸할 수 있어 복합적인 건강관리가 가능하다.

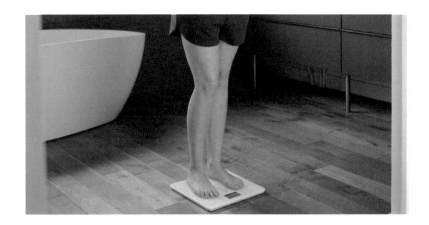

원리는 발에 있는 혈류를 사용해 심장 동맥에 의한 혈액 순환의 시차를 측정해 맥박 속도를 계산하는 것이다. 위치 제어 기술로 고정밀 중량, BMI, 체지방, 근육, 골질량 및 수분 측정이 가능하며, 정확한 신체 구성과 심장박동, 맥박 속도를 측정해 동맥경화를 파악하고 심장 혈관의 건강을 관리할 수 있는 서비스를 제공한다. 모든 체중 측정 데이터가 와이파이(iOS 8 이상 및 안드로이드 2.3.3 이상)를 통해 헬스메이트 앱에 자동으로 표시된다. 보디 카디오의 LED 디스플레이에 지역 날씨 예보를 표시하도록 설정할 수도 있다.

하지만 체중계 위의 LED 디스플레이에 표시되는 체중이나 체성분 정보는 생각보다 보기 어렵고 특히 올챙이배를 가진 경우는 더욱 보기 불편하다. 이 때문에 데이터는 스마트폰으로 확인하고 관리하는 것이 나쁘지 않다.

• **회사** 위딩스Withings　• **제품명** 보디 카디오Body Cardio
• **출시연도** 2016년　• **센서** 심박 센서, 중량 센서　• **통신방식** 블루투스
• **가격** 179.95달러　• **홈페이지** www.withings.com/eu/en/products/body-cardio

28. 준
자외선 수치를 실시간 체크하는 팔찌 형태 웨어러블

"패셔너블한 여성의 잇 아이템"

양재천을 거닐자면 깜짝 놀랄 모습을 한 아주머니들을 만나곤 한다. 무슨 SF 영화에나 나올 법한 마스크로 얼굴 전체를 둘러싸고 모자까지 썼다. 일견 IS 복장 같기도 하다. 자외선 차단 패션이다. 준은 손목에 착용하는 팔찌 형태의 웨어러블 기기다. 보석 달린 팔찌를 연상케 한다. 준은 자외선 정보를 실시간으로 알려주고 자외선 수치를 바탕으로 적정 노출량과 대처법을 알려준다. 또한 자외선 양에 따른 피부 건강 상태 알림과 함께 피부 노화방지법을 제안한다.

사용자는 팔찌를 착용하고 생활하면 된다. 자동으로 자외선 노출 정도가 측정된다. 준은 센서를 이용해 사용자에게 노출된 자외선 수치를 측정하고 스마트폰으로 알려준다. 스마트폰 앱에서 피부 건강 상태에 대한 알림을 받을 수 있고 자외선 수치 데이터를 확인한다. 준의 주요 기능은 사용자의 피부 건강관리다. 사용자의 피부에 노출되는 자외선 수치를 모니터링해 피부 건강 상태를 진단해준다. 센서가 정확한 자외선 노출 정도를 측정한다. 그럼 그 정보를 활용해 사용자 피부 타입에

준은 자외선 정보를 실시간으로 알려주고 자외선 수치를 바탕으로 적정 노출량과 대처법을 알려준다. 또한 자외선 양에 따른 피부 건강 상태 알림과 함께 피부 노화방지법을 제안한다.

맞는 피부관리 제안과 알림을 주는 것이다.

준이 피부 타입과 UV 노출 지수에 따라 피부 관리 진단을 내려주면 이를 스마트폰 앱에서 확인할 수 있어 UV 수치 값을 실시간으로 모니터링할 수 있다. 사용자가 하루에 노출되는 자외선 양을 초과할 시에는 앱으로 알림을 주며 언제 어느 만큼의 자외선 차단제를 발라야 하는지 혹은 선글라스를 써야 하는지도 앱으로 알림을 준다.

보석 팔찌 형태로 디자인돼 있어 패션 아이템으로 사용할 수 있다. 사용자가 가죽 끈과 실리콘 끈 중 선택해 취향에 맞게 착용할 수 있다.

· **회사** 넷타모Netatmo · **제품명** 준June
· **출시연도** 2014년 · **센서** UVA, UVB 센서 · **통신방식** 블루투스
· **가격** 49달러 · **홈페이지** www.junebynetatmo.com/en-US/site

29. 메드마인더
다정하게 약 먹을 때를 알려주는 스마트 약 보관통

익숙한 목소리로 반짝반짝 "약 드세요!"

의약의 혁신과 발달은 놀랍다. 그런데 그 발전은 오로지 환자가 약을 먹었을 때만 효과가 난다. 사실 처방한 약 중 절반 이상은 처방된 대로 먹지 않는다고 한다. 더군다나 약물이 가장 효과적일 때 먹지 않는 문제까지 고려하면 더욱 그렇다. 좀 황당하지만 이런 게 의료효과를 위협하는 사용자 이슈이다. 대단한 이유가 있어서가 아니다. 깜빡하는 것이다. 특히 노인이 되면 자주 아프고 기억력도 깜박깜박해서 약을 제때 챙겨 먹기도 어렵다.

메드마인더는 스마트 약 보관통이다. 복용할 약을 요일별과 시간별 (아침, 점심, 저녁, 취침 전)로 나누어 개별 트레이에 넣어둘 수 있다. 뚜껑이 투명해서 내용물 확인이 쉽다. 약을 복용할 때가 되면 LED와 소리로

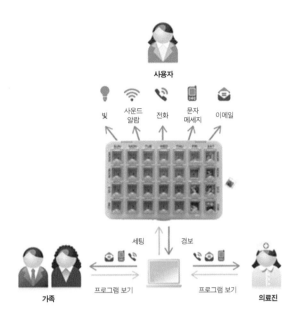

메드마인더는 스마트 약 보관통이다. 복용할 약을 요일별과 시간별(아침, 점심, 저녁, 취침 전)로 나누어 개별 트레이에 넣어둘 수 있다. 뚜껑이 투명해서 내용물 확인이 쉽다. 약을 복용할 때가 되면 LED와 소리로 알려준다. 또 뚜껑을 열어야 할 때 열지 않으면 보호자와 환자에게 연락해 약을 먹을 수 있게 한다.

알려준다. 또 뚜껑을 열어야 할 때 열지 않으면 보호자와 환자에게 연락해 약을 먹을 수 있게 한다.

환자들이 종종 약을 중복해서 적정 용량보다 많이 먹기도 하다. 그런 문제를 해결하기 위해 각 트레이의 뚜껑은 평소에는 열리지 않게 돼 있다. 딱 정해진 시간에만 열리도록 해 과다복용을 방지한다. 메드마인더의 주요 타깃은 노령층이기 때문에 스마트폰이나 전화를 이용한 입력 장치는 없다. 그리고 집에 인터넷이나 전화가 연결돼 있지 않아도 사용할 수 있다. 노인들은 인터넷이나 전화가 없거나 사용이 어려운 경우가 많아 약을 먹지 않았거나 잘못 복용했을 시 위성신호를 통해 전화, 문자 메시지, 이메일 알림을 제공한다.

전화　문자 메시지　보고서　이메일　소리　깜박이 칸

　환자를 돌보는 사람들이 메드마인더 기기에 음성 녹음을 해 알림음
으로 사용할 수 있다. 익숙한 목소리로 약을 복용하는 것을 상기시킬 수
있다. 사용자 본인, 자녀, 보호자의 핸드폰과 연결해 약 섭취 현황에 대
해 모니터링이 가능하며 함께 구매 가능한 목걸이를 사용하면 응급센
터에 연락을 취하기 쉽다. 잠금 기능 유무와 응급전화 라인 포함 여부에
따라 네 가지 종류의 제품이 있으며 서비스에 각각 가격이 다르다. 응급
전화가 포함된 제품은 알람이 가능한 목걸이를 추가로 사용할 수 있다.
　관련하여 글로우캡GlowCap이란 기기도 있다. 미국에서 처방용으로
사용하는 약통에 덮는 뚜껑인데 복용시점이 되면 알람으로 알려준다.
아울러 프로테우스Proteus란 녹는 센서도 있다. 약물 제조 과정에서 약
에 넣는다. 그러면 환자가 약물을 섭취한 상태를 알 수 있다.

· **회사** 메드마인더Medminder　· **제품명** 메드마인더Medminder
· **출시연도** 2016년　· **센서** 압력　· **통신방식** 내장형 셀룰러 모뎀
· **가격** 39.99~64.99달러(매달)　· **홈페이지** www.medminder.com

30. 글로우캡

제때 약 복용 시간을 알려주는 스마트 약병

"지금 약 먹을 시간이에요!"

모든 치료의 기본은 처방받은 약을 빠뜨리지 않고 제때 복용하는 일. 하지만 뜻밖에 이를 지키기가 쉽지 않다. 글로우캡은 약 복용 시간을 알려주는 스마트 약병으로 환자의 빠른 치유를 돕는다.

글로우캡은 결핵, 당뇨, 고혈압과 같은 만성질환자들에게 빛과 소리로 약 복용 시간을 알려준다. 약 복용 시간이 지나도 약을 먹지 않았거나 약병과 떨어져 있거나 위급 상황이라고 판단하면 전화와 문자 메시지로도 알려준다. 판매사인 바이탈리티에 따르면 글로우캡을 사용한 경우 사용자의 98% 이상이 약을 제때 복용한 것으로 나타났다고 한다.

약병을 열면 센서가 감지해 약을 먹었다는 정보를 바이탈리티로 보낸다. 만약 약을 먹을 시간이 지났는데도 약병 뚜껑이 열리지 않으면 사

글로우캡은 결핵, 당뇨, 고혈압과 같은 만성질환자들에게 빛과 소리로 약 복용 시간을 알려준다. 약 복용 시간이 지나도 약을 먹지 않았거나 약병과 떨어져 있거나 위급 상황이라고 판단하면 전화와 문자 메시지로도 알려준다.

용자에게 전화나 SMS로 알려준다. 약 먹는 횟수 기록이 이메일로 사용자와 병원에 통보돼 의료 기록으로 참고할 수 있다. 한번 활성화시키면 AT&T 모바일 네트워크에 연결돼 빛과 소리로 약물, 비타민, 보충제 등의 텍스트 알람과 집으로 전화 알람이 가능하다. 또 약통 뚜껑에 있는 버튼을 클릭해 약 리필 요청을 할 수도 있다. 약이 떨어지기 전에 자동으로 약을 추가 주문해주는 서비스 또한 운영 중이다.

• **회사** 바이탈리티|Vitality • **제품명** 글로우캡GlowCap
• **출시연도** 2014년 • **센서** 열림 감지 • **통신방식** AT&T 모바일 브로드밴드 네트워크
• **가격** 200.99달러 • **홈페이지** www.glowcaps.com

31. 기가 IoT 헬스 밴드
몸짱 신화에 도전하는 개인 트레이너 헬스 밴드

"날 따라해 봐, 이렇게……"

홈 트레이닝. 일명 '홈트'는 집에서 혼자 하는 운동을 가리킨다. 비용
이 크게 들지 않을 뿐만 아니라 시간과 장소에 상관없이 할 수 있어 최
근 유행하고 있다. 스스로 운동량을 관리하는 데는 아무래도 어려움이
있다. 기가 IoT 헬스 밴드는 운동 트레이닝 프로그램을 보고 따라 하면
서 바로 운동량을 측정하고 스마트폰 앱으로 평가를 받을 수 있다.

기가 IoT 헬스 밴드는 운동하러 나가기 어려운 사람들에게 집에서 여
느 유명 헬스장 방불케 하는 운동 환경과 전문가 코치를 제공하는 헬스
밴드를 추구한다. 운동할 때 사용하는 웨어러블 밴드로 실외뿐만 아니
라 실내에서 사용 가능한 기능(동작별 개수체크와 TV로 운동 영상 보기)을
제공해 개인 트레이닝PT을 받는 것처럼 운동이 가능하다.

인기 헬스 트레이너인 숀리의 4~12주 보디스쿨 프로그램(16분 운
동 프로그램)을 기본으로 제공한다. 숀리의 운동을 따라 하면 밴드가 운

기가 IoT 헬스 밴드는 운동하러 나가기 어려운 사람들에게 집에서 여느 유명 헬스장 방불케 하는 운동 환경과 전문가 코치를 제공하는 헬스 밴드를 추구한다.

동을 감지해 효과적인 운동인지 여부를 확인한다. 이 영상 역시 올레TV 앱과 연결해 큰 화면으로 시청할 수 있다. KT의 다른 기가 IoT 제품들과 연동이 가능하다. 공식 홈페이지를 통해 함께 판매되고 있으며(운동 동영상은 올레TV 가입자만 사용 가능하다) 매달 1만 원대의 가격으로 36개월 렌탈 서비스도 운영 중이다.

사용자는 기기를 착용하고 생활한다. 밴드는 6축 센서가 탑재돼 동작 감지를 하고 전면에는 LED 발광으로 배터리 양과 블루투스 연결 여부를 확인하며 동영상 재생 버튼 기능을 한다. LED 발광은 3X5의 램프로 표시된다. 액정 크기의 한계로 스마트폰 앱을 이용해 측정된 데이터들을 분석한 결과를 확인한다.

인기 헬스 트레이너인 숀리의 4~12주 보디스쿨 프로그램(16분 운동 프로그램)을 기본으로 제공한다. 숀리의 운동을 따라 하면 밴드가 운동을 감지해 효과적인 운동인지 여부를 확인한다. 이 영상 역시 올레TV 앱과 연결해 큰 화면으로 시청할 수 있다. KT의 다른 기가 IoT 제품들과 연동이 가능하다.

기가 IoT 헬스 밴드는 스마트폰 앱으로 현재 운동량 확인과 목표 운동량 설정이 가능하다. 걸음 수, 거리, 칼로리 등의 운동 결과를 그래프로 볼 수 있다. 실내운동을 할 때 사용하면 각 동작별 개수를 체크하고 목표개수 도달을 위해 운동 코칭 피드백을 제공한다. 6축 센서로 운동 동작을 감지해 운동량을 체크하는 것으로 기가 IoT 헬스 앱과 올레TV를 연결해 큰 TV 화면으로 운동 동영상을 볼 수 있다.

・**회사** KT ・**제품명** 기가 IoT 헬스 밴드 ・**출시연도** 2016년
・**센서** 6축 센서 ・**통신방식** 블루투스 ・**가격** 8만 9,000원
・**홈페이지** shop.olleh.com/iot/prodGigalotHealthband.do

Cross-Domain Linkability

4
임신과 육아

32. 모두
산모와 아이의 신체 상태를 함께 측정한다

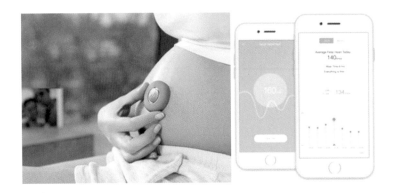

"'콩콩' 뛰는 소리. 이게 내 아기 소리인가요?"

산부인과에서 "콩콩" "쿵쿵" 뛰는 아기 소리를 들을 때의 기분은 실로 묘한 감탄을 불러일으킨다. 뱃속에 있는 아기가 잘 놀고 있는지, 아기가 건강한지는 심장 소리로 판별할 수 있다. 이 소리를 매일 들을 수는 없을까? 가능하다. 모두는 임산부의 배에 부착해 사용하는 웨어러블 기기로 태아의 심장박동과 움직임 그리고 산모의 심장박동, 호흡, 보행, 수면 상태를 측정해 산모와 아이의 신체 상태를 동시에 모니터링하는 제품이다. 태아의 심장 소리를 녹음한 후 전용 앱에서 녹음된 심장 소리를 들을 수 있어서 매일매일 건강한 뱃속 아기를 확인할 수 있다. 매번 정기 검진하러 병원에 갈 때까지 괜한 불안감에 사로잡히지 않고 안심할 수 있다.

사용법은 모두를 피부에 부착하면 된다. 직접 조작하거나 상호작용할

모두는 임산부의 배에 부착해 사용하는 웨어러블 기기로 태아의 심장박동과 움직임 그리고 산모의 심장박동, 호흡, 보행, 수면 상태를 측정해 산모와 아이의 신체 상태를 동시에 모니터링하는 제품이다. 태아의 심장 소리를 녹음한 후 전용 앱에서 녹음된 심장 소리를 들을 수 있어서 매일매일 건강한 뱃속 아기를 확인할 수 있다. 매번 정기 검진하러 병원에 갈 때까지 괜한 불안감에 사로잡히지 않고 안심할 수 있다.

필요 없다. 모두는 자동으로 태아의 심장박동과 산모의 신체 상태를 측정해 데이터를 사용자의 스마트폰 앱으로 보내진다. 스마트폰의 앱에서 신체 데이터를 확인하거나 산모의 신체 상태에 따라 운동을 권장하는 알람을 받는다. 또 운동 중에 태아 상태가 안전한지 모니터링할 수도 있다. 또한 태아의 심장박동 소리를 녹음해 스마트폰에서 들을 수 있다. 다채널 및 고감도 센서와 자체적으로 개발한 태아 모니터링 알고리즘을 이용해 아기와 산모의 심장박동과 움직임을 정확하게 측정하는 것인데 초음파 광선을 사용하지 않기 때문에 산모와 태아에게 안전하다.

전용 앱에서 산모와 태아의 건강 상태 정보를 가족, 의사에게 바로 전

스마트폰의 앱에서 신체 데이터를 확인하거나 산모의 신체 상태에 따라 운동을 권장하는 알람을 받는다. 또 운동 중에 태아 상태가 안전한지 모니터링할 수도 있다. 또한 태아의 심장박동 소리를 녹음해 스마트폰에서 들을 수 있다.

송할 수 있다. 산모의 건강 상태와 컨디션을 바탕으로 요가와 같이 임산부에게 도움이 되는 운동과 음식도 추천받을 수 있다. 상담을 원하는 경우, 전용 앱에서 전화 상담 또는 전문의와의 상담을 신청할 수 있다. 상담 시에는 모두가 측정한 태아와 산모의 생체데이터를 활용하기 때문에 더욱 정확한 진단을 받을 수 있다.

• **회사** 엑스탠트 퓨처Extant Future   • **제품명** 모두Modoo
• **출시연도** 2017년 예정   • **센서** 다채널, 고감도 의료용, 심박   • **통신방식** 블루투스
• **가격** 미정   • **홈페이지** www.modoomed.com

33. 아바

최적의 배란일, 최고의 컨디션을 찾아주는 손목 밴드

"임신이 잘 안 된다고요?"

임신을 원하는 여성에게 가장 중요한 것은 정확한 배란일 측정이다. 아바는 가능하면 최적의 배란일에 온갖 정성을 쏟을 수 있도록 적극 배려해주는 제품이다. 여성의 자연주기를 분석해 월경주기, 스트레스 정도, 신체 상태를 파악하고 정확한 가임기를 알려주는 손목 밴드형 웨어러블 기기다.

아바는 임신을 촉진시키는 성 호르몬과 관련된 데이터를 수집해 한 달에 5~6일 정도의 정확한 가임기를 알려준다. 이 회사에서는 생리학

아바를 사용하면 실시간으로 가임기를 예측할 수 있다. 보통 임신 상태를 확인하기 위해 직접 체온 측정이나 임신 확인 도구를 사용해야 한다. 하지만 아바를 사용하면 웨어러블 기기를 착용하고 자는 것만으로도 신체 상태와 임신 여부를 확인할 수 있다.

적 데이터를 기반으로 한 연구한 결과를 바탕으로 가임기 예측 기술을 개발하고 있다. 대부분의 배란 측정 방법으로 예측할 수 있는 배란일이 2~3일이다. 반면 아바는 5~6일의 가임기를 알려주므로 임신을 원하는 부부의 스트레스를 줄여주는 편리한 제품이다. 9개 생리학적 데이터인 심박수, 피부 온도, 심장박동의 변화, 수면, 호흡률, 움직임, 관류, 생체 임피던스, 열 손실을 측정해 배란일을 예상하기에 정확도가 높다.

아바를 사용하면 실시간으로 가임기를 예측할 수 있다. 보통 임신 상태를 확인하기 위해 직접 체온 측정이나 임신 확인 도구를 사용해야 한다. 하지만 아바를 사용하면 웨어러블 기기를 착용하고 자는 것만으로도 신체 상태와 임신 여부를 확인할 수 있다. 아바를 착용하고 잠을 자는 동안 아바에 내장된 센서가 300만 개의 데이터 포인터를 수집하고 측정해 데이터를 스마트폰에 전달해서 가장 최적의 배란일이 언제인지 예상하며 그래프로 시각화해 알려주는 것이다. 임신 후에도 신체 상태 측정이 가능하다. 아바는 전 세계에서 유일하게 미국식품의약국FDA의 인증을 통과한 여성 배란 검측 디바이스로 신뢰도가 높다.

• 회사 아바 사이언스Ava Science Inc. • 제품명 아바Ava • 출시연도 2016년
• 센서 심박, 온도, 가속도, 생체 임피던스, 호흡 • 통신방식 블루투스
• 가격 199달러 • 홈페이지 www.avawomen.com

34. 듀오퍼틸리티

사랑의 최적일을 알려주는 겨드랑이 패치

"오늘 체온이 37도인데 혹시 그날?"

「베티 블루 37.2」라는 영화가 있다. 강렬한 사랑을 그린 이 영화의 제목에서 37.2는 무엇을 의미할까? 바로 사랑의 절정을 은유하는 것. 보통 사람의 체온이 36.5도인데 이보다 0.7도 높은 37.2도가 상징하는 것은 한마디로 '미친 사랑'이다. '결코 이성이 통제할 수 없는 미친 사랑의 온도' 37.2도는 사실 여성 배란기 때의 체온을 뜻하기도 한다. 가임기 여성의 몸이 37.2도가 될 때를 찾아주는 것이 듀오퍼틸리티다.

듀오퍼틸리티는 여성 체온의 변화를 추적해 정확한 가임기를 알려주는 웨어러블 기기로 리더기와 동전 크기만한 센서로 구성돼 있다. 접착 패치로 만들어진 무선 센서를 겨드랑이에 붙이면 실시간으로 체온이 측정된다. 기초체온 변화를 감지하고 무선으로 컴퓨터 마우스 크기의 디지털 리더기에 체온 정보를 전송하며 리더기가 복잡한 계산 후에 정확한 여성의 배란기를 예측해 보여주는 것이다. 사용자는 리더기를 이용해 스캔하거나 스마트폰과 블루투스로 연결해 기초체온 변화와 배란기를 확인한다.

정확한 기초체온 측정이 듀오퍼틸리티의 핵심이다. 여성에게 임신 가능성이 가장 큰 날, 즉 호르몬 변화로 기초체온이 섭씨 0.5도 살짝 올라가는 날을 알려준다. 그날과 그전 하루 내지 이틀이 임신 최적일이라고 한다. 듀오퍼틸리티에 내장된 센서는 매일 2만 번 체온을 측정하고 측정 단위도 1,000분의 1

접착 패치로 만들어진 무선 센서를 겨드랑이에 붙이면 실시간으로 체온이 측정된다. 기초체온 변화를 감지하고 무선으로 컴퓨터 마우스 크기의 디지털 리더기에 체온 정보를 전송하며 리더기가 복잡한 계산 후에 정확한 여성의 배란기를 예측해 보여주는 것이다.

도로 매우 정교하며 99%의 정확도를 보인다. 여기에 본인의 월경주기, 자궁경부 위치, 점액질, 디지털 및 기존 황체호르몬 형성 검사와 같은 개인 정보를 넣어 정확도를 더욱 높일 수 있다.

듀오퍼틸리티의 고성능 센서는 짧은 순간순간의 체온을 측정해 기록하기 때문에 여성의 기초체온BBT 베이스 라인을 수립하는 데 도움을 주며 또한 배란 시 여성의 기초체온이 상승하는 것을 표시해주기 때문에 여성들이 임신 계획을 수월하게 세울 수 있다.

· **회사** 케임브리지 템퍼레추어 콘셉트Cambridge Temperature Concepts Ltd
· **제품명** 듀오퍼틸리티DuoFertility · **출시연도** 2013년
· **센서** 온도(의료용), 습도(의료용), 모션 · **통신방식** RFID
· **가격** 119.99달러(월/3개월 플랜) 85.99달러(월/6개월 플랜)
· **홈페이지** www.duofertility.com

35. 요노
배란일을 알려주는 초소형 귓속 체온 측정기

"도대체 임신은 언제 가능한 거야?"

여성에게 배란일을 정확히 아는 일은 생각만큼 쉽지 않다. 생리주기가 일정하지 않은 경우도 많고 '체온을 재라'고 말들 하지만 그게 또 어떻게 재느냐에 따라 온도 차가 있어서 정확성이 높지 않다. 그런데 가임기를 잘 알 수 있는 제품이 등장했다.

그런데 요노라는 귀 안에 넣는 형태의 웨어러블 기기가 등장했다. 인체공학적 디자인 덕분에 귀에서 잘 빠지지 않도록 만들어진 초소형 인이어를 귀 내부에 밀착해 착용하면 사용자의 기초체온을 측정해 여성의 가임기를 관리한다. 수면 중에 사용하는 웨어러블 기기로 사용자는 자는 동안 귀 안에 착용하고 자면 다음 날 아침 휴대폰으로 기초체온 데이터가 전송돼 확인이 가능하다. 이로써 예상 배란일을 확인할 수 있다.

피부 온도를 측정하는 대신 귀속에서 체온을 측정하기 때문에 외부온도의 영향을 최소화하고 신뢰성 높게 온도 변화를 꾸준히 모니터링

피부 온도를 측정하는 대신 귀속에서 체온을 측정하기 때문에 외부 온도의 영향을 최소화하고 신뢰성 높게 온도 변화를 꾸준히 모니터링할 수 있다.

할 수 있다. 또한 한 달 동안 수면 중 기초체온 데이터를 바탕으로 하기 때문에 좀 더 정확한 배란주기 예측이 가능하다. 측정된 데이터는 저장되고 스마트폰으로 전송돼 차트 형태로 보여준다. 가임기 여성은 몸 상태를 최적으로 관리하기 위해 매일 체온계로 온도를 재야 했는데, 이를 귀에 착용하는 웨어러블 기기로 대체해 번거로움을 줄였다.

인체공학적인 디자인 덕분에 착용하기 편하고 자는 동안 신체 데이터를 측정하기 때문에 일상생활에 불편함이 없다. 실리콘 재질을 사용해 귀 모양에 맞게 제작돼 착용감도 매우 훌륭해 장시간 귀에 꽂고 수면을 취해도 전혀 불편함이 없다. 요노에는 블루투스 모듈이 내장돼 있지 않다. 따라서 수면 중에는 측정 데이터를 전송하지 않고 기지국에서 보관한다. 그리고 사람이 일어나 요노를 뺐을 때 스마트폰으로 데이터를 전송한다. 이동 시 충전 케이스에 넣어 보관할 수 있어 편리하게 휴대할 수 있고, 한 번의 충전으로 일주일 동안 사용할 수 있다.

· 회사 요노 헬스YONO Health Inc. · 제품명 요노YONO
· 출시연도 2016년 · 센서 온도 · 통신방식 블루투스
· 가격 129.99달러 · 홈페이지 www.yonolabs.com

36. 하기스 트윗피
아기가 오줌 싸면 트윗으로 알려주는 기저귀 센서

"엄마, 저 쉬 했어요."

아기의 기저귀에 부착하면 아기가 오줌 쌌을 때 바로 부모에게 트윗을 날리는 센서. 깜찍한 아이디어가 아닐 수 없다. 하기스사에서 출시한 트윗피는 펭귄 모양으로 생긴 영유아용 기저귀 센서이다. 말을 할 수 없는 아기의 기저귀 상태를 측정해서 항상 뽀송하게 유지할 수 있도록 도와주는 아기 청결용품이다.

말 못하는 아기의 기저귀를 관리할 수 있도록 도와주는 제품으로 별다른 입출력 장치는 없다. 보호자는 아기의 기저귀에 펭귄 모양의 센서를 부착하면 트윗피가 습도를 감지해 기저귀의 젖은 정도를 판단한다. 아기가 기저귀에 소변 혹은 대변을 보면 보호자에게 트윗을 보내는데 트윗의 내용은 '기저귀 갈 시간' '조금 쌌어요.' '전혀 걱정하지 마세요.'

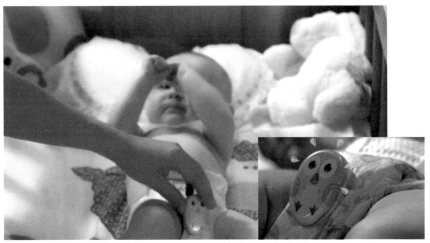

아기의 기저귀에 펭귄 모양의 센서를 부착하면 트윗피가 습도를 감지해 기저귀의 젖은 정도를 판단한다. 아기가 기저귀에 소변 혹은 대변을 보면 보호자에게 트윗을 보내는데 트윗의 내용은 '기저귀 갈 시간' '조금 쌌어요.' '전혀 걱정하지 마세요.' 수준이다.

수준이다.

보호자가 기저귀를 갈아줄 수 있도록 도와 아기의 기저귀 발진을 예방할 수 있다. 또한 아이의 배변 활동에 대한 통계를 보여줌으로써 집의 기저귀가 언제쯤 떨어질지를 알려주어 기저귀 구입할 시기를 결정하는 데도 도움을 준다. 전용 앱으로는 소변량, 소변 주기, 아이의 건강 상태를 살필 수 있을 뿐만 아니라 기저귀 재구매가 가능하다. 하기스사의 매출에도 도움이 될 만한 기기이다.

· **회사** 하기스Huggies · **제품명** 트윗피TweetPee · **출시연도** 2013년
· **센서** 습도 · **통신방식** 블루투스 · **가격** 일반 기저귀보다 약 30% 비쌈
· **홈페이지** www.cnet.com/news/tweetpee-huggies-sends-a-tweet-when-babys-wet

37. 륄리 슬립 가디언 2
악몽을 멈추게 하는 수면 모니터링기

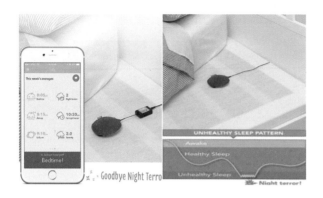

"우리 아이의 악몽을 처단하라!"

아이가 악몽에 시달려 힘들어하는 것을 보면 아이의 꿈속에 들어가 단숨에 물리치고 싶은 것이 부모 마음이다. 도대체 무엇이 내 아이의 수면을 방해하는지 가만두지 않겠다고 말이다. 륄리 슬립 가디언2는 악몽에 시달리는 어린이를 위한 수면 모니터링 기기다. 사용자는 매트리스 밑에 륄리 슬립 가디언을 설치해 사용한다. 앱이나 컨트롤러로 별도의 조작을 하지 않아도 수면 상태에 따라 아이를 깨우지 않을 정도의 진동을 발생시켜 악몽을 멈춰준다. 아이의 수면을 깨지 않기 위해서 빛이나 소리 알림은 제공되지 않는다. 스마트폰 앱으로 수면 상태에 대한 측정치와 분석 결과를 확인할 수 있다. 야경증을 방지하고 개선하는 데 도움을 준다.

야경증이란 아이가 수면 중에 일어나 동작을 하는 것으로서 고도의

아이의 수면 상태를 파악해 야경증이 주로 나타나는 수면주기에 도달하기 전에 진동을 발생시켜 나쁜 수면 상태에 진입하는 것을 방지한다.

자율신경을 동반하는 심한 공포 상태와 공황 상태를 말한다. 뤼리 슬립 가디언은 아이의 수면 상태를 파악해 야경증이 주로 나타나는 수면주기에 도달하기 전에 진동을 발생시켜 나쁜 수면 상태에 진입하는 것을 방지한다. 뤼리 슬립 가디언을 4주간 사용한 시험 결과 아이들의 악몽을 80% 멈추게 해 효과성이 검증됐다. 야경증 아이를 둔 부모의 경우 대처가 미흡하게 마련이다. 베개 아래 두는 간편한 방법으로 아이의 야경증을 방지할 수 있다. 여러 스마트폰(엄마, 아빠, 할아버지 휴대폰 등)에서 앱에 연결 가능하며 악몽이 얼마나 심한지를 데이터로 기록해 슬립 대시보드, 저널, 통계로 제공한다.

• **회사** 룰리Lully　• **제품명** 뤼리 슬립 가디언 2Lully Sleep Guardian 2
• **출시연도** 2016년　• **센서** 모션　• **통신방식** 블루투스
• **가격** 199달러　• **홈페이지** lullysleep.com

38. 써모미터
귀에 넣어 체온을 측정하는 스마트 체온계

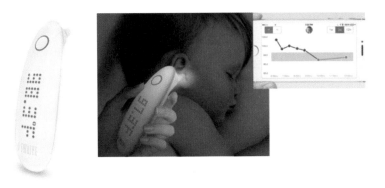

"체온을 재고 분석한다."

열나는 일이 많은 세상. 가장 손쉽게 열을 측정하는 방법은 체온계를 잠시 귀에 넣어보는 것이다. 써모미터는 귀에 넣어 체온을 측정하는 스마트 체온계다. 써모미터의 체온 측정은 FDA에서 승인한 의료기기 등급 수준의 정확성을 가진다. 체온은 써모미터 위에 파란색 글씨로 나타나고 스마트폰 앱에도 자동 저장된다.

보통 체온계처럼 써모미터를 귀에 넣고 손잡이 버튼을 누르면 측정된 체온은 손잡이 부분에 장착된 LED 디스플레이에 출력된다. 어두운 곳에서도 쉽게 확인할 수 있다. 화면에 표시되는 온도를 바로 확인하거나 측정된 온도에 대한 상세한 분석 내용과 측정 온도가 기록된 히스토리는 스마트폰 앱에서도 확인할 수 있다.

스마트폰 앱에서는 체온 상태를 차트로 보여주며 나이에 따라 체온

써모미터는 귀에 넣어 체온을 측정하는 스마트 체온계다. 써모미터의 체온 측정은 FDA에서 승인한 의료기기 등급 수준의 정확성을 가진다. 체온은 써모미터 위에 파란색 글씨로 나타나고 스마트폰 앱에도 자동 저장된다.

상태를 분석해준다. 또한 체온 데이터를 다른 사람과 공유하는 기능도 가지고 있다. 공유 리스트에서 사용자를 추가할 수 있고 측정한 체온 기록을 실시간으로 공유하는 것도 가능하다. 써모미터는 스마트폰 앱에 연결하지 않은 상태로도 측정과 기록이 가능하며 무선으로 스마트폰에 데이터가 전송된다. 사용자 수의 제한 없이 여러 명의 체온을 기록할 수 있다. 온도를 측정한 대상의 나이에 따라 적정 온도 정보를 스마트폰 앱에서 제공하며 측정한 온도 추이를 분석해준다. 가족 전체의 체온 상태를 모니터링하고 다른 가족이나 의사와 분석 결과를 공유할 수 있다.

· **회사** 스웨이브Swaive · **제품명** 써모미터Thermometer
· **출시연도** 2015년 · **센서** 온도 센서 · **통신방식** 블루투스
· **가격** 59.99달러 · **홈페이지** www.swaive.com

39. 피버 스카우트
부드러운 질감의 패치 형태 온도계

"연약한 아이의 피부를 생각했어요"

아픈 아이의 열을 잰답시고 몇 시간마다 깨울 수는 없는 노릇이다. 피버 스카우트는 최대한 부드럽게 부착해 원격으로 열을 재는 온도계 패치 형태의 웨어러블 온도계다. 사용자가 특별하게 조작하거나 상호작용할 필요가 없다. 그냥 피버 스카우트를 겨드랑이에 부착하고 스마트폰 앱에서 체온 정보를 확인한다. 블루투스 기술을 이용해 무선으로 스마트폰에 연결되는데 자동으로 체온을 측정해 환자를 지속적으로 모니터링하면서 돌볼 수 있게 해준다.

예를 들어 피버 스카우트를 아기의 몸에 붙이면 실시간 체온을 모니터링하고 위험 수준일 경우 부모에게 알림을 준다. 아기가 수면 중 체온이 위험 수준으로 높아지면 스마트폰으로 알림을 보내서 부모가 신속하게 조처하도록 한다. 영유아나 어린이뿐만 아니라 환자나 노인이 사용해도 좋다. 전용 앱에서 체온의 급격한 상승이나 소강 상태뿐 아니라 주석 데이터를 통해 심층적인 2차 정보를 확인할 수 있다. 또한 세부적

사용자가 특별하게 조작하거나 상호작용할 필요가 없다. 그냥 피버 스카우트를 겨드랑이에 부착하고 스마트폰 앱에서 체온 정보를 확인한다.

인 차트와 메모를 의료진에게 전달하거나 진단 시 이용할 수 있다.

e스킨 기술을 적용해 아이들 피부에 안전하게 부착할 수 있고 또 부드럽게 제거되는 접착테이프를 사용했다. e스킨은 유연하고 공기가 통과하는 전자 물질로 피부에 접착했을 때 사용감이 편안할 뿐 아니라 오랜 시간 사용이 가능하다. 실리콘 재질과 의료용 접착제를 사용해 부드러운 착용감을 가지도록 했고 접착제를 교체하면 재사용할 수 있는 것이 특징이다. 발열 원인, 체온 변화 트렌드, 치료법 등을 메모해 관리할 수 있고 가까운 사람들과 공유 가능하다. 한 번 충전으로 일주일까지 사용 가능하다.

• **회사** 비바링크VivaLnk • **제품명** 피버 스카우트Fever Scout
• **출시연도** 2016년 • **센서** 온도 • **통신방식** 블루투스
• **가격** 69.99달러(접착제 8개 포함) • **홈페이지** vivalnk.com/feverscout

40. 써모 캡슐
사람뿐 아니라 사물 온도까지 재는 원격 온도계

"온도를 카메라로 잰다!"

한밤중에 아기가 갑자기 운다. 엄마는 아기가 어디 아픈 것은 아닌지 걱정이 돼 체온부터 재보려 한다. 그런데 아기의 귀에 온도계를 넣어 온도를 재는 건 쉽지 않다. 더욱이 그 아기가 민감하기까지 하다면. 아기가 귀에 무언가가 닿는 게 싫다고 자지러지게 울면 정말 엄마는 방법이 없다. 아기가 아프다고 말해줄 리는 만무하고 그저 수시로 체크해봐야 한다. 그야말로 온도계는 육아 필수품이다. 그런데 아기와 접촉하지 않고 체온을 잴 순 없을까? 그런 엄마들의 고민을 해결한 체온계가 있다. 바로 써모 캡슐. 휴대폰 이어폰 잭에 연결해 사용할 수 있는 모듈형 원격 체온계다. 스마트폰 앱에서 조작한다. 써모 캡슐 표면의 LED 알림으로 스마트폰과의 연결 상태를 확인할 수 있다.

써모 캡슐이 스마트폰과 연결되면 스마트폰 앱을 사용해 대상의 온

아기의 귀나 겨드랑이에 억지로 체온계를 댈 필요도 없다. 더욱이 써모 캡슐은 적외선을 이용해 사람의 피부 온도뿐만 아니라 사물, 반려동물, 목욕물, 우유나 와인 같은 음식 온도를 측정할 수 있다.

도를 측정하고 그 결과를 기록할 수 있다. 피부에 체온계를 대는 접촉식이 아니고 적외선을 방사해 온도를 측정하는 비접촉식이라 위생적이다. 아기의 귀나 겨드랑이에 억지로 체온계를 댈 필요도 없다. 더욱이 써모 캡슐은 적외선을 이용해 사람의 피부 온도뿐만 아니라 사물, 반려동물, 목욕물, 우유나 와인 같은 음식 온도를 측정할 수 있다. 아기가 먹는 이유가 따뜻한지 뜨거운지 알 수 있다. 스마트폰 앱에서 측정한 온도를 기록하고 히스토리를 보여준다. 또한 앱에서 병원이나 약국과 같은 인근 시설을 검색하는 기능도 제공한다.

• **회사** 크로이스Croise • **제품명** 써모 캡슐Thermo Capsule
• **출시연도** 2016년 • **센서** 온도 센서, 적외선 방사 에너지 감지 • **통신방식** 블루투스
• **가격** 36,900원 • **홈페이지** croise.co.kr

41. 아울렛
아기의 컨디션을 체크해 알려주는 스마트 양말

"아가야, 이제 24시간 너를 지켜줄게"

1분 1초도 눈을 떼고 싶지 않은 나의 소중한 아기. 하지만 피곤한 엄마 아빠는 마음만 굴뚝이지 실제로는 아기의 위험한 순간을 감지하지 못하는 수가 많다. 아울렛은 소중한 나의 아기를 지켜주는 스마트 양말이다.

아울렛을 아기의 발에 신기면 심박 센서와 적외선을 이용한 맥박 산소 측정법을 사용해 아기의 체온, 심박수, 맥박, 혈액 산소 농도수준을 실시간으로 측정한다. 만약 아기의 신체 상태에 이상이 생기면 부모에게 신속하게 전달하기 위해 기지국 역할을 하는 기기에서 소리와 빛을 사용해 경고 알림을 보낸다. 또한 부모는 스마트폰 앱을 이용하면 아기의 생체데이터를 자세하게 확인할 수 있다.

제품은 스마트 양말인 아울렛과 기지국으로 구성돼 있으며 기지국 근처에 아울렛을 두면 무선으로 충전할 수 있다. 아기가 자는 도중 엎드

리면 부모에게 즉시 알림을 보내서 영유아 돌연사증후군 사고를 예방을 할 수 있다. 또 무선 충전기 자체에 경보 알람 기능이 있어 위급한 상황일 경우에 빨간 불빛으로 위험을 알린다. 따라서 부모가 스마트폰 알림을 확인하지 못한 경우에도 빠르게 대응할 수 있다.

아울렛을 사용하면 부모는 실시간으로 아기의 신체 상태를 확인할 수 있고 자는 동안에도 이상 수치가 나타나면 알람을 받을 수 있다. 아기의 상태를 언제든지 확인할 수 있어 부모는 편안한 마음을 가질 수 있다. 또한 아울렛은 저자극 비화학 면 소재로 만들어졌기 때문에 안심할 수 있고 아기의 발 크기에 맞는 다양한 사이즈가 구비돼 있어 신생아부터 18개월 때까지 착용 가능하다.

개인용으로도 사용할 수 있지만 아기와 산모를 관리해야 하는 병원이나 산후조리원에서 사용을 고려해볼 만하다.

• **회사** 아울렛 베이비 케어Owlet Baby Care • **제품명** 아울렛Owlet
• **출시연도** 2016년 • **센서** 모션, 심박, 온도 • **통신방식** 블루투스
• **가격** 249.99달러 • **홈페이지** dev.owletcare.com

42. 스프라우틀링 베이비 모니터
아기의 현재 상태를 정확히 체크하는 아기용 발목 밴드

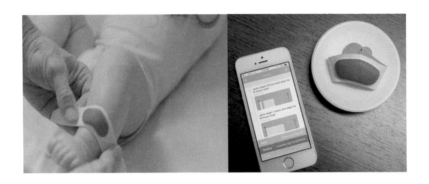

"아가야, 지금 엄마 꿈꾸는 것 맞지?"

스프라우틀링 베이비 모니터는 아기의 기분이 어떤지를 알려준다. 아기의 발목에 붙여서 사용하는 밴드 타입의 웨어러블 기기다. 애정의 발찌라고 할까 아니면 스티커라고 할까? 일단 붙이기만 하면 자동으로 아기의 생체 데이터를 측정한다. 활동량 측정 센서를 이용해 영유아의 심장박동, 수면, 체온과 같은 생체데이터를 모니터링할 수 있다. 이 데이터는 스마트폰으로 보내진다. 기지국에 온도, 습도, 조도, 소음을 측정하는 센서가 내장돼 있어 아기 수면 공간의 환경을 측정한다. 기지국 기기로 스프라우틀링 밴드를 무선 충전할 수 있다.

부모는 스마트폰 앱을 이용해 아기의 수면 데이터를 실시간으로 모니터링하고 이상 상태에 대한 알림을 받을 수 있다. 이상 수치 발생 시나 수면에 방해가 되는 상태일 때는 즉각적인 알림을 주어 대처할 수

있다. 이 때문에 부모는 아기들이 자는 동안 안심하고 다른 일을 할 수 있다. 아기의 신체 상태만을 측정하는 다른 웨어러블 기기들과 다르게 온도, 습도, 조도, 소음과 같은 주변 환경을 측정해 비정상적일 경우 스마트폰으로 알려준다. 아기의 수면 패턴을 분석해 아기가 현재 최적의 수면 상태에 있는지, 앞으로 몇 분 뒤에 깰지, 일어났을 때 아기의 기분이 어떨지도 알 수 있다.

제품은 사이즈별로 세 가지 종류가 있다. 아기 성장에 따라 모니터링이 필요 없어질 때까지 계속 쓸 수 있으며 전원은 접시 모양으로 생긴 무선 충전기에 두기만 하면 손쉽게 충전할 수 있다. 밴드는 실리콘 재질을 사용해 아기의 발목을 부드럽게 감싸고 세척도 가능하며 부모가 안심하고 사용할 수 있는 시스템을 제공하고자 한다.

• **회사** 스프라우틀링Sproutling • **제품명** 스프라우틀링 베이비 모니터Sproutling Baby Monitor
• **출시연도** 2015년 • **센서** 모션, 온도, 습도, 조도, 소음 센서 • **통신방식** 블루투스
• **가격** 249달러 • **홈페이지** sproutling.com

43. 올비
아기 돌연사를 예방하는 클립 형태의 의료기기

'절대 내 아이에게 돌연사는 없다'

누구라도 방심은 금물이다. 물론 잦은 일은 아니지만 여전히 발생하는 것이 아기 돌연사다. 올비는 영아가 잠든 이후 사망한 상태로 발견되는 영아돌연사증후군SIDS을 막기 위해 만들어졌다. 기저귀에 부착하면 아기의 신체 상태를 측정해준다.

영유아 전용 모니터링 기기로 체온과 수면 패턴, 수면 중 호흡, 엎드린 자세를 24시간 측정한다. 소아청소년과 의사의 경험을 바탕으로 만들어진 올비는 생후 0~24개월 영아 전용 제품이다. 아기 복부 주변 기저귀 허리 밴드에 클립 형식으로 끼워 착용시킨다. 아기가 무호흡이 시작된 후 15~20초 이상 지속하면 알람을 울려 부모가 빠르게 대처하게 함으로써 영아돌연사증후군을 예방할 수 있다. 스마트폰을 이용하면 아

부모는 스마트폰 앱의 공유 기능을 통해 가족, 친구, 보모와 아기 상태를 공유하며 혼자 아기를 돌보면서 생기는 불안감을 줄일 수 있다.

기와 떨어진 공간에서도 아기의 생체데이터를 실시간으로 확인하고 이상이 있을 경우 알림을 받을 수 있다.

의료기기에서 사용되는 폴리카보네이트polycarbonate 플라스틱으로 만들어져 잦은 충격에도 무리 없이 사용할 수 있는 튼튼한 내구성을 갖고 있다. 또한 피부 트러블 발생률이 적은 무독성 의료용 실리콘을 피부와 먼저 맞닿게 설계됐기 때문에 아기의 피부에 무해하다. 영아돌연사증후군을 방지하고 아기의 건강 상태를 부모들이 쉽게 확인할 수 있는 서비스를 제공한다. 이 제품을 사용하는 부모는 스마트폰 앱의 공유 기능을 통해 가족, 친구, 보모와 아기 상태를 공유하며 혼자 아기를 돌보면서 생기는 불안감을 줄일 수 있다.

• **회사** 올비Allb • **제품명** 올비Allb
• **출시연도** 2016년 • **센서** 의료용 호흡 측정, 온도, 수면, 모션 • **통신방식** 블루투스
• **가격** 159달러 • **홈페이지** myallb.com/ko

44. 내닛
아기 침실을 지키는 아기 모니터링 카메라

"부모 마음으로 아기를 살펴요."

엄마의 마음은 아기의 일거수일투족을 하나도 놓치지 않고 보고 돌보고 싶다. 그런 엄마의 마음으로 아기를 지키는 아기 모니터링 카메라가 있다. 바로 내닛. 아기 침대 옆 탁자에 올려두거나 스탠드 형태로도 설치할 수 있다. 핵심은 아기를 잘 볼 수 있는 곳에 설치하는 것이다. 내닛을 설치하면 카메라가 아기 방을 모니터링하며 아기의 움직임과 수면 상태를 살핀다.

부모는 스마트폰 앱으로 실시간 아기 상태를 확인할 수 있다. 내닛에 장착된 LED 불빛은 천장을 향해 있어서 이 불빛이 아기가 숙면할 수 있는 환경을 조성한다. 또한 LED 불빛과 함께 백색 소음 기능을 이용해 아기가 잠들 수 있도록 돕는다. 부모는 스마트폰 앱을 사용해 내닛이 촬영하는 실시간 영상을 원격으로 볼 수 있고 아기의 움직임 정보에 대한

내닛을 설치하면 카메라가 아기 방을 모니터링하며 아기의 움직임과 수면 상태를 살핀다.

알림을 받을 수 있다.

그리고 내닛 인사이트Nanit insights라는 추가 서비스를 통해 아기의 수면을 분석할 수 있다. 이 서비스는 아기의 움직임을 학습하고 움직임과 수면 문제를 분석해 아기의 숙면을 도울 방법을 제안한다. 또한 매일 아침 지난밤의 영상 하이라이트를 수면 점수와 함께 제공하고 아기의 숙면을 개선하는 데 도움이 될 브리핑을 받을 수 있다. 카메라로 촬영한 영상 이미지를 컴퓨터비전 기술을 활용해 분석함으로써 아기가 얼마나 움직였고 숙면을 취했는지 알려주는 것이다.

내닛사에서는 개별 제품과 높이를 늘릴 수 있는 멀티 스탠드를 함께 판매하고 있으며 제품과 별도로 내닛 인사이트라는 추가 기능과 수면 조언 서비스를 30일간 무료로 제공한다. 이후 정기 구독으로 판매한다 (1년 50달러이고 무제한 180달러).

• **회사** 내닛Nanit • **제품명** 내닛Nanit
• **출시연도** 2016년 • **센서** 카메라, 나이트 비전, 온도, 습도 센서 • **통신방식** 와이파이
• **가격** 349달러, 279달러(할인) • **홈페이지** www.nanit.com

45. 스마트 피피
'쉬'를 알리는 기저귀 전용 웨어러블 기기

두께 7.4밀리미터
무게 6.6그램

"아기야, '쉬' 할 시간이야."

스마트한 육아의 기본은 아기 기저귀 관리에서 시작된다고 할 수 있 겠다. 아기 컨디션은 곧 기저귀 컨디션인 셈이다. 스마트 피피는 기저귀 전용 웨어러블 기기이다. 아기의 기저귀에 부착하면 스마트폰으로 아기 기저귀의 위생 상태를 실시간으로 알려준다. 실제로 사용하기 위해서는 스마트 피피를 흔들어서 활성화시킨 뒤 기저귀에 부착해야 한다.

스마트 피피의 습도 센서로 기저귀의 젖은 정도를 측정하고 온도 센 서로 온도를 측정해 기저귀의 상태를 스마트폰으로 전송한다. 만약 기 저귀가 젖은 상태면 사용자는 스마트폰 앱에서 '기저귀를 교체하세요' 와 같은 알림을 받는다. 7.4밀리미터의 두께와 6.6그램의 가벼운 무게 의 센서 형태로 배터리는 1,500시간 정도 사용 가능하다.

기저귀의 축축한 상태와 온도를 지속적으로 확인할 수 있어 기저귀 발진을 예방할 수 있다. 스마트 피피는 부착형 센서로 재사용이 가능하

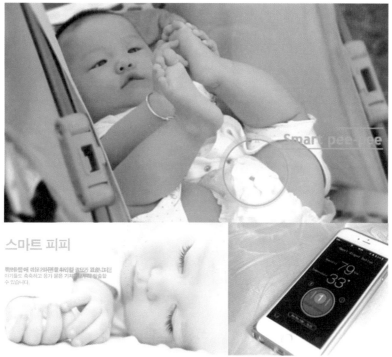

스마트 피피

통화워텔때 여자 기우판을 축정할 필도가 표요나그때 아기들도 축축하고 응가 묻은 기저귀까부터 벗남출할 수 있습니다.

스마트 피피의 습도 센서로 기저귀의 젖은 정도를 측정하고 온도 센서로 온도를 측정해 기저귀의 상태를 스마트폰으로 전송한다.

다. 크기는 지름 26밀리미터의 본체와 약 50밀리미터의 일회용 스티커로 구성돼 있고 기저귀의 바깥에 붙여 사용한다. 앱은 소변 시간을 기록하고 축적된 시간 데이터를 통해 소변을 볼 것 같은 시간까지 예측해주어 아기들의 화장실 교육에 도움을 준다. 아이의 체온과 배변량을 바탕으로 건강 상태를 분석해준다.

---

* **회사** 톰 왕Tom Wang **제품명** 스마트 피피Smart Pee Pee
* **출시연도** 2015년 **센서** 습도, 온도 센서 **통신방식** 블루투스
* **가격** 29달러(1세트), 139달러(5세트) **홈페이지** www.indiegogo.com

46. 헬로 바비
아이들을 위한 스마트 장난감 말하는 바비 인형

"안녕, 난 바비라고 해, 네 이름은 뭐니?"

아이들의 로망은 사랑하는 인형과 대화하는 것이다. 그동안 간신히 큰 눈만 껌뻑껌뻑하던 인형이 조물조물 입으로 말하기까지 한다면 얼마나 좋을까?

헬로 바비는 세계 1위 완구업체인 마텔이 미국의 음성기술 전문기업 토이토크Toytalk와 협력해 만든 스마트 장난감이다. 헬로 바비의 목걸이에 마이크와 스피커가 내장돼 있어 아이들과 쌍방향 대화가 가능하다. 벨트 부분을 누르거나 버클을 내려 음성인식을 활성화시키면 된다. 아이들은 쉽게 음성을 통해 헬로 바비를 사용한다. 또한 아이들은 마이크와 스피커를 사용해 스토리텔링, 게임 등 다양한 콘텐츠를 이용할 수 있다. 다만 클라우드 기반의 음성인터페이스 기술이기 때문에 와이파이가

헬로 바비는 세계 1위 완구업체인 마텔이 미국의 음성기술 전문기업 토이토크Toytalk와 협력해 만든 스마트 장난감이다.

연결된 상태에서만 대화를 주고받을 수 있다. 와이파이 연결은 헬로 바비 전용 앱을 사용한다.

헬로 바비는 사용자가 대화할 때 사용자의 음성을 기록해 수집한 데이터를 클라우드에 전달한다. 그리고 인공지능 기술을 적용해 사용자의 성향, 이름, 대화 패턴을 분석해 적절한 대답을 찾고 분석한 결과를 바탕으로 데이터베이스를 구축함으로써 향후 대화에 활용한다. 와이파이를 이용해 음성 엔진을 지속적으로 업데이트한다. 아이와 대화가 끊어질 경우 아이의 위험을 감지해 알림을 보내주는 서비스나 탑재된 동화책을 읽어주는 부수적인 기능도 수행한다. 기존 바비 인형의 옷이나 머리 등은 호환이 가능하다.

• **회사** 마텔Mattel • **제품명** 헬로 바비Hello Barbie
• **출시연도** 2015년 • **통신방식** 와이파이
• **가격** 179달러 • **홈페이지** hellobarbiefaq.mattel.com

47. 오랄비 지니어스 9000
칫솔의 움직임까지 보여주는 양치계의 수석 도우미

"양치의 A부터 Z까지 모든 것을 알려주마"

양치도 과학이다. 오랄비 지니어스 9000은 칫솔질을 할 때 주는 힘에 따라 칫솔이 움직이는 각도와 움직임을 분석한다. 그리고 칫솔의 회전 속도를 조절하고 치아 부위별로 구석구석 더 잘 닦을 수 있도록 알려준다. 잘못된 양치 습관 때문에 풍치에 걸린다거나 구강 청결을 유지하지 못하는 경우가 뜻밖에 많다. 어린아이의 올바른 양치질 습관을 길러줄 수도 있겠다.

사용방법은 간단하다. 지니어스 9000의 본체에 있는 전원 버튼을 누르고 평소처럼 양치질을 하면 된다. 함께 제공되는 거치대를 이용하면 스마트폰을 거울에 부착하고 전용 앱을 통해 양치질 상태에 대한 조언을 얻을 수 있다. 칫솔질을 하면서 어디를 얼마나 닦아야 하는지 실시간으로 확인할 수 있다. 필요 이상으로 세게 양치를 하고 있으면 칫솔모의 회전이 느려지며 본체의 LED가 발광해 양치를 잘못하고 있다는 것을 알려준다.

칫솔에 들어간 모션 센서와 스마트폰 전면 카메라를 이용해 칫솔의 구강 내 위치를 감지하고 칫솔모에 내장된 압력감지 센서가 양치 중 압력의 세기를 감지해 회전속도를 조절하도록 한다. 양치할 때 너무 힘을 세게 주는지를 모니터링해 압력이 과할 경우 칫솔의 진동 회전 속도를 줄여 잇몸의 찰과상을 방지한다.

지니어스 9000은 필요에 따라 사용할 수 있는 세정, 딥클린, 미백, 잇몸관리, 부드러운 세정, 혀세정의 여섯 가지 모드가 있다. 각 모드는 버튼 하나로 쉽게 변경이 가능하다. 아울러 칫솔질 도전 모드를 선택하면 주어진 시간 동안 얼마나 입안을 고루 닦는지 게임을 하면서 재미있게 양치질 습관을 확인할 수 있다.

함께 제공되는 여행용 케이스는 본체와 브러시 두 개를 보관하며 휴대할 수 있다. 케이스를 열면 스마트폰을 거치할 수 있어 집 밖에서도 지니어스 9000을 사용할 수 있도록 설계됐다. 또 케이스에 전원 케이블을 연결해 칫솔 본체를 충전할 수도 있다. 오랄비 앱에서 주별, 월별, 연간 칫솔질 일과를 기록하고 관리할 수 있다.

- **회사** 브라운Braun   - **제품명** 오랄비 지니어스 9000
- **출시연도** 2016년   - **센서** 모션, 압력 감지   - **통신방식** 블루투스
- **가격** 33만 9,000원
- **홈페이지** www.amazon.co.uk/Oral-B-Electric-Rechargeable-Toothbrush-Powered/dp/B01DY36X96

48. 플레이 브러시
건강한 양치 습관을 만드는 스마트 칫솔 장치

"뽀드득 뽀드득 양치는 즐거운 게임!"

양치 시간을 기다리는 아이가 있을까? 하지만 양치가 곧 게임이라면 기다려질 수도 있을 것이다. 하루에도 세 번 밥 먹는 횟수만큼 해야 하는 양치가 즐겁다면 곧 모든 일이 즐거울 것이다. 따라서 부모라면 즐거운 양치 시간을 만드는 일에 신경 써야 할 것이다.

플레이 브러시는 일반 칫솔의 하단에 부착해 사용하는 스마트 칫솔 장치이다. 모션 센서가 부착돼 있어 칫솔 움직임을 감지한다. 또한 스마트폰과 연결해 사용한다. 아이들이 스마트폰으로 칫솔을 이용한 게임을 할 수 있어 재미있게 올바른 양치질을 배우고 올바른 양치 습관을 형성할 수 있도록 돕는다.

플레이 브러시는 칫솔의 손잡이 부분에 부착하는 디바이스 형태의 제품으로 칫솔에는 전원 버튼을 제외한 입출력 장치가 없다. 그리고 재사

아이들이 스마트폰으로 칫솔을 이용한 게임을 할 수 있어 재미있게 올바른 양치질을 배우고 올바른 양치 습관을 형성할 수 있도록 돕는다.

용이 가능해 경제적이다. 양치질 습관을 분석해 앱으로 결과를 보여주기 때문에 확인하기 어려운 자녀들의 양치 상태를 리포트 받을 수 있다.

칫솔을 컨트롤러 삼아 스마트폰 게임 앱으로 게임을 할 수 있다. 보통 양치를 싫어하는 아이들에게 재미있는 게임 서비스를 제공함으로써 양치질에 대한 즐거운 경험과 함께 올바른 양치 습관을 길러주려 하는 의도이다. 양치 데이터와 분석 데이터는 스마트폰으로 확인한다.

• **회사** 플레이브러시Playbrush • **제품명** 플레이브러시Playbrush
• **출시연도** 2017년 • **센서** 모션 센서 • **통신방식** 블루투스
• **가격** 29.99달러 • **홈페이지** www.playbrush.com

49. 아라
양치도 하고 게임도 하는 맞춤형 스마트 칫솔

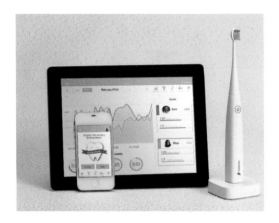

"세 살 때 칫솔 습관이 평생을 간다."

아이 때부터 좋은 양치 습관을 들이는 것이야말로 치아 건강의 정석
이라 할 수 있다. 아라는 칫솔질 데이터를 기록하고 구강 위생 상태에
따라 맞춤형 조언을 해주는 스마트 칫솔이다. 입속 어느 부분을 제대로
양치하지 않았는지 감지해 스마트폰 앱으로 알려준다. 칫솔의 움직임,
양치 시간, 양치 횟수, 구강 내 양치 중인 위치 데이터들을 수집해 구강
위생 상태에 대한 맞춤형 조언을 한다.

칫솔의 몸통 부분에 전원 버튼을 누르면 동작한다. 아라를 켠 채로 양
치하면 스마트폰 앱으로 더 알맞은 양치질 방법을 제공받는다. 아라는
음파 진동으로 일반 칫솔보다 더 많은 플라그를 제거할 수 있으며 슬림
소닉 투스브러시Slim Sonic Toothbrush 진동 및 3D 모션 센서로 치형을

아라는 칫솔질 데이터를 기록하고 구강 위생 상태에 따라 맞춤형 조언을 해주는 스마트 칫솔이다. 입속 어느 부분을 제대로 양치하지 않았는지 감지해 스마트폰 앱으로 알려준다.

고르게 하고 잇몸을 보호한다. 또한 아이들을 위한 스마트폰 게임 앱으로 아이들은 칫솔질하는 동안 게임을 할 수 있다. 그러다 보니 아이들은 이 닦는 것을 꺼려 하지 않고 올바른 양치 습관을 기르는 데 도움을 받는다. 물이 닿거나 쉽게 떨어트릴 수 있기 때문에 스마트폰 앱으로 정보를 제공한다.

아라를 사용하면 확인하기 어려운 자녀의 양치 상태를 알아보기 쉬운 그래프 형태로 리포트 받을 수 있다. 보통 양치를 싫어하는 아이들에게 재미있는 게임 서비스를 제공함으로써 양치의 즐거움을 심어준다. 아이들을 위한 게임 앱에는 16단계 레벨이 있다. 아이들은 양치하는 동안 게임 앱에서 포인트와 배지를 모으는 등 실시간 인터랙션을 한다.

- **회사** 콜리브리Kolibree • **제품명** 아라Ara
- **출시연도** 2017년 • **센서** 3D 동작, 자이로, 가속도 • **통신방식** 블루투스
- **가격** 149달러 • **홈페이지** www.kolibree.com

50. 레인보우
깨끗이 닦지 않으면 움직이지 않는 스마트 칫솔

"하나하나 소홀함 없이 모든 치아를 소중하게!"

나이 들어 치과에 가도 늘 듣는 말이 양치 잘하라는 것이다. 특히 잘못된 양치 습관을 지적받으면 꽤나 민망하다. 한번 잘못 길들여지면 웬만해선 교정하기 쉽지 않은 것 중 하나가 양치 습관이다.

레인보우는 게임을 이용해 어린이들에게 양치의 중요성을 일깨워주고 올바른 양치법을 알려주는 스마트 칫솔이다. 양치할 때 칫솔의 본체에 있는 전원 버튼을 눌러 작동시킨다. 칫솔질 동작, 움직임, 방향을 측정해 스마트폰 앱에서 보여준다. 즉 전용 앱을 실행시키고 칫솔질을 시작하면 화면 속 치아 위로 칫솔 그림이 움직임을 추적해 보여준다. 앱을 이용해 양치를 하는 아이들은 게임하는 것처럼 즐겁게 양치하는 습관을 기를 수 있다.

아이들은 치아 한 개당 정해진 시간 동안 칫솔질을 해야 게임의 다음

레인보우는 게임을 이용해 어린이들에게 양치의 중요성을 일깨워주고 올바른 양치법을 알려주는 스마트 칫솔이다. 양치할 때 칫솔의 본체에 있는 전원 버튼을 눌러 작동시킨다. 칫솔질 동작, 움직임, 방향을 측정해 스마트폰 앱에서 보여준다.

단계로 넘어갈 수 있기 때문에 정해진 시간 동안 칫솔질을 하게 된다. 칫솔을 움직이는 대로 진행되는 인터랙티브한 게임을 제공하므로 아이들이 흥미를 가지고 올바른 양치를 할 수 있다. 매일의 칫솔 이용 분석 데이터가 앱에 축적돼 있기 때문에 부모들은 자녀가 양치질을 빼먹지 않고 잘하는지 언제든 관찰 가능하다. 나이대별로 길이, 칫솔모 크기, 색이 다르게 출시돼 있으며 리필용 칫솔도 판매한다.

• **회사** 비질런트Vigilant • **제품명** 레인보우Rainbow
• **출시연도** 2016년 • **센서** 자이로스코프, 모션, 3D • **통신방식** 블루투스
• **가격** 39.99달러 • **홈페이지** usvigilant.com

Cross-Domain Linkability

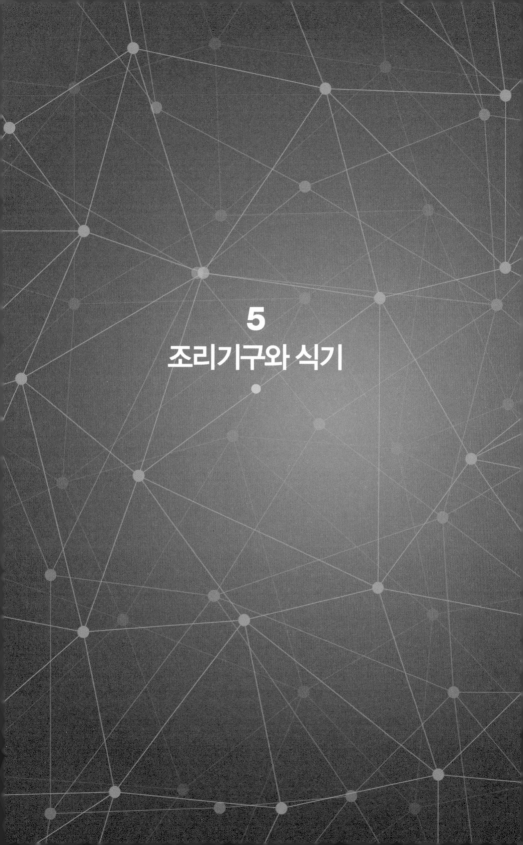

5
조리기구와 식기

51. 해피 포크
식사 습관 개선을 위한 스마트 포크

"띠링~, 주인님, 식사 속도가 너무 빠릅니다!"

식생활습관에서 가장 많이 듣는 충고가 무엇인가? 바로 천천히 꼭꼭 씹어 먹으라는 것이다. 다이어트와 건강을 위해서. 그런데 '천천히'란 말은 쉽지만 실천하기 진짜 어렵다. 어느 순간 '모데라토'를 거쳐 '알레 그로 비바체'로 향하는 식사습관을 교정해주는 기특한 제품이 바로 해 피 포크다.

해피 포크는 식사 습관 개선을 위한 스마트 포크다. 식사 속도, 식사 시간, 1분간 떠먹는 횟수, 떠먹는 시간 간격을 계산해 사용자의 식사 습 관을 분석한다. 식사 속도가 너무 빠르면 진동으로 경고 알림을 준다. 허겁지겁 먹게 되는 순간 포크를 쥔 손이 "주인님, 이러지 마십시오."라 고 떨며 경고하는 것이다.

일정 속도 이상으로 식사를 빨리할 때 진동한다. 즉 해피 포크의 가치 는 경고를 보내줘 식사 속도를 조절할 수 있고 결과적으로 폭식을 방지

해피포크는 식사 속도가 너무 빠르면 진동으로 경고 알림을 준다. 허겁지겁 먹게 되는 순간 포크를 쥔 손이 "주인님, 이러지 마십시오."라고 떨며 경고하는 것이다.

할 수 있도록 한다. 이는 해피포크에 달린 가속도 센서로 가능하다. 또한 무게 측정 센서로 해피 포크를 사용하는 사람의 대략적인 1회 섭취량까지 파악한다.

웹과 전용 모바일 앱을 사용해 자세한 식습관 분석 데이터와 개선을 위한 조언을 제공한다. 해피 포크 판매사는 스마트폰 앱으로 식습관 개선을 위한 전문 서비스인 해피 코치HAPI coach를 제공한다. 영양 전문가는 해피 코치 서비스를 사용하는 개인 사용자의 데이터를 바탕으로 식생활습관, 식단, 문제점들을 파악해 개선을 돕는다. 또한 해피 커뮤니티에 식생활습관 기록을 공유할 수 있고 다른 사람들의 데이터도 확인할 수 있다. 타인으로부터의 피드백과 데이터 비교로 식생활습관 개선 의지에 도움을 받을 수 있다.

• 회사 해피HAPI • 제품명 해피 포크Hapi Fork
• 출시연도 2014년 • 센서 가속도, 무게 감지 • 통신방식 블루투스
• 가격 99달러 • 홈페이지 www.hapi.com

52. 스마트 플레이트 탑뷰

음식의 칼로리와 3대 영양소를 분석하는 스마트 접시

"대체 뭔 음식인고?"

접시 위에 맛있는 음식이 있다. 잠깐! 이 맛있어 보이는 음식의 영양가와 칼로리는 얼마나 될까? 아마 그걸 알고 나면 아무리 맛있는 음식이라고 마구마구 먹어대지는 못할 것이다. 그럼 과식도 막고 건강에도 좀 더 신경 쓰는 바람직한 식생활 문화를 갖게 될 수 있지 않을까? 스마트 플레이트 탑뷰는 음식의 칼로리와 3대 영양소인 단백질, 지방, 탄수화물을 분석하는 스마트 접시다. 음식을 담는 접시와 저울로 구성된 탑뷰는 접시에 음식을 담으면 음식의 칼로리와 영양정보를 정확히 계산한다. 탑뷰를 사용하는 사람들은 전용 스마트폰 앱으로 건강 목표를 설정하거나 전문가에게 인증받은 식단을 사용해 건강관리를 할 수 있다.

탑뷰를 사용하는 사람들은 접시에 음식을 담고 무게를 측정해 사진을 찍는 비교적 간단한 인터랙션으로 음식의 영양정보를 확인할 수 있다. 음식을 올려놓고 접시를 저울에 올려 무게를 측정한다. 접시 위 음식 무게를 구역별로 세밀하게 측정하기 위해 별도의 저울을 사용한다.

탑뷰를 사용하는 사람들은 접시에 음식을 담고 무게를 측정해 사진을 찍는 비교적 간단한 인터랙션으로 음식의 영양정보를 확인할 수 있다.

또한 이전 식사 데이터를 이용해 앞으로 섭취해야 할 영양소에 대한 정보도 확인할 수 있어 균형 잡힌 식사를 할 수 있다.

스마트폰 앱으로 음식 사진을 찍고 칼로리와 3대 영양소 정보를 확인한다. 접시 위에서 촬영하면 해당 이미지를 객체인식 알고리즘으로 파악하게 된다. 그렇게 파악한 음식 종류와 영양성분을 저울로 측정한 음식 무게로 계산해 알려준다. 대략 40만 가지 음식을 파악할 수 있다. 또한 625개 레스토랑 체인의 메뉴와 1만 개 이상의 미국 농무부USDA 승인 음식이 등록돼 있어 외식할 때 탑뷰를 가지고 가지 않아도 사진을 찍고 등록된 메뉴를 선택하면 정확한 분석이 가능하다.

누수방지가 가능한 휴대용 케이스를 사용해 도시락 용기로 사용이 가능하며 환경호르몬 비스페놀A와 비스페놀S가 감출되지 않는 소재로 전자레인지와 식기세척기에도 안전하게 사용할 수 있다.

• **회사** 피틀리Fitly • **제품명** 스마트 플레이트 탑뷰SmartPlate TopView
• **출시연도** 2017년 4월 오프라인 판매 예정(2015년 킥스타터에서 펀딩 시작)
• **센서** 무게감지, 압력 • **통신방식** 와이파이, 블루투스
• **가격** 99달러 • **홈페이지** getsmartplate.com

53. 푸드스니퍼
부패 정도를 탐지하는 식품 신선도 테스트기

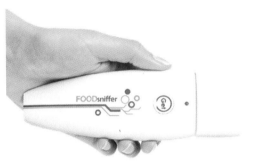

상한 음식에 대한 불안감을 없앤다

냉장고 문을 열면 온갖 음식이 잔뜩 들어 있다. 그런데 그 음식들은 아무거나 그냥 막 먹어도 될까? 분명 오래된 음식이 있을 텐데. 도무지 유통기한을 알 수 없다. 이때 필요한 것이 식품의 신선도를 체크하는 푸드스니퍼이다. 주인을 속일 수는 있어도 푸드스니퍼를 속일 수는 없다.

리모컨 형태로 생긴 푸드스니퍼를 음식재료에 가까이 대고 버튼을 누른다. 그러면 유해 가스를 측정해 음식재료의 부패 정도를 분석해 위험도를 알려주는 식품 신선도 테스트기다. 날 상태의 육류, 가금류, 생선이 공기 중에 배출한 유기화합물과 암모니아 수치를 종합적으로 측정한다. 센서에서 측정된 결과를 클라우드로부터 얻은 부패 판단 기준과 비교해 음식재료의 신선도를 판단한다.

가정뿐만 아니라 음식점에서도 상한 재료로 음식을 조리하지 않나

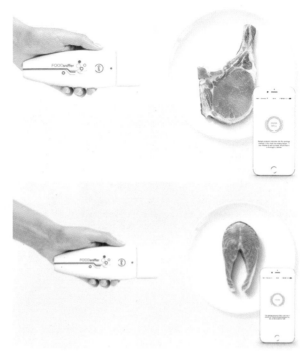

음식재료에 가까이 대고 버튼을 누른다. 그러면 유해 가스를 측정해 음식재료의 부패 정도를 분석해 위험도를 알려주는 식품 신선도 테스트기다.

살필 수 있다. 이로써 달걀, 육류, 해산물, 어패류의 신선도에 걱정을 가진 사용자의 불안감을 줄여준다. 부패 정도에 따라 세 단계(신선함, 상하기 시작함, 상함)로 분류된다. 각각 초록, 노랑, 빨강으로 상태를 나타낸다. 요리 중인 사람도 푸드스니퍼의 측정 결과를 한눈에 알아보기 쉽다. 축적된 데이터는 추후에 전용 앱이나 웹을 통해 확인할 수 있다.

• **회사** 푸드스니퍼FOODsniffer • **제품명** 푸드스니퍼FOODsniffer
• **출시연도** 2016년 • **센서** 휘발성 유기화합물, 암모니아 측정 • **통신방식** 블루투스
• **가격** 129.99달러 • **홈페이지** www.myfoodsniffer.com

54. 준 오븐
음식재료에 맞는 레시피를 제안하는 인공지능 오븐

"누구나 요리 천재가 될 수 있다."

준 오븐은 오븐 내부에 카메라가 달린 요리용 컴퓨터이다. 인공지능을 활용해 식재료를 파악하고 음식재료에 어울리는 레시피를 제안한다. 5인치 터치스크린으로 정보를 볼 수 있고 6단계의 정밀한 조그다이얼로 온도조절, 불 방향 설정, 시간 설정과 같은 오븐의 모든 기능을 제어할 수 있다. 오븐을 이용하는 사람은 전용 앱에서 레시피를 선택하고 동영상 라이브 스트리밍을 보며 요리를 만든다. 실시간 요리 진행 과정과 오븐의 온도 등을 확인할 수 있다. 요리가 다 됐을 경우 스마트폰에서 알림을 제공받는다.

오븐을 지속적으로 사용하면 재료와 사용자의 식생활 데이터를 기반으로 레시피를 추천한다. 또한 전용 앱을 통해 원격으로 요리를 진행할 수 있다. 오븐 내부의 풀HD 카메라로 촬영된 요리 과정 영상은 인터넷이 가능한 어느 곳에서든 시청이 가능하며 SNS와 연동돼 요리사의 인

준 오븐은 오븐 내부에 카메라가 달린 요리용 컴퓨터이다. 인공지능을 활용해 식재료를 파악하고 음식재료에 어울리는 레시피를 제안한다.

스타그램, 트위터, 페이스북으로 공유할 수 있어 레시피 기록 및 쿡방 연출도 가능하다. 내부 온도 센서를 통해 음식 온도나 완성도를 측정한다. 또 내부의 디지털 저울을 통해 음식재료의 무게를 측정할 수 있어 레시피를 정확하게 지킬 수 있다. 고기를 구울 때 탐침을 꽂고 터치스크린 패널을 통해 굽기 정도(레어, 미디엄, 웰던 등)를 선택하면 무게 센서에서 측정된 음식재료의 양에 따라 오븐이 알아서 적절한 굽기로 요리한다.

준 오븐은 오븐 내부의 HD 카메라를 통해 재료를 식별하고 무게 센서로 재료의 무게를 측정한다. 그리고 쿠다 기반의 평행 연산 플랫폼을 활용해 해당 요리의 최적 조리법을 제안한다. 모든 정보는 딥러닝 기반으로 사용자의 취향을 반복 학습해 맞춤형 조리를 할 수 있다. 사용자가 스마트폰 앱으로 손님이 방문하는 날짜와 방문자 수를 입력하면 앱에서 적절한 메뉴 구성과 메뉴 준비를 위한 쇼핑목록을 추천한다.

•**회사** 준 라이프June Life •**제품명** 준 오븐June Oven
•**출시연도** 2016년 •**센서** 무게 측정, 온도, 조도, HD 카메라, 탐침봉 온도
•**통신방식** 와이파이, 블루투스 •**가격** 1,495달러 •**홈페이지** juneoven.com

55. 에그마인더
남은 달걀의 개수까지 파악해주는 냉장고용 달걀 보관함

"에구머니, 달걀이 떨어졌어요!"

세계적인 천재 아인슈타인은 매일 아침 달걀부침 또는 스크램블드 에그를 먹었다고 한다. 달걀은 식탁에 빠지지 않고 오르는 기본 음식이 자 최고의 완전식품이다. 하지만 냉장고에 달걀이 도대체 몇 개나 남아 있는지, 유통기한이 지난 것은 아닌지를 확인하기는 쉽지 않다. 에그마인더는 압력 센서로 달걀의 개수를 파악하는 냉장고용 달걀 보관함이다. 오래된 달걀부터 먼저 먹을 수 있도록 도와준다. 에그마인더는 2013년에 이미 출시됐지만 79.00달러라는 비싼 가격 때문에 많은 인기를 얻지 못했다. 그러다가 2016년 가격을 낮추면서 사람들의 주목을 받고 있다.

에그마인더에 있는 센서 부분과 스마트폰을 가까이 대 연동한다. 그리고 에그마인더에 달걀을 담는다. 에그마인더의 LED에 파란불이 들

에그마인더는 압력 센서로 달걀의 개수를 파악하는 냉장고용 달걀 보관함이다. 오래된 달걀부터 먼저 먹을 수 있도록 도와준다.

어온 칸의 달걀부터 사용하면 된다. 먼저 구입한 달걀부터 사용하기 편리하며 스마트폰 앱으로 달걀의 개수 및 상태를 확인할 수 있기 때문에 장을 볼 때 달걀 구매 여부를 확인할 수 있다. 14개의 달걀 넣는 칸마다 압력 센서가 있어 달걀이 올려져 있는지 없는지를 감지한다. 가장 일반적인 미국의 달걀 한판의 개수(12개)에 맞게 제작돼 14개의 달걀을 보관할 수 있다. 즉 2개 정도 남았을 때 새로 달걀을 산다는 기본 습성을 담고 있다. 각 달걀 보관함의 칸마다 LED가 달려 있어 굳이 앱을 켜지 않아도 오래된 달걀이 무엇인지를 쉽게 파악할 수 있다.

달걀이 다 떨어졌을 경우 스마트폰 앱으로 알림 메시지를 보내며 달걀을 깨주는 기계도 관련 제품으로 함께 구입할 수 있다.

· **회사** GE&Quirky · **제품명** 에그마인더Egg Minder
· **출시연도** 2013년 · **센서** 압력 · **통신방식** 와이파이 · **가격** 15.5달러
· **홈페이지** www.amazon.com/Quirky-Minder-Wink-Enabled-Smart/dp/
　　　B00GN92KQ4

56. 주세로 프레스
그 어떤 번거로움도 거절하는 스마트 주스 머신

"유기농 주스를 이토록 간편하게!"

건강을 위해 아침마다 유기농 주스를 먹고 싶은 마음이야 굴뚝같지만 사 먹기에는 가격 부담이 만만찮고 그렇다고 집에서 해먹자니 여간 귀찮고 힘든 일이 아니다. 씻고 자르고 또 다시 잘 씻기지도 않는 주서기를 씻고…….. 주세로 프레스는 그 모든 수고를 대신해주는 혁신적인 스마트 주스 머신이다. 다른 주스 머신과는 달리 전용 주스 팩(야채 혹은 과일이 들어 있음)을 사용한다. 전용 주스 팩 안에는 이미 세척돼 포장된 야채와 과일이 들어 있기 때문에 이 팩을 주세로 프레스에 넣기만 하면 된다. 주세로 프레스는 4톤 압력으로 이 주스 팩을 압축해 주스를 추출한다.

포장된 주스 머신 팩을 구매해서 주세로 프레스에 주스 머신 전용 팩

주세로 프레스는 다른 주스 머신과는 달리 전용 주스 팩(야채 혹은 과일이 들어 있음)을 사용한다. 전용 주스 팩 안에는 이미 세척돼 포장된 야채와 과일이 들어 있기 때문에 이 팩을 주세로 프레스에 넣기만 하면 된다.

을 넣고 작동시키기 때문에 기존 주스 머신과는 달리 주스 재료를 씻고 자르고 버리는 불편함과 기계 청소의 번거로움이 없다. 또한 팩 상의 QR 코드를 스마트폰 앱으로 스캔하면 어떤 주스의 어떤 영양소를 섭취했는지 앱에 기록할 수 있고 재료의 신선도와 유통기한도 알 수 있다. 스마트폰 앱을 이용해 원격으로 주스를 추출할 수 있고 또 사용한 주스 팩에 대한 영양 정보를 볼 수 있다. 아울러 주 단위로 전용 팩을 주문할 수 있다. 또 주간 서브스크립션을 이용하면 원하는 주스 팩을 주기적으로 받아보는 서비스를 제공받을 수 있다.

• **회사** 주세로Juicero   • **제품명** 주세로 프레스Juicero Press
• **출시연도** 2016년   • **통신방식** 와이파이
• **가격** 399달러(유기농 주스 팩 개당 5~8달러)   • **홈페이지** www.juicero.com

57. 액티프라이
건강한 튀김 요리를 만드는 튀김 조리기구

"구이부터 볶음까지 저지방으로!"

신혼집에 강추하는 제품 액티프라이는 기름을 적게 사용하면서도 음식재료를 바삭하게 튀겨주는 조리기구다. 뜨거운 공기를 순환시키는 방법으로 튀긴다. 이때 공기의 온도는 자동으로 조절된다. 음식재료와 요리에 맞게 조리할 수 있도록 세 가지 모드를 제공한다. 뜨거운 공기를 순환하는 방법으로 조리하기 때문에 식사를 하는 사람들의 지방 섭취를 최소한으로 줄일 수 있고 조리 시간이 빠르며 기름이 튀지 않아 위생적이다. 보통의 에어프라이어(최대 200℃의 고온 열기로 재료를 바삭하게 튀겨주는 조리기구)와 다르게 부속품을 분리해 세척할 수 있어 깨끗하게 관리할 수 있다.

조리를 시작하면 내열 냄비 가운데 부착된 주걱이 자동으로 회전하며 요리 재료를 고루 섞어 음식재료의 속까지 골고루 익혀준다. 또한 계속해서 저어주기 때문에 바닥에 눌어붙는 것을 방지하고 양념도 골고루 섞어준다. 다른 조리기구와 비교해 적은 양의 기름으로 조리해 기름

기가 적은 건강한 튀김 요리가 가능하며(최대 80% 정도의 지방 감소 효과) 튀김, 볶음, 구이로 다양한 요리를 만들 수 있다. 닭튀김, 감자튀김, 돼지고기 간장조림, 등갈비구이, 군고구마, 냉동식품 요리와 같이 다양한 요리를 간편하게 할 수 있다.

스마트폰 전용 앱으로 음식재료에 알맞은 요리법을 찾을 수 있으며 앱에서 확인한 조리법을 따라 액티프라이를 요리법에 맞게 작동시킬 수 있다. 음식재료와 레시피를 전용 앱에 공유할 수도 있다. 사용법은 먼저 앞면에 있는 버튼을 눌러 뚜껑을 열고 음식재료를 담는다. 오일스프레이나 구매할 때 함께 제공되는 오일스푼으로 기름을 두르고 뚜껑부에 있는 버튼을 눌러 세 가지 조리 모드와 조리 시간을 선택한다. 투명 뚜껑으로 조리과정을 확인할 수 있다. 시간과 조리 모드 정보는 세븐 세그먼트 디스플레이에서 확인한다. 전용 스마트폰 앱으로 재료에 맞는 조리 시간과 조리 모드를 선택해 작동시킬 수 있다

• **회사** 테팔Tefal • **제품명** 액티프라이ActiFry
• **출시연도** 2016년 • **센서** 온도 • **통신방식** 블루투스 • **가격** 약 34만 원
• **홈페이지** www.youtube.com/watch?v=v6lMUANMWe8(관련 링크로 대체)

58. 퍼펙트 베이크 프로
스마트폰과 태블릿 PC와 연동되는 스마트 저울

요리의 질을 완성하는 완벽한 기본

요리에 자신을 갖자. 퍼펙트 베이크 프로는 스마트폰과 태블릿 PC와 연동되는 스마트 저울이다. 스마트폰 앱에서 레시피를 선택하면 화면에 레시피와 가상 그릇이 표현된다. 저울 그릇에 순서에 맞게 재료를 부으면 앱 화면에서의 가상 그릇이 채워지며 계량을 얼마나 해야 하는지 알려준다. 각 재료의 정해진 양을 담으면 모바일기기 앱의 색과 소리로 알림을 주며 저울의 세븐세그먼트 화면에서도 확인할 수 있다. 또한 '쇼핑 목록 기능'을 사용해 구매해야 할 재료를 알려주고 '식품 저장실' 기능을 사용해 현재 가지고 있는 재료를 조합해 조리법을 생성할 수도 있다.

재료 계량에 따라 요리의 질이 많이 좌우되는 제과제빵 분야에서 재료의 양을 정확하게 계량할 수 있게 돕는다. 또한 각 가정 고유의 레시피들을 공유해 레시피를 선택하는 재미를 제공한다. 저울에 올린 그릇에 재료를 넣고 무게를 측정하면 퍼펙트 베이크의 디스플레이 화면에 표시되면서 동시에 스마트폰과 아이패드 앱에서 확인이 가능하다. 베이킹을 할 때 가루, 기름, 설탕이 손에 많이 묻기 때문에 요리하는 그릇보다는 모바일 기기 화면을 통해 확인한다.

재료 계량에 따라 요리의 질이 많이 좌우되는 제과제빵 분야에서 재료의 양을 정확하게 계량할 수 있게 돕는다. 또한 각 가정 고유의 레시피들을 공유해 레시피를 선택하는 재미를 제공한다.

제과제빵사가 반죽을 오븐에 넣으면 오븐에 부착된 온도계가 온도를 측정한다. 모바일 기기 앱으로 레시피에 맞는 적합한 온도를 알려주고 시간을 재 알람을 울린다. 마지막 식힘Cool 단계까지도 타이머 기능을 제공해 베이킹 전 과정에 도움을 준다. 부족한 재료를 모바일 기기에 입력하면 자동으로 레시피가 조절된다. 레시피를 북마크해 두면 해당 레시피의 재료들로 쇼핑 목록을 만들어준다.

레시피 앱에 등록된 레시피들은 요리사, 파티시에의 전문적인 레시피뿐만 아니라 퍼펙트 베이크 프로를 사용하는 사람들의 레시피도 포함돼 있다. 따라서 퍼펙트 베이크 프로 레시피 앱에는 인터넷이나 요리책에서 나오는 것보다 더 다양한 레시피가 있다. 라이트 유저를 위한 퍼펙트 베이크 2.0도 판매하고 있다.

· **회사** 퍼펙트 컴퍼니Perfect Company · **제품명** 퍼펙트 베이크 프로Perfect Bake PRO
· **출시연도** 2015년 · **센서** 온도 · **통신방식** 블루투스
· **가격** 99.99달러 · **홈페이지** makeitperfectly.com/bake

59. 아이그릴 2

고기의 온도 변화를 체크하는 블루투스 온도계

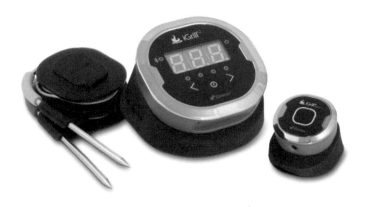

"정확한 온도로 최고의 바비큐를 만든다."

   흥겨운 바비큐 파티. 이제 고기가 익었는지 안 익었는지 걱정할 필요가 없다. 고기에 온도계를 꽂아만 두면 끝. 아이그릴 2는 고기에 길쭉한 쇠꼬챙이를 꽂아 온도 변화를 체크하는 블루투스 온도계다. 고기의 조리 정도와 함께 온도 변화 그래프를 보여준다. 덕분에 더 체계적인 조리가 가능하다. 가드닝 파티나 바비큐 파티와 같이 주로 실외에서 사용한다.

   아이그릴 2 쇠꼬챙이를 직접 고기에 꽂아 고기의 온도를 정확하게 측정할 수 있다. 스마트폰 앱으로 고기 온도와 실시간 온도변화 추이(그래프)를 보여준다. 전용 앱에서 원하는 고기의 굽기 정도를 입력하면 고기 온도에 맞추어 알람을 울리기 때문에 비교적 쉽게 원하는 굽기로 구울 수 있다. 조리 도중 스마트폰을 확인하기 어려울 때는 아이그릴 2 본체

아이그릴 2 쇠꼬챙이를 직접 고기에 꽂아 고기의 온도를 정확하게 측정할 수 있다. 스마트폰 앱으로 고기 온도와 실시간 온도변화 추이(그래프)를 보여준다. 전용 앱에서 원하는 고기의 굽기 정도를 입력하면 고기 온도에 맞추어 알람을 울리기 때문에 비교적 쉽게 원하는 굽기로 구울 수 있다.

를 통해 간편하게 온도를 확인할 수 있다.

직접 고기를 익혀 먹는 구이요리 이외에도 훈연 고기의 온도를 측정할 수 있는 고리를 별도로 제공한다. 바비큐를 하는 사람이 전용 앱에서 훈연 방법으로 설정해두면 전용 앱에서 훈연 온도와 익힘 정도에 따라 알람을 제공한다. 따라서 고기를 굽는 사람은 바비큐 내내 신경을 쓰지 않아도 된다. 스마트폰 전용 앱에서 개인의 취향에 따라 최저와 최고 온도 설정이 가능하며 요리방법과 음식재료에 따라 적정 온도를 설정할 수 있다.

· **회사** iDevices · **제품명** 아이그릴 2iGrill2
· **출시연도** 2014년 · **센서** 온도 · **통신방식** 블루투스
· **가격** 99.99달러 · **홈페이지** product.weber.com/igrill/igrill2/

60. 프라임 베실
모든 음료의 모든 성분을 분석해주는 스마트 텀블러

"수분 정보는 이 손 안에 있소이다."

 당뇨환자나 다이어트 중인 사람에게 수분 조절은 매우 중요하다. 음료라고 다 수분을 채워주는 것이 아니다. 오히려 체내 수분을 더욱 빠지게 하는 것도 있다. 프라임 베실은 이러한 수분 밸런스를 지켜주는 스마트 텀블러다. 텀블러에 음료를 따르면 10초 정도의 측정시간 동안 음료의 종류를 파악해 본체 표면의 LED 도트 디스플레이로 알려준다. 이동 중이나 실외에서는 본체 표면의 LED 도트 디스플레이가 특히 편리하다.
 프라임 베실과 블루투스 통신으로 스마트폰을 연동한 후 본인의 나이, 몸무게, 키, 성별을 입력하고 텀블러를 사용하면 스마트폰 앱으로 개개인에게 필요한 수분 섭취량 정보를 제공한다. 보통 사람들은 물이 아닌 음식에서도 많은 수분을 섭취한다. 프라임 베실은 일반 식사에 포함된 수분까지 계산해 각 개인에게 필요한 수분 섭취량을 정확하게 파

프라임 베실은 일반 식사에 포함된 수분까지 계산해 각 개인에게 필요한 수분 섭취량을 정확하게 파악해 알려준다.

악해 알려준다. 다이어트를 하거나 당뇨환자와 같이 식품 성분에 민감한 사람들은 음료를 텀블러에 담는 간편한 인터랙션으로 카페인, 과당, 지방 정보를 바로 확인할 수 있다. 텀블러에 들어 있는 액체 분자를 식별해 칼로리, 지방, 카페인, 단백질이나 설탕 성분(당분), 술의 알코올 등에 대한 정보를 실시간으로 분석할 수 있도록 한다.

스마트폰 앱으로 전용 모바일 앱을 사용해 자세한 수분섭취 분석 데이터와 필요한 수분섭취량 정보를 제공한다. 일별, 주별, 월별 수분섭취량 리포트를 제공하며 수분을 섭취해야 하는 시간을 알려주는 프라임 베실은 나이, 몸무게, 키, 성별 등 개인 데이터와 웨어러블 디바이스(애플워치, 저본업)의 활동분석 데이터를 연동해 보다 종합적인 건강관리를 가능하게 한다. 현재 피트니스 트래커 저본업과 애플의 헬스케어 어플 헬스킷과 연동된다. 다만 60도가 넘는 음료의 섭취량은 추적할 수 없다. 전원은 배터리 충전으로 공급, 한 번의 충전으로 이틀 정도 사용 가능하다.

• **회사** 마크원Mark One • **제품명** 프라임베실Pryme Vessyl
• **출시연도** 2015년 • **센서** 분자식별, 무게 • **통신방식** 블루투스
• **가격** 99.95달러 • **홈페이지** myvessyl.com/prymevessyl

61. 팬텔리전트
자동으로 요리 온도를 조절하는 스마트 프라이팬

"온도 걱정 없이 알아서 굽는다!"

팬텔리전트는 조리하는 요리에 알맞게 온도를 조절하도록 도와주는 스마트 프라이팬이다. 일반 프라이팬을 사용하는 것처럼 사용하면 된다. 사용자가 전용 앱에서 조리할 메뉴를 선택한 후 조리를 시작한다. 그러면 프라이팬의 손잡이에 내장된 블루투스 모듈 온도 센서로부터 측정된 팬의 온도를 앱으로 실시간 전송한다. 요리 안전 및 고장방지를 위해 스마트폰 앱을 이용해 사용자와 커뮤니케이션한다.

팬텔리전트는 조리 진행 단계와 팬의 온도를 알려주어 팬의 온도를 적절하게 조절하는 데 도움을 준다. 전기 버너 및 전원 스위치 액세서리를 연결하면 요리사가 조리 과정을 살피거나 온도 조절할 필요 없이 자동으로 팬의 온도를 조절할 수 있다. 스마트폰 앱에서 식재료 및 요리를 등록하고 고기나 생선을 구울 경우 두께와 종류를 입력한다.

예컨대 스마트폰 앱에서 2인치 두께의 소고기를 미디엄 레어의 굽기

펜델리전트 개발자들이다. 왼쪽부터 마이크 로빈슨Mike Robbins, 카일 모스Kyle Moss, 웨이 유안Wei Yuan, 움베르투 에반스Humberto Evans. 그들은 모두 MIT 동창생들이다. 에반스는 어머니가 식당을 운영했기 때문에 요리를 자주 했다. 그는 MIT 룸메이트였던 로빈슨에게 요리를 권했는데 잘하지 못했다. 그런데 요리할 때 마치 로봇에게 시키는 것처럼 알려주면 잘했다. 그들은 그로부터 6년 후 그러한 경험을 살려 스마트 프라이팬을 개발하게 됐다.

로 조리한다고 입력한다. 그리고 팬을 불 위에 올리고 고기를 익히기 적당한 온도라는 알림을 확인한 후 팬 위에 고기를 올린다. 고기를 뒤집으라는 알림을 받고 고기를 뒤집으면 얼마 후 요리가 끝났다고 알려준다. 이렇게 해서 2인치 소고기 미디엄레어 스테이크가 완성되는 것이다.

• 회사 서킷랩CircuitLab • 제품명 팬텔리전트Pantelligent
• 출시연도 2016년 • 센서 온도 • 통신방식 블루투스
• 가격 129달러 • 홈페이지 www.pantelligent.com

62. 프렙 패드
식재료의 칼로리 및 영양성분을 분석하는 스마트 저울

"무게를 재고 영양을 평가한다."

음식 칼로리 및 영양 성분을 분석하는 스마트 저울을 주방으로! 주방의 혁신을 몰고 오는 스마트 주방의 대표주자 프렙 패드는 도마 형태의 스마트 저울이다. 저울에는 전원 버튼만 있다.

음식이나 음식재료를 저울에 올리면 무게가 측정되고 전용 모바일 앱으로 확인할 수 있다. 모바일 앱으로 음식의 종류를 입력하면 모바일 앱으로 무게에 따른 영양정보를 보여준다. 영양정보를 파악하는 센서가 별도로 있는 것이 아니다. 단순히 저울의 역할만을 하기 때문에 인터넷으로 영양정보를 확인해야 해 모바일 기기를 사용한다.

조본 업과 같은 스마트 밴드와 연동돼 작동이 가능하다. 프렙 패드에서 측정한 식품의 영양정보와 스마트 밴드에서 측정한 신체 활동량 등을 함께 관리해 더 종합적인 신체 및 식생활 데이터 건강관리가 가능하

음식이나 음식재료를 저울에 올리면 무게가 측정되고 전용 모바일 앱으로 확인할 수 있다. 모바일 앱
으로 음식의 종류를 입력하면 모바일 앱으로 무게에 따른 영양정보를 보여준다. 영양정보를 파악하
는 센서가 별도로 있는 것이 아니다. 단순히 저울의 역할만을 하기 때문에 인터넷으로 영양정보를 확
인해야 해 모바일 기기를 사용한다.

다. 전용 모바일 앱에서 음식의 무게를 측정한 후 섭취한 음식에 대한
영양성분을 기록하고 축적하며 일별, 주별, 월별 리포트를 제공해 사용
자의 식생활 습관을 확인하거나 관리하는 것을 돕는다. 전용 앱은 무료
로 제공된다.

· **회사** 오렌지 셰프Orange Chef · **제품명** 프렙 패드Prep Pad
· **출시연도** 2016년 · **센서** 무게 · **통신방식** 블루투스
· **가격** 149.95달러 · **홈페이지** theorangechef.com

63. 스마트 크록-팟
조리 시간이 긴 요리를 위한 스마트 냄비

"요리 완료, 이제는 드실 시간입니다."

사실상 요리는 기다림의 미학이라 할 수 있다. 잘 기다려야 맛있는 결과물을 얻을 수 있다. 스마트 크록-팟은 조리 시간이 오래 걸리는 슬로우 요리를 위한 스마트 냄비다. 주방에 크록-팟을 올려두고 식재료를 넣는다. 특히 조리 시간이 오래 걸리는 음식의 재료를 넣고 요리하는데 냄비의 전면에 있는 버튼으로 온도의 세기를 조절할 수 있다.

사용자가 슬로우 쿠커를 작동시켜놓고 외출한 뒤 스마트폰 앱으로 조리 진행 시간과 온도를 확인할 수 있다. 외부에서 온도 조절과 전원 온오프도 가능하다. 음식과 음식재료의 종류에 따라 맞춤형 조리가 가능하다. 스마트 크록-팟에 내장된 온도 센서가 냄비 온도를 실시간으로 측정해 앱으로 전송한다.

냄비 안쪽 내열 냄비의 분리가 가능해 세척이 쉬우며 사물인터넷 기

스마트 크록-팟은 조리 시간이 오래 걸리는 슬로우 요리를 위한 스마트 냄비다. 사용자가 슬로우 쿠커를 작동시켜놓고 외출한 뒤 스마트폰 앱으로 조리 진행 시간과 온도를 확인할 수 있다. 외부에서 온도 조절과 전원 온오프도 가능하다.

능 미탑재 모델, 음식을 저어주는 기능 등이 탑재된 여러 모델이 있다. 스마트 크록-팟의 내열 냄비그릇, 레시피 달력, 보관용 냄비와 냄비뚜껑 등의 상품들도 함께 판매 중이다.

벨킨사에서 만든 스마트 홈 플랫폼인 위모Wemo와 연결하거나 이프트 규칙을 설정해 냄비 온도와 작동 시간을 원격으로 조작할 수 있다. 조리시간을 확인할 수 있고 냄비의 온도 조절도 할 수 있다. 요리가 다 되면 스마트폰 앱으로 알려준다.

• **회사** 크록-팟Crock-Pot • **제품명** 스마트 크록-팟Smart Crock-Pot
• **출시연도** 2016년 • **센서** 온도 • **통신방식** 와이파이, 3G/4G
• **가격** 129.99달러 • **홈페이지** www.crock-pot.com

64. 미IH압력밥솥
쌀의 특성에 맞게 취사 가능한 스마트 압력밥솥

"쌀쌀 무슨 쌀?"

드디어 중국산 밥솥이 몰려온다. 잘생김만으로도 주목받는 미IH압력밥솥은 샤오미에서 출시한 스마트 압력밥솥이다. 미IH 압력밥솥은 일반 압력밥솥처럼 밥솥 안의 내열 냄비에 씻은 쌀과 물을 담고 뚜껑을 닫는다. 뚜껑에 있는 버튼을 눌러 취사와 보온을 할 수 있다. 유도가열IH, Induction Heating 기술을 사용해 일반 전기밥솥보다 밥을 맛있게 지을 수 있다. 쌀의 바코드를 앱에 입력하면 해당 쌀의 특성에 맞게 취사가 가능하다. 최적화된 밥을 지을 수 있다. 단 중국 쌀에 한정된다. 예약, 시간, 화력, 가열방식을 설정할 수 있다.

미IH압력밥솥은 내솥 전체에 코일을 감아 열효율을 높였다. 밑면만 가열하는 일반 압력밥솥과 달리 내솥 전체를 가열하는 방식을 사용해 조리시간이 단축되고 밥이 고르게 잘 익는다. 스마트폰 앱으로 취사 진

쌀의 바코드를 앱에 입력하면 해당 쌀의 특성에 맞게 취사가 가능하다. 최적화된 밥을 지을 수 있다.
단 중국 쌀에 한정된다. 예약, 시간, 화력, 가열방식을 설정할 수 있다.

행 시간 확인이 가능하며 취사 완료 시각과 가열방식 등을 선택해 취사
를 예약하고 취사 진행 상태를 확인할 수 있다. 샤오미 스마트 홈 앱으
로 집 밖에서도 취사 예약 및 설정이 가능해 귀가 후 갓 지어진 밥을 먹
을 수 있다. 샤오미 스마트 홈 앱을 이용해 밥솥으로 가능한 다양한 요
리의 레시피를 제공한다.

- **회사** 샤오미Xiaomi · **제품명** 미IH압력밥솥
- **출시연도** 2016년 · **센서** 온도 · **통신방식** 와이파이
- **가격** 999위안(약 17만 원) · **홈페이지** www.mi.com/en/supports

65. 메이드 오븐
나만을 위한 나만의 요리가 가능한 스마트 오븐

"언제나 나만의 요리를 완성한다"

메이드 오븐은 레시피를 제공하는 스마트 오븐이다. 오븐 상단에 있는 LCD 화면에서 음식재료에 알맞은 조리 방법과 레시피를 볼 수 있다. 사용자 정보를 등록하고 요리를 선택하면 조리 시간과 온도가 자동 세팅된다. 무엇보다도 사용자의 음식생활 습관을 축적하고 스마트 밴드에서 생활 데이터인 식이, 활동량, 수면패턴을 학습해 맞춤형 개인 레시피를 제공한다. 모두에게 동일한 레시피가 아닌 사용자 맞춤형 레시피로 더 건강하고 맛있는 요리를 먹을 수 있다.

사용법은 먼저 메이드 오븐 전면에 있는 터치스크린에서 레시피를 선택한다. 그리고 재료 손질 단계부터 동영상 안내 화면을 보며 따라 하면 된다. 조리의 한 단계가 끝나 다음 단계로 넘어갈 때는 기기를 만지지 않고 음성 또는 제스처로 명령할 수 있다. 레시피에 맞게 오븐 예열

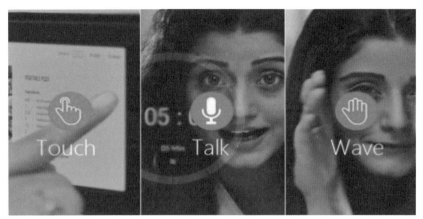

메이드 오븐은 터치 기능, 말하기 기능, 제스처 기능을 제공한다.
순서는 와이파이가 되게 하고 그다음 스마트폰과 연결한다. 메이드 레시피 스토어에 가서 조리법을
받는다. 조리법을 찾아 요리 시작 버튼을 누른다. 요리가 완료되면 스마트폰으로 알려준다.

과 온도조절을 하게 돼 있다. 레시피에서 제시된 온도보다 높거나 낮으면 자동으로 적정온도를 설정할 수 있도록 돕는다.

개인화 엔진을 통해 오븐을 사용하는 사람의 데이터를 축적하고 축적된 데이터(알레르기 유무, 한 끼 식사량, 선호하는 음식의 조리상태)에 따라 조리 시간과 온도를 자동으로 세팅하며 조리 단계에 따라 조리 방법을 안내한다. 오븐의 레시피 앱은 크라우드소싱 플랫폼인 인터넷 레시피 스토어와 연결돼 셰프들과 일반 취미 요리사들의 레시피를 다운로드하거나 구매하는 것이 가능하다. 오븐 전용 앱으로 오븐의 온도나 전원을 제어할 수 있으며 조리된 음식을 바탕으로 칼로리 섭취량을 리포트해준다. 레시피 스토어에서 레시피 판매도 하고 있다.

· **회사** 섹터큐브SectorQube · **제품명** 메이드 오븐Maid Oven
· **출시연도** 2014(킥스타터 펀딩 시작), 2017년 현재 미출시 · **센서** 온도
· **통신방식** 와이파이, 3G/4G · **가격** 449달러 · **홈페이지** maidoven.com

66. 이코모

나쁜 성분을 제거해 맛있는 물을 만드는 스마트 텀블러

"3달에 약 228개 일회용 플라스틱 생수병을 절약!"

건강의 기본은 뭐니 뭐니 해도 좋은 물. 맑고 깨끗한 물을 만들어줄 뿐 아니라 환경보호에도 앞장서는 것이 스마트 텀블러 이코모이다. 텀블러 안에 담긴 물의 수질을 측정해 물의 성분을 알려주고 내부 필터로 오염물질을 제거해 깨끗한 물로 정화한다.

이동이나 야외활동 중 사용하는 제품이므로 정교한 입력 장치나 모바일 기기 사용 대신 간편하게 흔들거나Shake 돌려서Twist 수질 상태를 측정하고 물을 정화해 사용한다. 제품 하단부의 온보드 LCD로 결과를 실시간으로 확인한다. LCD 색으로 수질 나쁨은 빨강, 수질 보통은 노랑, 수질 좋음은 초록으로 표시한다. 이코모는 휴대가 간편하고 쉬워 깨끗한 물을 구하기 어려운 트래킹, 산악, 여행에 특히 유용하다.

이코모는 안에 담긴 물의 수질을 측정하고 나쁨, 보통, 좋음의 3단계

이코모는 텀블러 안에 담긴 물의 수질을 측정해 물의 성분을 알려주고 내부 필터로 오염물질을 제거해 깨끗한 물로 정화한다.

로 판단한다. 그리고 활성탄소섬유(물 속 잔류염소, 중금속, 유해 화학물, 비린내, 습기, 곰팡이 냄새, 미생물, 침전물 제거), 이온교환섬유(철분, 납, 수은, 구리, 카드뮴의 중금속 성분을 칼슘이온과 교환 방식으로 제거), 나노섬유 멤브레인(다른 필터에서 거르지 못한 유해물질과 박테리아 제거)으로 물을 정화한다. 약 2~3개월간 사용 가능하다. 석 달 사용 기준으로 약 228개의 일회용 플라스틱 생수병을 절약할 수 있다.

물병 아래쪽에 활동 추적기가 부착돼 있어 활동량에 따라 필요한 수분 섭취량을 알려준다. 또 전용 스마트폰 앱뿐만 아니라 애플워치나 핏비트로도 물을 마셔야 하는 시간, 수질 상태, 음용량 정보를 공유한다. 환경호르몬 비스페놀A가 없는 소재이며 물로 깨끗하게 세척이 가능하다. 한 번의 충전으로 일주일 이상 사용할 수 있다. 스마트폰 앱으로 수질 측정 결과, 음용량, 필터교체 시기, 필요 수분섭취량의 자세한 정보를 확인한다.

· **회사** 티아니 첸Tianyi Chen · **제품명** 이코모Ecomo
· **출시연도** 2017년 · **센서** 수질(TOC, TDS, 비탁계) · **통신방식** 블루투스
· **가격** 229 달러(본체), 10달러(필터) · **홈페이지** www.ecomo.io

Cross-Domain Linkability

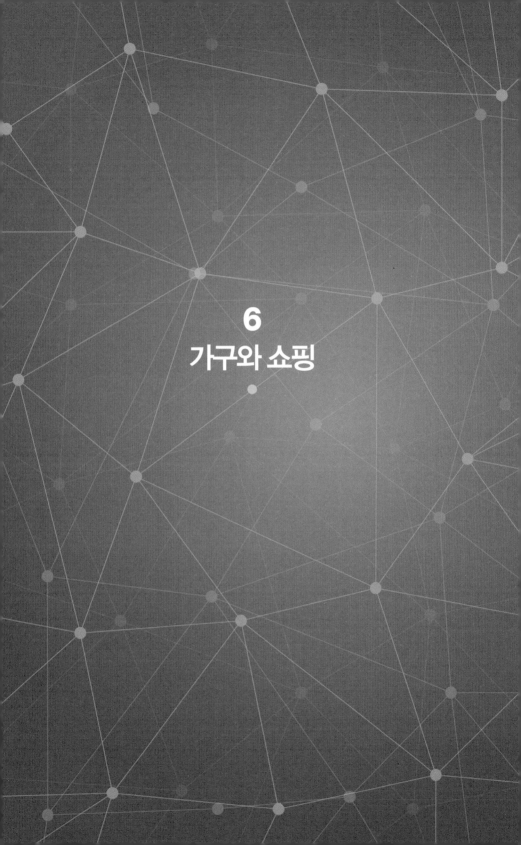

6
가구와 쇼핑

67. 사운드 테이블
감미로운 음악이 흐르는 테이블

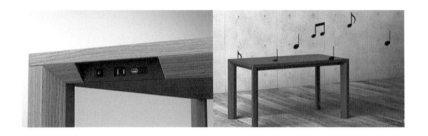

"나를 위한 사랑이 꽃피는 테이블."

「뷰티 인사이드」라는 영화를 보면 주인공이 연인을 위해 음악을 들을 수 있는 테이블을 만드는 장면이 있다. 그 장면 그대로 실제 상황이 되는 사운드 테이블이 있다. 사운드 테이블은 스피커가 내장돼 음악 재생 기능을 갖춘 테이블이다. 작동은 스마트폰에 전용 앱을 설치한 뒤 스마트폰에서 명령을 내리면 바로 사운드 테이블로 명령이 전달되는 방식이다. 음악 재생 외에도 일기예보와 검색 같은 서비스를 이용할 수 있다.

일본 카마르쿠사의 사운드 테이블은 스피커를 내장한 테이블이지만 스피커 유닛이 달려 소리를 내는 다른 제품들과 차별점을 갖고 있다. 상판 전체를 스피커로 활용해 진동으로 사운드를 내는 기술을 적용했다. 볼륨이 최대일 때도 사용자에게는 물컵이 살짝 흔들리는 정도의 진동만 전달돼 테이블 위에 물건을 올려놓는 데 불편함이 없다. 사운드 테이블은 모든 조작을 전용 앱에서 하므로 사운드 테이블에 직접 터치하지 않아도 전용 앱을 사용해서 원격으로 음악을 재생하거나 생활정보를 얻을

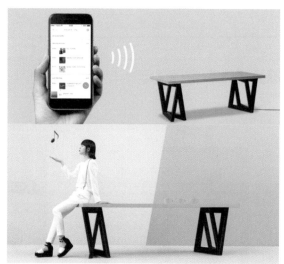

사운드 테이블은 스피커가 내장돼 음악 재생 기능을 갖춘 테이블이다. 작동은 스마트폰에 전용 앱을 설치한 뒤 스마트폰에서 명령을 내리면 바로 사운드 테이블로 명령이 전달되는 방식이다. 음악 재생 외에도 일기예보와 검색 같은 서비스를 이용할 수 있다.

수 있다. 사운드 테이블과 전용 앱을 블루투스를 사용해 서로 연결한다.

사운드 테이블 측면에 USB 포트와 전원 공급부가 있어 스마트폰이나 기타 전자 전기 기기를 연결해 충전할 수 있다. 사운드 테이블 전용 앱에서 노래를 선택해 원격으로 재생할 수 있고 타임라인에 자신이 선호하는 노래를 원하는 시간에 재생하도록 설정할 수 있다. 또한 전용 앱에서 자신의 위치를 등록해놓으면 사운드 테이블이 지역 날씨예보를 알려주고 날씨에 맞는 음악을 자동으로 선정해 재생한다. 사운드 테이블 모던Modern은 내장된 스피커를 사용해 뉴스 등 다양한 생활정보를 오디오로 알려준다.

• 회사 카마르쿠KAMARQ • 제품명 사운드 테이블Sound Table
• 출시연도 2016년 • 센서 스피커 • 통신방식 블루투스
• 가격 299달러(모던 에어 버전 • 홈페이지 kamarq.jp

68. 이오투
예술작품을 내 방의 액자로 만드는 스마트 디지털 액자

"고흐와 피카소를 번갈아 만난다!"

음악처럼 그날그날 분위기에 맞는 그림을 골라 집안에 두고 감상할 순 없을까? 스마트 디지털 액자 이오투면 가능하다. 이제 삭막한 집안을 '어쩌다 화실'로 만들 수 있게 됐다. 이오투는 스마트폰을 와이파이를 통해 연동한 후 스마트폰 앱에서 이미지를 선택하고 디스플레이의 밝기를 설정한다. 인테리어 용도로 벽에 걸거나 스탠드에 세워두고 사용하며 그림을 감상하기 위한 기기이기 때문에 모든 조작은 스마트폰 앱으로 이루어진다.

이오투를 사용하는 사람들은 스마트폰이나 태블릿 화면에서 고른 예술 작품을 GIF나 동영상 형태로 재생할 수 있다. 무광택 1080p HD 디스플레이는 눈부심을 최소화했으며 이미지에 집중할 수 있도록 검은 양극처리 알루미늄 프레임을 사용한다. 벽에 걸 액자를 구매하기 위해

일렉트릭오브제 이오투팀. 미술은 음악, 문학, 영화와 달리 일반인들이 즐기기에 부담이 된다. 미술관에 가기도 쉽지 않고 갤러리를 거닐기도 부담이 되기 때문이다. 이오투팀은 그 점에 착안해 좋은 미술 작품들과 팬들을 연결해주는 일을 하기로 하고 창업했다.

발품을 팔지 않아도 손쉽게 액자의 이미지 변경이 가능한 스마트 액자는 해당 공간의 주변광을 측정함으로써 빛의 밝기에 따라 화면의 밝기를 높이고 줄여 미세하게 밝기를 조절할 수 있게 한다.

이오투 전용 앱에서 자체적으로 엄선한 작품을 선택해 감상할 수 있다. 앱에서 작품 감상에 적절한 밝기를 추천하며 취향에 따라 조절이 가능하다. 이오투를 PC와 연결하면 듀얼 모니터로 사용 가능하다. 일정 금액을 내면 예술작품 모음집을 6개월, 12개월 단위로 구독할 수 있다.

· 회사 일렉트릭 오브제Electric objects · 제품명 이오투EO2
· 출시연도 2014년 · 센서 주변광 감지 · 통신방식 와이파이
· 가격 299달러 · 홈페이지 www.electricobjects.com

69. 앳모프 윈도

전 세계 풍경이 한눈에 펼쳐지는 27인치 디스플레이

집에서 실시간으로 전 세계 풍경을!

집안에 있는데 사뭇 여행객의 느낌을 가질 수 있다. 벽걸이 영상에서 히말라야 풍경이 펼쳐지면 흡사 산악인의 기상을 느낄 수 있고, 하와이 와이키키 해변이 펼쳐지면 쨍한 햇볕에 몸이 타는 느낌이 들기도 한다. 앳모프 윈도는 4K로 촬영한 200개 이상의 영상과 배경음을 현실감 넘치게 보여주는 27인치 디스플레이다. 벽에 걸거나 세워두면 어느 방 어느 장소에서나 전 세계 풍경이 펼쳐지도록 했다. 빌딩 숲 속에서 사는 현대인들의 생활환경을 개선하고자 했으며 인테리어 효과가 뛰어나다.

인테리어 용도로 벽에 걸거나 스탠드에 세워두고 사용하며 그림을 감상하기 위한 기기이기 때문에 모든 조작은 스마트폰 앱으로 이루어진다. 앳모프 윈도 전용 앱을 사용해 디스플레이에 재생시킬 영상을 선택하고 영상에 대한 세부적인 정보를 얻는다. 스마트폰 앱뿐만 아니라 애플 워치 또한 연동이 가능해 앳모프 윈도를 조작할 수 있다.

벽에 걸거나 세워두면 어느 방 어느 장소에서나 전 세계 풍경이 펼쳐지도록 했다. 빌딩 숲 속에서 사는 현대인들의 생활환경을 개선하고자 했으며 인테리어 효과가 뛰어나다.

전 세계에서 실시간으로 전송해주는 라이브 스트리밍 영상을 선택해 앳모프 윈도로 재생시킬 수 있다. 스마트폰 앱으로 장소를 지정하고 전 세계에서 실시간으로 특정 장소를 보여주는 라이브 스트리밍 기능도 제공한다. 사용자가 별도로 설정하지 않아도 시간에 지남에 따라 자연스럽게 시간대에 맞는 영상을 재생한다(아침, 낮, 밤 등). 더 많은 영상을 보고 싶을 때는 온라인 스토어에서 구매 가능하다.

창 기능 외에도 날씨, 시계, 구글 캘린더 등의 정보를 표시할 수도 있다. 구글 캘린더에 입력한 일정은 와이파이를 통해 자동 동기화되며 새소리 등을 이용한 알람 기능을 지원한다.

• **회사** 아트모프Atmoph • **제품명** 앳모프 윈도Atmoph Window
• **출시연도** 2015년 • **센서** 빛 감지, 모션 • **통신방식** 와이파이
• **가격** 599달러 • **홈페이지** atmoph.com

70. 블루스마트 원
도난 및 분실 방지를 위한 스마트 캐리어

"제발 날 두고 떠나지 마요!"

여행길에서는 누구라도 발걸음이 분주하다. 특히 공항에서 더 그렇다. 엄벙덤벙하다가는 넓고 넓은 공간에 여행 가방 혼자 동그마니 남겨두기도 한다. 블루스마트 원은 사용자가 멀어지면 스마트폰으로 경고음 알림을 준다. 캐리어의 위치 추적이 가능하기 때문에 분실 시에도 캐리어를 쉽게 찾을 수 있다. 공항이나 호텔에서 캐리어를 도난당하거나 바뀌는 문제를 미연에 방지할 수 있다. 아울러 여행 가방은 숙소에 두고 사용하거나 화물칸에 실려 여행객과 떨어져 있는 경우가 많다. 또 분실이나 도난의 문제가 심각하기 때문에 블루스마트 원을 사용하는 사람은 스마트폰 앱으로 정보를 확인하고 알림을 받는다.

블루스마트 원은 비밀번호 입력장치 없이 전용 스마트폰 앱을 사용해 원격으로 가방을 잠그고 열 수 있다. 내부에 10,400mAh 용량의 배

사용방법은 먼저 블루스마트 원 전용 앱을 스마트폰에 설치한다. 일대일 서비스를 위해 회원가입을 하고 블루스마트 원과 연동한 뒤 사용한다.

터리가 장착돼 있어 스마트폰, 노트북과 같은 전자기기를 즉시 충전할 수 있다. 사용 가능한 USB 포트가 2개다. 전용 앱에서 캐리어의 위치와 블루스마트 원을 사용하는 사람의 여행 기록인 위치, 움직인 거리, 시간을 실시간으로 측정하고 기록한다. 전용 앱에서 저울 모드를 선택한 후 손잡이로 가방을 들면 손잡이에 내장된 저울이 현재 무게를 체크해서 알려준다. 측정 가능한 무게는 최대 22.7킬로그램이다. 그리고 공항 검색대 통과 시 노트북이나 태블릿을 쉽게 꺼낼 수 있도록 전용 포켓이 있어서 간편하다.

사용방법은 먼저 블루스마트 원 전용 앱을 스마트폰에 설치한다. 일대일 서비스를 위해 회원가입을 하고 블루스마트 원과 연동한 뒤 사용한다.

• **회사** 블루스마트Bluesmart • **제품명** 블루스마트 원Bluesmart One
• **출시연도** 2014년 • **센서** 무게 감지, GPS, 근접 • **통신방식** 블루투스
• **가격** 449달러 • **홈페이지** www.bluesmart.com

71. 스마트 홈 온수 매트

온수매트와 보일러로 구성된 스마트 홈 온수매트

"스스로 진단해서 불량 상황을 알려준다."

겨울엔 뭐니 뭐니 해도 기분 좋은 열락을 제공하는 온수매트가 최고다. 온수매트와 보일러로 구성된 스마트 홈 온수매트는 별도의 통신 장치를 통해 사용자의 스마트폰 앱과 연결된다. 세라믹 히터를 사용한 보일러로 에너지 효율성이 높은 스마트 홈 온수 매트는 섭씨 105도 이상의 고온을 견디는 온수전용 호수를 사용하며 수작업으로 만들었고 내구성이 뛰어나다.

보일러 전원을 켜고 15시간 후 자동으로 전원이 차단되는 기능이 있어 안전성이 높다. 또한 12가지 안전장치가 내장된 보일러 시스템 자가 진단 기능이 있기 때문에 사용자의 노력이 줄어든다. 스마트 홈 온수 매트는 주기적인 자가 진단을 진행해 프로그램에 문제를 발견하면 사용자에게 음성으로 현재 보일러 상태를 알려준다.

거리에 제한없이 세계 어느 곳에서나
우리집 온수매트를 제어할 수 있습니다.

파크로니아는 인터넷을 통해 실내의 온수매트를
제어할 수 있는 시스템입니다.

사용법은 간단하다. 사용자는 스마트 홈 온수 매트의 보일러 버튼을 눌러서 작동시키고 휠 버튼을 돌리면 온도를 조절할 수 있다. 별도의 통신 장치를 통해 스마트 홈 온수 매트와 스마트폰을 연결시킬 수 있고 스마트폰 앱을 이용해 스마트 홈 온수 매트의 전원과 온도를 원격 제어할 수 있다.

보일러에 내장된 수평 센서가 보일러가 넘어졌는지 판단한다. 보일러가 넘어졌다는 것이 감지되면 보일러 시스템이 자동 전원 차단 기능을 실행시킨다. 보일러 전원을 켜고 15시간 후 자동으로 전원이 차단되며 스마트 홈 온수 매트의 휠 버튼으로 온도를 조절한다. 스마트 홈 온수 매트는 크기와 커버 종류에 따라 가격 차이가 있으며 온수매트와 스마트폰 연결을 위한 별도의 통신 장치(파크로니아)를 추가로 판매하고 있다.

사용법은 간단하다. 사용자는 스마트 홈 온수 매트의 보일러 버튼을 눌러서 작동시키고 휠 버튼을 돌리면 온도를 조절할 수 있다. 별도의 통신 장치를 통해 스마트 홈 온수 매트와 스마트폰을 연결시킬 수 있고 스마트폰 앱을 이용해 스마트 홈 온수 매트의 전원과 온도를 원격 제어할 수 있다.

• **회사** 파크론parklon • **제품명** 스마트 홈 온수 매트 • **출시연도** 2017년
• **센서** 수평, 온도, 자동 타이머, 수위, 순환장애 센서 • **통신방식** 블루투스, 유선
• **가격** 19만 8,000원(카우치콤비 L기준) • **홈페이지** parklon.co.kr

72. 지니캔

쓰레기통에 붙여두는 바코드 스캐너

"귀하의 목록에 무엇을 추가할까요"

하나를 버리면 하나를 사야 하는 것이 집안 일상용품. 지니캔은 휴지통 전용 바코드 스캐너로 버리는 것을 기억해 다시 사야 하는 것을 기억시킨다. 물건을 버릴 때 박스에 붙어 있는 바코드를 스캐닝하도록 하는 방식이다.

지니캔을 스마트폰과 와이파이를 이용해 연결하고 휴지통 입구 부분에 부착해 사용한다. 그리고 휴지통에 물건을 버리기 전 의도적으로 제품의 바코드를 인식하거나 음성명령으로 제품의 이름을 말하면 해당 제품의 데이터가 전용 스마트폰 앱으로 전달되고 쇼핑리스트에 등록된다.

상품에 바코드가 없을 경우, 지니캔 앞에 버릴 물건을 가져다두고 2초간 머무르면 "귀하의 목록에 무엇을 추가할까요?"라는 메시지가 나온다. 이때 해당하는 물건의 이름을 음성으로 말하면 지니캔이 인식해 앱

지니캔은 물건을 버릴 때 박스에 붙어 있는 바코드를 스캐닝하도록 하는 방식이다. 지니캔을 스마트폰과 와이파이를 이용해 연결하고 휴지통 입구 부분에 부착해 사용한다. 그리고 휴지통에 물건을 버리기 전 의도적으로 제품의 바코드를 인식하거나 음성명령으로 제품의 이름을 말하면 해당 제품의 데이터가 전용 스마트폰 앱으로 전달되고 쇼핑리스트에 등록된다.

으로 전송하고 해당 물건을 쇼핑리스트에 등록하는 것이다. 사용자의 의도와는 상관없이 물품이 추가되는 것을 방지하기 위해 의도적으로 바코드 인식을 하거나 음성입력을 한 경우에만 리스트에 추가한다.

지니캔은 아마존과 파트너십을 맺어 아마존 자동주문 서비스를 이용할 수 있다. 즉 쇼핑리스트에 등록된 물품이 아마존에서 자동 주문 및 결제가 돼 집으로 배송된다. 쓰레기통이 가득 차면 내장된 센서가 인식하고 사용자에게 푸시알림을 전송한다.

• 회사 지니캔Genican • 제품명 지니캔Genican
• 출시연도 2017년 • 센서 바코드 리더 • 통신방식 와이파이
• 가격 149달러 • 홈페이지 www.genican.com

73. 게이즈 데스크
최적의 높이로 조절되는 스마트 스탠딩 책상

"내 몸에 맞춤한 책상으로 일하고 공부하자"

오랜 시간 책상에 앉아서 작업하다 보면 가끔은 서서 일하고 싶은 생각이 든다. 그럴 때 책상 높이를 높여주는 책상이 있다면 좋지 않을까? 게이즈 데스크는 사람의 신체에 맞는 책상의 높이를 추천해주며 자세를 지속적으로 트래킹해 건강한 자세를 취할 수 있도록 유도하는 스마트 스탠딩 책상이다. 먼저 스마트폰에 게이즈 데스크 전용 앱을 설치하고 명령을 내리면 그 명령이 바로 게이즈 데스크에 전달돼 책상 높이를 조절하거나 반대로 게이즈 데스크에서 측정한 정보를 전용 앱에 전달하는 방식으로 작동한다. 전용 앱에서 자신이 선호하는 책상 높이를 저장해두는 기능이 있어 '선호 높이로 이동' 버튼을 터치해서 선호하는 높이로 한 번에 이동할 수도 있다.

2개의 패널로 이루어진 게이즈 데스크는 사용자의 활동영역과 디스플레이를 두는 영역이 분리돼 있다. 전용 앱에서 분리된 패널의 높이를

게이즈 데스크를 실내에 설치하고 블루투스를 사용해 스마트폰과 연동한다. 스마트폰 전용 앱을 사용해 게이즈 데스크의 작동을 제어하고 자신의 자세 정보를 확인한다. 또한 자세가 좋지 않은 경우, 장시간 앉아 있는 경우, 스마트폰으로 알람을 받는다.

개별적으로 조절할 수 있으며 2밀리미터 단위로 세부 조절이 가능하다. 그래서 경추에 부담이 덜 가고 개인에게 최적화된 높이를 설정할 수 있어 건강한 자세를 유지하는 데 도움이 된다. 게이즈 데스크에 내장된 자세측정 센서가 바른 자세를 잘 유지하는지 실시간으로 모니터링하고 모니터링 결과를 실시간으로 전용 앱에 전달해준다. 건강한 자세를 취할 수 있도록 지속적으로 유도하는 것이 가능하다.

전용 앱에서 하루 동안 자신이 앉고 서 있는 패턴, 시간, 소모한 칼로리를 모니터링할 수 있고 매일, 매주, 매월 단위로 데이터를 확인할 수 있다. 발 매트를 구매해 게이즈 데스크와 함께 사용하면 발 매트에 있는 센서를 사용해 사람이 서 있는 자세를 더욱더 세부적으로 확인할 수 있다. 게이즈 데스크에 2시간 이상 앉아 있으면 스마트폰으로 팝업 알림를 보내 앉은 자세를 변경하거나 일어나도록 유도한다.

- **회사** 게이즈랩GAZELAB · **제품명** 게이즈 데스크GAZE DESK
- **출시연도** 2016년 · **센서** 자세 측정 · **통신방식** 블루투스
- **가격** 1,999,000원 · **홈페이지** www.gaze-lab.com

74. 심플렉스 뷰티
스마트폰과 한몸이 된 스마트 화장대

"이제 안심하고 '뷰티'에 집중하세요!"

이제 화장하면서 휴대폰 화면을 터치하지 않고도 통화할 수 있다. 심플렉스 뷰티는 '뷰티'에 '집중'할 수 있게 해주는 스마트 화장대이다. 방안에 설치하고 집 안의 와이파이에 연결한다. 심플렉스 뷰티는 PC 업무를 할 때 외에는 모션을 사용해 조작한다. 심플렉스 뷰티가 본래 화장대인 것을 생각했을 때 화장하는 도중 스마트폰을 사용해 조작하거나 직접 LCD 디스플레이를 터치해 조작하는 것은 번거롭기에 간단하게 손을 움직임으로써 간편하게 심플렉스 뷰티를 사용할 수 있다.

LCD 디스플레이를 결합한 매직미러, 웹서핑, 영상시청과 같이 기본적인 업무를 할 수 있는 내부 스틱 PC, 밝기 조절이 가능한 화장대 조명, 전용 콘센트, 스피커, 수납공간, 화장솜, 각티슈로 구성돼 있다. 화장하는 도중에 스마트폰을 조작하거나 직접 LCD 디스플레이를 터치해 조작하는 것은 번거롭기에 모션 센싱에 따라 작동한다. 심플렉스 뷰

우드스 창업자 한준희 대표.

티를 홈 와이파이에 연결해서 스마트폰과 미러링하거나 생활 콘텐츠를 이용할 수 있다.

심플렉스 뷰티는 화장대임과 동시에 PC의 기능을 갖추고 있다. 화장할 때 화장 튜토리얼 동영상을 보면서 도움을 받거나 현재 시각과 기상정보를 확인할 수 있어 시간을 절약할 수 있다. 심플렉스 뷰티는 미러링 기술을 적용했다. 화장하는 도중 전화가 오면 자동으로 매직미러에 휴대폰 통화 화면이 전송되고 간단한 모션으로 전화를 바로 받을 수 있다. 휴대폰 화면을 직접 터치하기 어려운 상황에서도 문제없이 통화할 수 있다.

화장대 상단에 설치된 5인치 매직미러 디스플레이에서 기상정보, 화장법, 헤어스타일, 체중관리 콘텐츠를 이용할 수 있고 내부 스틱 PC와 함께 구성된 무선키보드, 마우스, 심플렉스 뷰티를 연결해 웹서핑과 영상시청과 같이 스마트폰에서 하는 기본적인 업무를 할 수 있다. USB 포트와 콘센트를 포함하고 있기 때문에 전자기기들을 비롯한 스마트 기기를 연결해 충전할 수 있다.

• **회사** 우드스Woodth   • **제품명** 심플렉스 뷰티Simplex Beauty
• **출시연도** 2015년   • **센서** 모션 센서   • **통신방식** 와이파이
• **가격** 120만 원   • **홈페이지** www.woodth.com

75. 주노
메이크업 최적의 조명을 설정하는 탁상용 조명 거울

"사무실에서도 화장실에서도 조명 오케이!"

언제 어디서든 화장하고 싶은 여성의 본능을 만족시키는 조명 거울이 주노이다. 지하주차장에서도 차 안에서도 시간과 장소에 따라 메이크업에 가장 적합한 조명을 설정하는 탁상용 조명 거울이다. 조도 센서를 이용해 빛의 밝기를 계산해 주변 환경의 밝기와 색온도에 맞추어 조명이 자동으로 조절된다. 거울 전면의 버튼 영역을 터치해 조명을 동작시킬 수 있으며 빛의 밝기와 색의 세세한 설정은 스마트폰 앱으로 한다. 다양한 색 스펙트럼을 갖고 있으며 일반 LED에 비해 수명이 길다. 책상에서 떨어질 수 있기 때문에 쉽게 깨지지 않는 LED 모듈을 사용한다.

거울을 사용하는 사람은 내추럴 라이트, 데이 라이트, 이브닝 라이트

주노는 지하주차장에서도 차 안에서도 시간과 장소에 따라 메이크업에 가장 적합한 조명을 설정하는 탁상용 조명 거울이다. 조도 센서를 이용해 빛의 밝기를 계산해 주변 환경의 밝기와 색온도에 맞추어 조명이 자동으로 조절된다.

로 거울 조명을 직접 조작할 수도 있다. 선호하는 메이크업 장소, 자주 가는 장소(사무실, 화장실, 방)에 맞춰 조명을 조절해주어 어느 장소이든지 메이크업을 위한 최적의 조명을 사용할 수 있다. 주노를 한번 터치하는 것만으로도 야간이나 어두운 실내에서 독서등으로 활용할 수 있다. 거울의 받침 부분을 화장품 트레이로 사용해 주변용품을 깔끔하게 정리할 수도 있다.

스마트폰의 카메라와 주노를 연동해 사진 찍는 동안 조명을 조절해 인물의 사진을 돋보이게 할 수 있으며, 거울을 사용하는 사람이 좋아하는 조명 상태를 저장(북마크)해 간단하게 조명의 설정을 변경할 수 있다.

· **회사** 주노JUNO · **제품명** 주노JUNO
· **출시연도** 2016년 12월 킥스타터 런칭(2017년 2월 배송 예정) · **센서** 조도
· **통신방식** 블루투스 · **가격** 99달러(미정) · **홈페이지** www.theJUNO.co

76. 페르세우스 거울

세상에서 가장 똑똑한 스마트 거울

"거울아, 거울아, 전혀 다른 나를 보여다오"

가만히 있어도 헤어스타일을 이것저것 바꿔 보여주는 거울, 액세서리를 골고루 매치시켜주는 거울, 화장법을 따라 하도록 유튜브 동영상을 보여주는 거울이 바로 페르세우스 거울이다. 스마트폰, 태블릿 PC처럼 사용하는 스마트 거울이다. 카메라와 스피커가 내장돼 있어 스마트폰처럼 앱과 위젯을 추가해 개인화된 대시보드를 구성할 수 있다. 페르세우스 거울은 벽에 걸거나 테이블 위에 설치하여 사용한다. 일반 터치 디스플레이처럼 직접 손으로 터치해 사용할 수 있다. 욕실에 설치되거나 벽에 걸려 있는 경우처럼 터치를 하기 어려운 상황일 때 음성명령으로 거울을 조작할 수 있다.

페르세우스 거울은 거울을 보면서 동시에 동영상도 볼 수 있다. 따라서 화장 튜토리얼을 보며 쉽게 화장할 수 있다. 동시에 날씨, 일정, 교통 정보를 확인할 수 있어 시간을 절약할 수 있다. 증강현실 기능을 적용해

중국계 미국인 안티나 리Antina Lee, 닉힐 스리바스타바Nikhil Srivastava, 에릭 스칸츠Erik Skantze. 세 사람은 유펜 왓슨 MBA 오리엔테이션에서 만나 술집에서 술을 마시며 페르세우스 거울의 아이디어를 떠올리고 구체화했다.

페르세우스 거울 앞에 있는 사람의 얼굴에 액세서리(귀걸이, 목걸이 등)와 머리 스타일을 가상으로 시도해볼 수 있다. 간단한 음성명령으로 거울에 비치는 장면을 촬영할 수 있고 촬영한 사진에 필터를 적용할 수 있다. SNS에 업로드해 친구들과 공유할 수도 있다. 또한 다른 사용자와의 화상 전화 기능도 제공된다.

유튜브와 같이 비디오 공유 플랫폼과 연결해 사용자가 원하는 영상을 페르세우스 거울에서 재생하는 것이 가능하다. 구매할 물품의 QR 코드와 UPC 코드를 인식해 자동으로 주문하며 결제는 등록된 아마존 계정으로 가능하다(아마존 대시와 연동). 책상이나 침대 옆에 세워둘 수 있는 스탠드를 별도로 구매할 수 있다.

• **회사** 페르세우스Perseus • **제품명** 페르세우스 거울Perseus Mirror
• **출시연도** 2016. 8월 킥스타터 런칭, 2017년 프리오더 진행 중
• **센서** 모션, 카메라, 스피커, QR(UPC)코드 리더 • **통신방식** 와이파이, 블루투스
• **가격** 249달러(선주문) • **홈페이지** www.perseusmirrors.com

77. 아마존 대시 버튼
원 클릭으로 아마존 주문이 가능한 쇼핑 단말기

"소모품이 떨어졌다고? 원 클릭 주문이면 끝!

    쇼핑몰에서 일일이 주문하거나 마트에 가야 하는 번거로움을 획기적으로 줄여주는 쇼핑 도우미가 등장했다. 바로 아마존 대시 버튼. 상품이 떨어졌을 때 버튼을 한 번만 누르면 아마존에서 바로 주문이 가능한 원 클릭 쇼핑 단말기다. 사전에 전용 앱에서 해당 브랜드에서 구매 물품을 설정해놓고 버튼을 누르기만 하면 모든 구매 및 결제 과정이 자동적으로 이루어진다. 따라서 휴지와 같이 정기적으로 구매해야 하는 소모품을 아마존 대시 버튼을 사용하면 시간도 절약하고 편리하게 주문할 수 있다.

    아마존 대시 버튼을 사용하기 위해서는 와이파이 네트워크와 연결한 후 세제, 기저귀 등과 같이 대시 버튼을 사용하여 주문할 소모품 근처에 부착한다. 전용 앱에서 버튼과 소모품을 등록한다. 그리고 소모품이 다 떨어졌을 경우, 대시의 버튼을 한 번 눌러서 주문한다. 아마존 대시 버튼의 녹색불이 깜빡이는 것을 보고 주문이 성공적이란 뜻이다. 스마트

상품이 떨어졌을 때 버튼을 한 번만 누르면 아마존에서 바로 주문이 가능한 원 클릭 쇼핑 단말기다.

폰 앱을 사용하기보다는 아마존 대시 버튼을 직접 눌러서 사용이 더욱 간편해졌다.

원리는 간단하다. 버튼 부분을 누르면 해당 모듈의 고유번호를 아마존 앱으로 전송하고 앱에 전송된 고유번호를 다시 아마존 서버로 전송하면 자동주문이 완료되는 시스템이다. 아마존 대시 버튼은 브랜드마다 모듈이 달라 하나의 버튼에서는 정해진 브랜드의 물품만 주문 가능하다. 대시 버튼을 와이파이에 연결하고 전용 앱을 사용해 해당 브랜드에서 주문 가능한 물품 목록에서 구매할 물품을 선택한다.

전용 앱의 대시 버튼 설정 메뉴를 사용하면 기존에 등록해두었던 아이템을 변경할 수도 있다. 그리고 멀티플 오더를 지원하기에 같은 브랜드의 여러 품목을 함께 등록할 수 있다. 이 경우, 대시 버튼을 누르면 등록해둔 물품 전체가 모두 주문된다.

• **회사** 아마존Amazon • **제품명** 아마존 대시 버튼Amazon Dash Button
• **출시연도** 2015년 • **통신방식** 와이파이
• **가격** 4.99달러 • **홈페이지** www.amazon.com

78. 하이쿠
식료품 구매를 도와주는 쇼핑 스캐너

"냉장고 속이 일목요연하게 나타난다."

요리를 하기 위해 부엌에 들어갔다. 하지만 냉장고 문을 열어봐도 무엇이 들어 있는지, 무엇이 부족한지 한눈에 알기는 쉽지 않다. 그런데 그 문제를 해결해주는 제품이 있다. 바로 하이쿠이다. 아마존 대시와 비슷한 성격의 제품으로 냉장고 속 식료품 등의 구매를 손쉽게 도와주는 쇼핑 스캐너이다. 자석 성분이 있어 냉장고에 붙여놓을 수 있다. 식료품 중 재구매가 필요한 제품의 바코드를 스캔하면 구매 목록에 추가해주는 방식이다.

먼저 하이쿠와 스마트폰을 와이파이로 연결하고 하이쿠의 중앙 버튼을 눌러 재구매가 필요한 제품의 바코드를 스캔하거나 제품의 이름을 음성으로 입력한다. 그리고 전용 앱에서 등록된 물품을 확인하고 하이

냉장고 속 식료품 등의 구매를 손쉽게 도와주는 쇼핑 스캐너이다. 자석 성분이 있어 냉장고에 붙여놓을 수 있다.

쿠에서 울리는 비프음을 듣고 바코드인식, 음성인식 실패 여부를 파악한다. 집에서 구매할 제품을 스캐닝하고 대부분 마트에 가서 쇼핑리스트를 확인하기 때문에 쇼핑리스트를 보는 것은 전용 앱이 적절하다.

하이쿠를 사용하면 냉장고 안에 무엇이 들어 있는지 목록을 언제든 확인할 수 있어 마트 방문시 구입해야 할 품목을 일목요연하게 확인할 수 있다. 하이쿠의 빌트인 스캐너가 구매가 필요한 제품의 바코드를 인식하거나, 음성인식기술을 이용해 제품명을 인식함으로써 해당 제품이 쇼핑리스트에 등록된다. 생성된 쇼핑리스트는 하이쿠 클라우드에 저장된다. 따라서 언제나 하이쿠 전용 앱에서 확인할 수 있으며 쇼핑리스트에 등록된 물품의 순서를 변경하거나 삭제할 수 있다. 또한 물품을 제품군이 동일한 제품끼리 묶어 편리하게 관리할 수 있다.

하이쿠 전용 앱과 연동돼 있는 온라인 쇼핑몰에서 하이 쇼핑리스트에 등록된 물품을 바로 구매할 수 있다. 쇼핑리스트에 물품이 등록된 경우, 바코드 인식이 실패한 경우, 음성인식을 실패한 경우 각각 다른 비프음을 내서 정확한 피드백을 준다.

· **회사** 하이쿠Hiku · **제품명** 하이쿠Hiku
· **출시연도** 2015년 · **센서** 바코드 리더 · **통신방식** 와이파이
· **가격** 49달러 · **홈페이지** hiku.us

79. 넛3

중요 물품의 분실을 방지하는 경고알림 장치

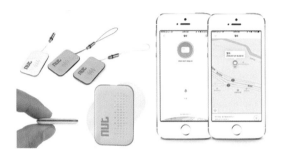

그대, 휴대폰을 두고 떠나지 마오

현대인들에게 휴대폰은 신체 일부나 마찬가지이다. 휴대폰을 잃어버리면 모든 게 다 올스톱이 되고 만다. 그런데도 가장 잘 잃어버리는 것이 휴대폰이다. 그래서 휴대폰이 조금이라도 멀어지면 경고음을 울게 하는 제품이 만들어졌다. 바로 넛3이다. 넛3는 휴대폰뿐만 아니라 자동차 키, 아이패드, 노트북, 가방, 지갑 등에도 적용된다. 넛미니Nut mini를 중요 기기들이 멀어졌을 때 경고음이 울려 분실을 미연에 방지해줄 수 있다. 스마트폰과 블루투스로 연결해 위치를 파악한다. 안전 범위를 벗어날 경우에는 스마트폰으로 경고를 보내며 사용자가 자신의 휴대폰을 홀로 두고 떠나려 할 때도 양방향 알람이 울린다.

넛3는 약 8그램 정도로 가볍다. 위치추적이 필요한 모든 물건에 쉽게 부착할 수 있다. 사물이나 반려견의 목걸이와 같은 다양한 곳에 적용해서 쓸 수 있다. 블루투스 통신으로 넛3의 위치를 지속적으로 파악함으로써 일정 범위를 넘어
갈 경우 분실물 등록을
한다. 넛3를 사용하는
다른 사용자가 찾으면
원주인에게 알려준다.

넛3 전용 앱에서 '넛
호출하기'를 누르면 물
건에 부착된 넛3에서
경고음이 울리고 LED
불빛이 들어와 위치를
확인한다. 넛3는 스마트
폰과 기기 모두 소리가

중요 기기들이 멀어졌을 때 경고음이 울려 분실을 미연에 방
지해줄 수 있다.

울리는 양방향 알람이
가능해서 블루투스가 연결돼 있는 경우, 역으로 스마트폰의 위치를 양
방향 알람 기능으로 파악할 수 있다. 그래서 스마트폰을 잃어버렸을 경
우에는 스마트폰과 연결한 넛3를 두 번 연속해서 누르면 스마트폰에서
소리가 나서 찾을 수 있다.

또한 스마트폰과 넛3 간에 거리를 설정할 수 있어 설정 거리를 벗어날
경우 넛3와 스마트폰에서 모두 알람이 울려 분실하는 것을 방지할 수 있
다. 전용 앱을 사용해 넛미니를 잃어버린 위치와 시간을 알 수 있다.

· **회사** 넛Nut · **제품명** 넛3Nut3
· **출시연도** 2016년 · **통신방식** 블루투스
· **가격** 14.99달러 · **홈페이지** nutspace.com

80. 기어아이
가방 속 분실방지 탐지 스캐너

"가방 속 물건에 스티커를 붙여주세요!"

외출 시는 늘 뭔가 빠진 물건이 없는지 불안하게 마련이다. 가방 속을 한번 쓱 훑어주면 빠진 물건이 없는지 확인할 수 있는 소형 스캐너 기어아이. 이 깜찍한 전자 눈 기어아이는 작고 얇은 무선자동 정보인식장치RFID를 이용한 소형 태그로 물건이 있는지 없는지 관리하는 것을 도와준다. 가늘고 긴 원통형 본체를 갖고 있으며 소지품에 기어택Gear Tag 무선자동 정보인식장치 스티커를 부착하면 된다. 동글로 스캔하면 근처에 있는 등록된 무선자동 정보인식장치 태그를 찾을 수 있다. 전용 앱으로 기어택을 붙인 소지품을 확인한다. 동글은 단지 무선자동 정보인식장치 신호를 읽기만 해서 스마트폰 앱으로 물건의 유무를 확인한다. 크고 작은 물건 여러 개에 기어택을 부착하기 때문에 하나하나 입력하는 방식보다 동글로 근처를 훑으면 찾을 수 있게 제작됐다.

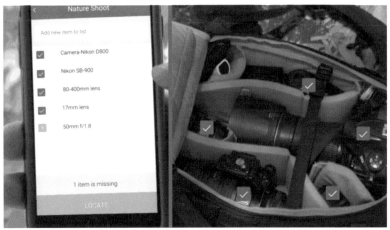

전자 눈 기어아이는 작고 얇은 무선자동 정보인식장치RFID를 이용한 소형 태그로 물건이 있는지 없는지 관리하는 것을 도와준다.

블루투스 방식의 위치추적기보다 저렴하다. 따라서 관리하는 제품이 많아질수록 비용이 절감된다. 기어택은 충전할 필요가 없고 동글의 수명은 1년가량으로 길다. 무선자동 정보인식장치RFID 태그인 기어아이는 별도의 배터리가 필요 없고 바코드처럼 스티커 형태로 이루어져 있다. 기어아이를 사용하는 사람들은 소지품마다 무선자동 정보인식장치 칩을 스티커처럼 부착해 사용한다. 동글로 스캔한 소지품의 특정 이름을 지정해 기어아이 전용 앱으로 관리가 가능하며 사용 용도에 따라 카테고리를 만들어 관리할 수 있다. 소지품이 없는 경우 기어아이 전용 앱에서 '로케이트Locate' 버튼을 눌러 소지품을 마지막으로 사용했던 위치를 알 수 있다.

• 회사 기어아이GearEye • 제품명 기어아이GearEye
• 출시연도 2017년도 7월 배송 예정 • 통신방식 블루투스
• 가격 129달러(표준 팩) • 홈페이지 www.geareye.co

81. 타일 메이트

분실물을 찾아주는 블루투스 위치추적기

"어디로 갔나? 나의 발 없는 물건들이여!"

물건을 자주 잃어버리고 종일 찾아 헤매는 사람들이 있다. 혹시 당신도? 지갑을 어디다 뒀는지, 자동차 열쇠를 어디다 던졌는지 알 수 없어 고민인 사람들. 이제 물건 찾느라 고생할 필요가 없다. 타일 메이트만 있으면 된다. 타일 메이트는 열쇠고리처럼 생긴 블루투스 위치추적기다. 물건에 매달아놓으면 위치를 파악해 스마트폰 전용 앱으로 위치 정보를 전송한다. 따라서 물건을 분실했을 때 빠르게 위치를 파악해 되찾을 수 있다.

또 물건을 찾고 싶으면 전용 앱에서 소리가 울리도록 하면 된다. 타일 메이트의 마지막 위치 확인이 가능하다. 먼 곳에 두고 온(잃어버린) 물건도 금방 찾을 수 있다. 하지만 블루투스의 통신 범위가 짧아 일정 범위를 벗어나면 찾기 어려울 수도 있다. 만약 물건을 찾지 못했을 때는 타

타일 메이트는 열쇠고리처럼 생긴 블루투스 위치추적기다. 물건에 매달아놓으면 위치를 파악해 스마트폰 전용 앱으로 위치 정보를 전송한다. 따라서 물건을 분실했을 때 빠르게 위치를 파악해 되찾을 수 있다.

일 메이트 전용 커뮤니티에 분실물 등록을 할 수 있다. 타일사는 다른 사용자의 타일 메이트를 발견하면 원래 주인에게 알려주는 클라우드 구조를 사용한다. 후에 타일 메이트를 사용하는 다른 사람이 물건을 찾으면 알림 메시지를 제공한다. 혹시 스마트폰을 잃어버렸을 때는 스마트폰과 연결한 타일 메이트를 두 번 연속해서 눌러 스마트폰에서 소리를 내 찾을 수 있게 한다.

타일 메이트는 배터리를 교환하거나 충전할 필요가 없어 장기적으로 사용이 가능하다. 타일 메이트를 담아 보관할 수 있는 포켓, 스트랩, 여행가방 꼬리표Luggage Tag를 함께 판매한다. 스마트 지갑 제작사 질리언의 지갑이나 에코키코EcoReco의 전기 스쿠터와 같은 제품에 위치 추적 기술을 탑재하는 B2B도 이루어지고 있다.

• **회사** 타일Tile • **제품명** 타일 메이트Tile Mate
• **출시연도** 2016년 • **통신방식** 블루투스
• **가격** 25달러(1팩), 70달러(4팩), 130달러(8팩) • **홈페이지** www.thetileapp.com

82. 베이글

어디서든 무엇이든 거침없이 재고야 마는 스마트 줄자

"온갖 장애물을 넘어 원하는 길이를 잰다!"

높은 곳에 낑낑대고 올라가 울퉁불퉁한 곳 치수 재는 수고는 이제 그만! 베이글은 편리한 스마트 줄자다. 스트링 모드, 휠 모드, 원거리 측정 모드의 세 가지 방식으로 다양한 상황에 맞추어 길이를 잴 수 있다. 모두 상온에서 오차가 0.5% 미만으로 매우 정확하게 측정한다. 명령만 하면 어떤 장애물도 가볍게 무시하고 종횡무진 임무를 수행하는 계량 도우미다.

일반적인 사물의 길이나 신체 사이즈를 잴 때는 스트링 모드를 사용해 줄을 잡아당겨서 측정한다. 기존의 줄자로 재기 어려운 울퉁불퉁한 곡면의 길이나 거리를 스트링으로 손쉽게 측정한다. 그리고 굴곡진 곳에서는 외관에 달린 바퀴를 굴려서 측정하는 휠 모드를 사용한다. 아울러 직접 잴 수 없는 천장까지의 거리 같은 경우는 초음파를 이용한 원거리 모드로 측정할 수 있다. 리모트 모드는 초음파 센서를 활용해 레이

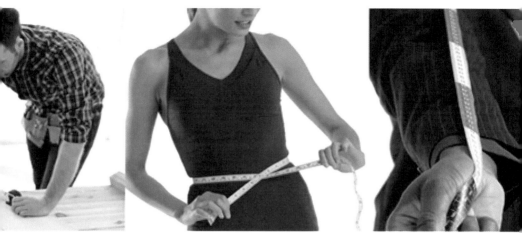

베이글은 편리한 스마트 줄자다. 스트링 모드, 휠 모드, 원거리 측정 모드의 세 가지 방식으로 다양한 상황에 맞추어 길이를 잴 수 있다.

저 포인터로 해당 지점을 가리켜 거리를 알아내는 방식을 이용한다. 멀리 떨어져 있거나 손이 닿지 않는 곳까지의 거리를 측정할 수 있다.

한 손으로만 바퀴를 굴리면서 측정이 가능한 휠 모드나 먼 거리를 원격으로 측정하는 리모트 모드와 같이 다양한 형태의 측정 방식을 제공한다. 사용자는 사이즈를 별도로 기록할 필요가 없이 베이글과 스마트폰에 정확한 수치가 자동으로 기록돼 확인할 수 있다. 측정하고 나서 "냉장고의 넓이"라는 식으로 음성 메모를 저장할 수 있다. 베이글 전용 스마트폰 앱을 열면 예를 들어 "냉장고의 넓이:120센티미터"처럼 기록을 볼 수 있다.

• **회사** 베이글 랩스Bagel Labs • **제품명** 베이글Bagel
• **출시연도** 2016년 • **센서** 초음파 • **통신방식** 블루투스
• **가격** 69달러 • **홈페이지** www.bagel-labs.com

Cross-Domain Limkability

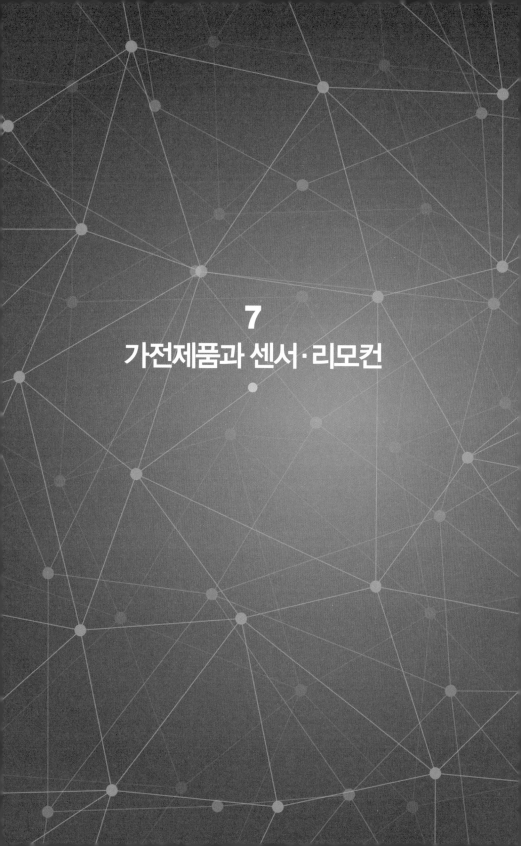

7
가전제품과 센서·리모컨

83. 토스터로이드

식빵에 이모티콘 메시지를 그려주는 토스터

"토스트 빵이 나를 보고 웃었어!"

스마트 기기들은 우리에게 더없는 편리함을 선사해줬다. 하지만 그것만으로는 부족하다. 항상 그것 이상이 필요하다. 식빵 하나를 먹을 때도 구태의연하지 않았으면 좋겠다. 식빵 하나도 친구로 만들고 싶다. 그리고 그런 스마트 기기가 실제 등장하고 있다. 바로 토스터로이드. 식빵에 메모, 날씨, 이미지를 새겨 넣어 구워주는 재미있는 토스트 기기다. 토스트 위에 이미지를 출력할 수 있게 함으로써 기존 가전제품의 역할을 하면서도 사용자에게 새로운 즐거움을 준다. 예를 들어 매일 날씨예보를 구워주도록 설정하면 그날의 날씨예보를 식빵 위에 표시해주어 아침을 먹으며 자연스럽게 그날 날씨를 확인할 수 있다. 비 오는 날 깜빡하고 우산을 놓고 가는 불상사를 막아줄 수도 있다.

원리는 뜻밖에 간단하다. 여러 개의 도트 모양 히터가 식빵에 열을 가

날씨
아이콘

현재
기온

토스트 기기에는 어떤 버튼이나 화면도 없다. 스마트폰 앱에 원하는 텍스트나 이미지를 등록한 후 토스트로이드를 작동시키면 해당 이미지 그림이 그려진 토스트가 완성된다.

하면서 특정 부분을 다른 부분보다 더 굽거나 덜 구워내는 방식을 써 토스트의 타는 자국 형태를 조절할 수 있다. 즉 토스터로이드 앱으로부터 전송받은 글이나 이미지로 그림을 그리는 것이다. 전용 앱으로 온도 조절이 가능다. 또 설정한 토스트를 굽기까지 조리하는 데 남은 시간 정보도 제공한다. 토스트를 통해 가족이나 친구에게 메시지를 전달할 수도 있다.

토스터로이드는 한 번에 식빵 두 장까지 토스트할 수 있고 각각 다른 그림으로 토스트할 수 있다. 기존의 토스터들과는 다르게 길고 넓은 빵 슬롯을 가지고 있어 일반 식빵은 물론이고 더 긴 샌드위치 빵도 구울 수 있다. 토스트 기기에는 어떤 버튼이나 디스플레이용 스크린도 없다. 스마트폰의 전용 앱에 원하는 텍스트나 이미지를 등록한 후 토스트로이드를 작동시키면 해당 이미지 그림이 그려진 토스트가 구워진다.

· **회사** 토스터로이드Toasteroid · **제품명** 토스터로이드Toasteroid
· **출시연도** 2017년 · **센서** 온도, 히터(도트 모양) · **통신방식** 블루투스
· **가격** 85달러 · **홈페이지** toasteroid.com

84. 아마존 탭
들고 다니는 개인비서

"톡톡 치면 '넵' 하고 반응한다"

출근하는 차 안이나 카페에서 차 한 잔을 즐기면서도 휴대용 스피커에게 음성명령을 내릴 수 있다. 주인의 속삭임마저 알아듣는 아마존 탭은 인공지능 서비스인 아마존 에코와 연결돼 음성명령으로 원하는 서비스를 실행시킬 수 있는 휴대용 블루투스 스피커다.

아마존 에코는 항상 켜져 있는 상태를 유지하지만 아마존 탭은 톡톡 건드려야 음성명령에 반응한다. 그 외의 모든 작업은 아마존 에코와 같이 음성명령을 듣고 실행한다. 아마존 탭은 360도 무지향 오디오로 설계돼 있다. 어느 방향에서나 오디오를 들어도 전달력이 우수해서 어느 곳에서든 동일한 사운드를 들을 수 있다.

아마존 탭은 가지고 다닐 수 있는 콤팩트 버전으로 출시돼 무게가 가

아마존 탭 상단과 정면 버튼을 눌러 제어할 수 있다. 음성명령으로 아마존 탭과 연결된 서비스나 타 스마트 기기를 제어한다. 일정관리, 알람 설정, 뉴스, 날씨 등 일상생활에 필요한 정보를 아마존 탭에 게 요구해 음성으로 안내받을 수 있다.

법다. 전용 스트랩을 이용해 가방에 걸 수 있어 이동용으로 적합하다. 사용자는 아마존 탭을 들고 다니면 집 밖에서도 아마존 에코를 이용할 수 있다. 블루투스와 와이파이를 통해 스마트폰과 연동되는 아마존 탭 은 아마존 프라임 뮤직 같은 음원 스트리밍 서비스를 이용할 수 있다.

아마존 탭 상단과 정면 버튼을 눌러 제어할 수 있다. 음성명령으로 아 마존 탭과 연결된 서비스나 타 스마트 기기를 제어한다. 일정관리, 알람 설정, 뉴스, 날씨 등 일상생활에 필요한 정보를 아마존 탭에게 요구해 음성으로 안내받을 수 있다.

• **회사** 아마존Amazon   • **제품명** 아마존 탭Amazon Tap
• **출시연도** 2016년   • **센서** 마이크   • **통신방식** 와이파이, 블루투스
• **가격** 129.99달러   • **홈페이지** www.amazon.com/dp/B01BH83OOM

85. 탑브루어
순간 가열 기술의 주방용 스마트 커피 머신

"아름다운 곡선의 노즐에서 나오는 커피."

맛은 확실히 시각과 연결된다. 심플하면서도 매력적인 커피 머신 탑
브루어. 아름다운 곡선의 노즐에서 커피가 나오는 데니쉬 디자인. 사용
자가 원하는 대로 커피를 추출할 수 있는 주방용 스마트 커피 머신이다.
처음 사용할 때는 커피 추출 시간은 45초이다. 그다음 에스프레소는 25
초이고 일반 드립 커피는 15초 만에 가능하다. 사용자는 자신이 원하는
커피를 빨리 마실 수 있다. 커피를 추출한 후에는 자동으로 호스를 세정
하기 때문에 따로 청소할 필요가 없다.

탑브루어는 물을 미리 데우기보단 순간 가열 기술을 사용한다. 물을
미리 데우면 물속의 미네랄이 사라지기 때문이다. 그럼에도 다른 커피
머신보다 에너지를 적게 사용한다는 점이 특징이다. 스마트폰 앱을 통
해 커피를 추출하고 현재 커피의 추출 상태를 파악할 수 있다. 사용자가

탑브루어는 사용자가 원하는 대로 커피를 추출할 수 있는 주방용 스마트 커피 머신이다.

원하는 커피 레시피를 선택해 추출할 수 있고 커피 추출 시 온도, 우유의 양, 에스프레소 양 등을 모두 조절할 수 있다. 한 앱에서 동시에 여러 탑브루어 기기를 연결할 수 있으며 빠른 시간 안에 커피를 추출할 수 있다.

• **회사** 스캐노맷Scanomat • **제품명** 탑브루어Topbrewer
• **출시연도** 2015년 • **통신방식** 블루투스
• **가격** 149달러 • **홈페이지** www.scanomat.se

86. 프로디지오
간편한 캡슐용 스마트 커피 머신

"25초 내 커피가 완성된다!"

늘 우리와 함께하는 일상의 사소한 품목에서 사물인터넷의 가치는 더욱 빛나는 것 같다. 프로디지오는 분쇄된 원두가 들어 있는 커피 캡슐을 이용해 커피를 추출하는 스마트 커피 머신이다. 미리 넣어둔 캡슐을 추출해 25초 내 커피가 완성된다. 프로디지오 상단에는 캡슐을 투입할 수 있는 입구가 있고 이 투입구는 손잡이를 이용해 열고 닫을 수 있다. 원활한 사용을 위해 프로디지오 뒤편 물탱크를 주기적으로 보충해야 한다. 스마트폰 앱으로는 커피를 추출하고 추출 시간을 예약할 수 있다. 앱은 프로디지오의 물탱크 보충, 기기 유지보수 등 제품 관리를 위한 정보를 스마트폰 푸시알림으로 제공한다.

분쇄된 원두가 들어 있는 캡슐(밀폐된 용기)을 프로디지오 기기에 넣은 후 고온, 고압으로 커피를 추출하는 방식이다. 프로디지오 스마트폰 앱

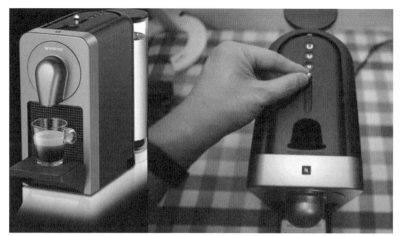

프로디지오는 분쇄된 원두가 들어 있는 커피 캡슐을 이용해 커피를 추출하는 스마트 커피 머신이다.
미리 넣어둔 캡슐을 추출해 25초 내 커피가 완성된다.

에서 머신 관리 안내에 대한 알림을 받을 수 있어 지속적인 관리가 가능하다. 사용자는 스마트폰 알림으로 프로디지오의 현재 상태를 원격으로 확인할 수 있다. 또, 캡슐 재주문 알람 기능, 커피 추출 예약 기능은 사용자의 시간을 절약하는 효과가 있다.

프로디지오는 고속 예열 기능으로 물을 데우며 예약된 시간에 커피를 추출할 수 있다. 블루투스 통신 기능을 활용해 물탱크가 비었을 때, 캡슐 컨테이너가 가득 찼을 때, 청소와 유지보수가 필요할 때 스마트폰 앱으로 푸시알림이 전달된다. 제품은 스팀 밀크 기능 유무에 따라 두 가지 버전으로 나뉜다(스팀 밀크 기능이 포함된 버전은 기본 버전 가격에 10만 원 추가).

• **회사** 네스프레소Nespresso • **제품명** 프로디지오Prodigio
• **출시연도** 2016년 • **센서** 물탱크 보충 탐지 기능 • **통신방식** 블루투스
• **가격** 34만 9,000원 • **홈페이지** www.nespresso.com

87. 스마트 아이언
스마트폰과 연결해서 사용하는 스마트 다리미

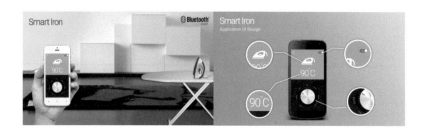

"적정 온도로 다려줘 옷 탈 걱정 끝!"

출근 시장 급하게 정장 바지를 데려 입고 후다닥 나왔다. 그런데 다리미 전원을 껐는지 안 껐는지 확실하지 않다. 가끔 깜빡할 때가 있다. 위험하기 그지없다. 그래서 더욱 꺼려지는 다림질. 이젠 그런 걱정 없이 다리미질할 수 있게 됐다. 스마트 아이언은 일정 시간 사용하지 않고 있으면 자동으로 꺼진다. 안심도 되고 또 불필요한 에너지를 낭비하지 않아도 된다. 스마트 다리미에 가속도 센서를 설치해서 다리미를 사용하고 있는지를 판단한다.

아울러 블루투스를 통해 스마트폰과 연결되는 스마트 다리미다. 스마트폰 앱으로 다리미 온도를 원격 제어할 수 있어서 가열될 때까지 옆에서 기다릴 필요가 없다. 더불어 기존 다리미 제품보다 비교적 정확한 온도 설정이 가능하다. 또한 다리미의 사용 시간에 따라 소비된 에너지양을 계산해 사용자에게 스마트폰 앱을 통해 한 달 단위로 에너지(전기) 사용 리포트를 제공한다.

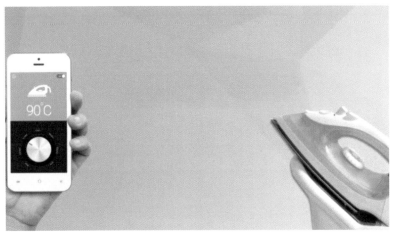
스마트 아이언은 일정 시간 사용하지 않고 있으면 자동으로 꺼진다. 안심도 되고 또 불필요한 에너지를 낭비하지 않아도 된다.

온도 센서를 활용해 다리미 온도를 조절하는 스마트 아이언을 작동시키면 스마트폰 앱에서 미리 설정해놓은 기본 온도로 다리미가 자동으로 세팅돼 편리하게 사용할 수 있다. 스마트 아이언이 일정 시간 이상 방치돼 있을 시 손잡이에서 불빛이 나오고, 사용자의 스마트폰 앱에서는 음성으로 경고 알림이 발생한다. 이 경고 알림으로 사용자는 위험 상황에 대비할 수 있다. 스마트폰을 통해 전달되는 다리미 방치에 대한 경고 멘트는 사용자가 원하는 멘트로 녹음해 사용 가능하다.

• **회사** 비주몬 자나르드하난Bijumon Janardhanan • **제품명** 스마트 아이언Smart Iron
• **출시연도** 2015년 • **센서** 가속도 센서, 온도 센서 • **통신방식** 블루투스
• **가격** 35달러 • **홈페이지** www.indiegogo.com/projects/smart-iron#/

88. 인디펜다
먼 곳의 가족을 살필 수 있는 고령자용 스마트 TV

"TV에 사랑을 싣고 사랑으로 보살핀다."

바야흐로 100세 시대이다. 사회 전반적으로 노인을 위한 복지에 크게 관심 없는 것이 현실이다. 노인들은 스마트한 세상 바깥으로 더욱더 밀려나는 것은 아닌지. 인디펜다는 노인을 위한 스마트한 세상을 열어주는 고령자용 스마트 TV다.

가족들과 원거리에 거주하는 고령자 관리를 중심으로 구성돼 있다. 고령자들은 평소에 인디펜다를 TV로 사용하지만 약을 복용해야 하는 시간이 되거나 병원을 가야 하는 시간이 다가오면 TV 화면에 알림 메시지가 표시된다. 또 인디펜다는 가족들과 주기적으로 연락할 수 있는 환경을 제공한다. 고령자들은 인디펜다를 이용해 가족들이 공유한 사진을 열람하거나 인디펜다에 장착된 카메라를 통해 가족들과 비디오 채팅을 진행할 수 있다. TV에 소프트웨어가 내장돼 있어 실시간 알림, 메시지 수신 등의 기능을 실행하는 것이 가능한 인디펜다는 단순한 메뉴

인디펜다는 노인을 위한 스마트한 세상을 열어주는 고령자용 스마트 TV다.

와 기능을 제공하고 있다.

고령자들은 익숙한 TV 리모컨으로 인디펜다를 조작하기 때문에 쉽게 사용법을 배울 수 있다. 또한 비디오 채팅과 사진 공유 기능은 고령자들의 외로움을 달래며 가족들과 자주 연락할 수 있도록 돕는다. 사용자가 리모컨에서 '긴급 전화' 버튼을 누르면 가족들의 스마트폰 앱과 데스크톱 앱으로 실시간 알림이 전송된다.

• **회사** 인디펜드Independ • **제품명** 인디펜다Independa
• **출시연도** 2015년 • **센서** 카메라 • **통신방식** 와이파이
• **가격** 699~1,199달러 • **홈페이지** www.independa.com

89. 트리비
사랑을 전해주는 가족 전용 무선 스피커

식사시간이 즐거워지는 음악 도우미

　가족과 함께하는 오붓한 식사시간에 음악도 함께한다면 금상첨화일
텐데……. 이런 아쉬움이 든다면 주방에 무선 스피커를 설치하자. 라디
오처럼 생긴 가족 전용 무선 스피커 트리비는 뒷면에 자석이 있어서 냉
장고에 부착이 가능하니 부족한 공간을 걱정할 필요가 없다. 트리비 상
단에는 큰 손잡이가 달려 있어 들고 다닐 수도 있다.

　와이파이나 블루투스로 스마트폰과 연결하면 된다. 트리비 전용 스마
트폰 앱을 통해 음악 채널과 인터넷라디오나 라디오 주파수를 설정할
수 있다. 심지어 트리비를 통해 통화할 수도 있다. 사용자가 스마트폰
앱에서 미리 연락처를 설정해놓기 때문에 아이들은 트리비에 있는 버
튼을 눌러서 쉽게 전화를 걸 수 있다.

　가족들이 서로에게 전하고 싶은 메시지를 남기고 들을 수 있는 사랑

의 트리비. 스마트폰과 트리비 디스플레이에서 가족들에게 이모티콘과 손글씨로 메시지를 전달할 수 있다. 집 안의 온도와 습도도 측정해준다. 아마존 에코와 연동 가능하기에 음성으로 트리비에게 명령할 수 있다. 배경 소리를 차단시켜 사용자의 목소리를 인식할 수 있다. 멀리서도 가능하다.

· **회사** 인보시아Invoxia   · **제품명** 트리비Triby
· **출시연도** 2014년   · **센서** 온도, 습도 센서   · **통신방식** 와이파이, 블루투스
· **가격** 199달러   · **홈페이지** www.invoxia.com

90. 패밀리 허브 냉장고

화목한 가정을 만드는 스마트 냉장고

"우리 가족을 부탁해!"

냉장고 하면 제일 먼저 생각나는 것은 무엇인가? 시원하고 맛있는 음식. 냉장고는 일단 음식물 보관을 한다. 그다음은 가족들이 수시로 가는 장소이다. 물을 마시러 가고 때가 되면 음식 재료를 꺼내 요리를 하고 출출하면 과일이나 디저트 등의 간식을 꺼내 먹는다. 일단 냉장고 앞에 잠시만 서 있으면 가족들을 다 만나게 된다. 맛있는 거를 넣어놓을수록 확률은 높아진다. 그래서 패밀리 허브 냉장고는 일반 냉장고가 하는 기능에 가족 간의 커뮤니케이션 활성화를 추가했다.

패밀리 허브 냉장고는 주 기능인 식료품을 보관은 물론 내부에 카메라 3대를 설치해 보관된 식료품을 매시간 촬영해 냉장고의 디스플레이 혹은 스마트폰 전용 앱으로 보여준다. 냉장고 문을 열고 안을 들여다볼 필요가 없다. 그다음으로 냉장고에 장착된 터치 디스플레이와 스마트폰 앱을 이용해 집 안팎에 있는 가족 간의 커뮤니케이션을 도와 식사와 요

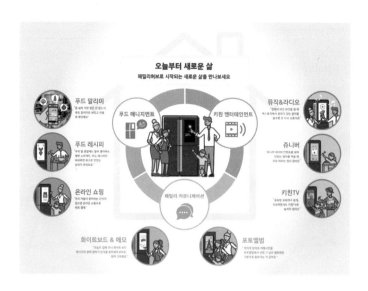

리만 하던 주방을 가족들의 일상과 이야기가 넘치는 화목한 공간으로 만들어준다. 예를 들어 전용 앱을 사용하면 집 밖에서도 냉장고의 음식 재료를 바로 체크할 수 있어서 가족들이 함께 이야기를 나눌 수 있다.

패밀리 허브 냉장고 디스플레이에 사진을 저장, 관리, 공유하고 전자 앨범으로 사용할 수 있다. 또 디스플레이에서 사진과 음악 앱을 터치해 실행시킬 수 있다. 패밀리 허브에 쇼핑리스트를 작성하거나 식품의 보관 기간을 설정해 음식재료를 관리할 수 있다. 아울러 가족들의 일정을 패밀리 허브 냉장고에 등록하고 관리한다. 스마트폰 앱으로 메모를 작성하면 패밀리 허브 냉장고로 전송이 가능하다. 그 밖에도 TV, 라디오, 음악 재생, 쇼핑, 엔터테인먼트 등 다양한 기능이 가능하다.

• **회사** 삼성전자 • **제품명** 패밀리 허브 냉장고 • **출시연도** 2016년
• **센서** 카메라, 온도, 습도 • **통신방식** 와이파이 • **가격** 5,799.99달러
• **홈페이지** www.samsung.com/us/explore/family-hub-refrigerator/

91. 에리스타
차 마니아를 위한 스마트 티 메이커

"최적의 맛을 추출해 드립니다!"

인류의 오래된 기호식품인 차tea. 영국은 차 때문에 중국과 아편전쟁을 치렀고 미국 독립운동의 신호탄이 된 보스턴 티 파티도 역시 차 때문이었다. 이제 차를 즐기는 인구도 상당하고 차 마니아도 많지만 커피처럼 전문 바리스타들이 흔하지 않아 보통은 온도와 시간을 무시하고 마시는 경우가 많다. 치 에리스타Qi Aerista는 차 마니아를 위한 스마트 티 메이커다. 사용자는 자신만의 차 제조 방법과 차의 맛을 스마트폰 앱에 기록하고 소셜미디어를 통해 공유할 수 있다.

에리스타는 물의 흐름을 순환시켜 찻잎을 우려내는 방식이다. 에리스타에 찻잎과 물을 넣은 후 버튼을 눌러 작동시키면 초보자도 쉽고 간단하게 최적의 차를 우려낼 수 있다. 전용 스마트폰 앱에서 우려내고 싶은 차의 종류를 입력하면 그 종류에 따라 에리스타가 물의 온도를 정확하게

차 마니아를 위한 스마트 티 메이커. 사용자는 자신만의 차 제조 방법과 차의 맛을 스마트폰 앱에 기록하고 소셜미디어를 통해 공유할 수 있다.

조절한다. 자동보다 직접하길 원한다면 스마트폰 앱을 통해 물의 온도를 원하는 대로 조절하거나 개인 설정을 저장할 수 있다. 차가 우러나는 과정 역시 스마트폰 앱을 이용해 모니터링할 수 있다. 차 종류별로 잘 우려지는 적당한 온도를 유지하고 시간을 설정할 수 있도록 도움을 주는 에리스타는 차를 우려내는 공간이 넓어 최적의 향과 맛을 낼 수 있다.

스마트폰 앱에서는 차의 종류에 따라 다양하게 우려내는 방법을 제안한다. 에리스타는 온라인 데이터베이스에 기반해 차에 대한 정보를 스마트폰 앱으로 제공한다. 차에 대한 경험 및 맛 등의 기록이 가능해 SNS 등에 자신의 방법을 공유할 수 있다.

• **회사** 치 에리스타Qi Aerista • **제품명** 에리스타Aerista
• **출시연도** 2017년 6월 출시예정(indiegogo) • **센서** 온도 센서 • **통신방식** 와이파이
• **가격** 149달러(얼리버드) • **홈페이지** www.indiegogo.com/projects/qi-aerista-smart-tea-brewer-for-every-type-of-tea-gadget#/

92. 오닉스
전화보다 빠른 21세기형 스마트 무전기

"친구끼리 단체로 통화할 수 있어요!"

오닉스는 달걀 한 개 정도 크기의 21세기형 스마트 무전기다. 스마트폰에 연결하면 사용자는 스마트폰 앱을 통해 타 사용자와 원거리 보이스 통신이 가능하고 통신하는 개인 간의 위치 공유가 가능하다. 스마트폰처럼 손에 쥘 필요 없이 거리 제한 없이 여러 사람과 편하게 통화를 할 수 있어서 일하거나 이동을 할 때 특히 편리하다. 또한 연결성이 뛰어나 사람 수에 제한 없이 여러 명과 함께 그룹으로 통화할 수 있다.

오닉스를 사용하기 위해서는 먼저 스마트폰 앱에 연결해야 한다. 그리고 오닉스를 옷이나 주변 기기에 걸어놓은 후 버튼을 누르면 연결된 사람과 소통할 수 있다. 오닉스는 클립을 활용해 다양한 방법으로 탈착할 수 있다. 오닉스 인터페이스는 매우 단순해서 초보자도 쉽게 사용할 수 있다. 별도 디스플레이 없이 버튼만을 사용하는 점이 특징이다. 즉 버튼 터치만으로 한 사람 혹은 여러 사람과 함께 대화할 수 있다. 앱을

거리 제한 없이 여러 사람과 편하게 통화를 할 수 있어서 일하거나 이동을 할 때 특히 편리하다.

휴대전화나 인터넷을 연결할 수 있는 곳이면 어디든 통화가 가능하다. 또한 연결성이 뛰어나 사람 수에 제한 없이 여러 명과 함께 그룹으로 통화할 수 있다.

통해 친구에게 자신의 위치를 공유하는 것이 가능하다. 헤드폰과 연결 가능하며 제품 구매 시 전용 파우치가 제공된다.

· **회사** 오리온랩스Orion Labs · **제품명** 오닉스Onyx
· **출시연도** 2016년 · **센서** 마이크 · **통신방식** 블루투스
· **가격** 249.99달러 · **홈페이지** www.orionlabs.i

93. 플레이:1

음악을 스트리밍하는 소형 무선 스마트 스피커

"욕실과 정원에서도 우아하게 들어요"

축축해도 괜찮아. 습기에 강한 무선 스마트 스피커 플레이:1. 가정에서 발생할 수 있는 습기에 강하기 때문에 물기가 많은 욕실이나 정원에서 부담 없이 사용할 수 있다. 스포티파이Spotify와 같은 스트리밍 음악 서비스와 연결돼 음악을 재생할 수 있다. 또 인터넷 라디오와도 직접 연결할 수 있다. 플레이:1은 강력한 그룹망 네트워크를 지원한다. 이 네트워크를 활용해 타 스피커 기기의 연결도 가능하다. 따라서 사용자는 스마트폰 앱에서 플레이:1과 다른 스피커 여러 개를 연결시켜 오디오 영역을 확장할 수 있다.

플레이:1을 스마트폰 앱과 연결하고 버튼을 눌러서 작동시킨다. 스마트폰 앱을 이용해 플레이:1의 음악 재생, 전원, 소리 조절을 원격 제어하고 플레이리스트를 설정할 수 있다. 스마트폰 앱에는 플레이:1과 다른

스피커들의 페어링을 관리하는 기능도 포함돼 있다. 플레이:1에서 제공하는 트루플레이Trueplay라는 튜닝 앱은 방의 크기, 가구의 위치, 스피커 위치에 따라 스피커의 음량과 음질을 조절해준다. 따라서 오디오 설치에 대한 지식이 충분하지 않은 사람도 풍부한 오디오를 즐길 수 있다. 2개의 디지털 앰프와 고음역대 스피커, 중음역대의 우퍼로 구성돼 있고 베이스와 최고음역대의 컨트롤이 가능하다.

플레이:1은 스트리밍 음악 재생을 위한 강력한 그물망 네트워크 기술을 사용한다. 2개의 플레이:1을 페어링하면 스테레오로 즐길 수 있고, 스마트 홈 허브나 다른 스피커들과 함께 확장 가능하다. 사이즈별로(플레이:1, 플레이:3, 플레이:5) 구매 가능하며 스탠드와 저음용 스피커서브우퍼를 추가로 구매할 수 있다.

- **회사** 소노스Sonos · **제품명** 플레이:1PLAY:1
- **출시연도** 2016년 · **통신방식** 와이파이, 이더넷
- **가격** 199 · **홈페이지** sonos.com

94. 뮤자이크 MP10
공간 전체로 소리를 확장시키는 무선 스피커

"모든 곳에서 같은 음악을 들을 수 있다!"

지치고 피곤한 당신, 생활의 활력을 음악에서 찾아보라. 집안 여기저기서 똑같은 음악을 그것도 하이-파이로 듣고자 한다면 뮤자이크 MP10가 적격이다. 물론 각기 다른 음악이 울리게도 할 수 있다.

특허받은 신호 처리로 스피커에서 나오는 오디오를 공간 전체로 확장시키고 자연스러운 음색을 유지시키는 것이 특징이다. 뮤자이크 MP10을 여러 스피커와 연결시켜 더 넓은 영역까지 스피커 효과를 확장시킬 수 있다. 사용자는 이 기능을 사용해 집 안 곳곳에서 생생하게 음악을 들을 수 있다. 방마다 설치된 뮤자이크 기기가 동시에 같은 음악을 재생하는 것이 가능하며 반대로 서로 다른 음악을 재생하는 것도 가능하다. 와이파이, 블루투스, 이더넷을 통해 스마트 디바이스와 연결된다. 사용자는 뮤자이크 MP10으로 스마트 디바이스에 저장된 음악을 재생할 수 있고 음악 스트리밍 서비스에서 음악을 재생시킬 수 있다. 뮤자이크 MP10은 스마트 홈 서비스와 스마트 기기에 연결해 자동화시킬 수 있다.

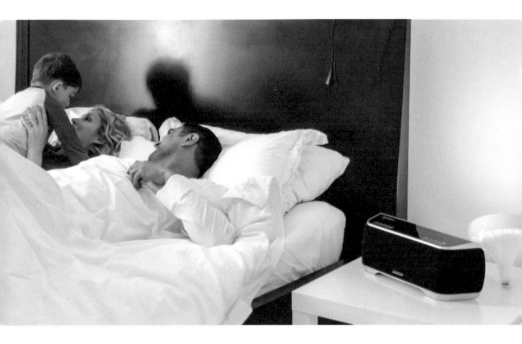

뮤자이크 MP10은 집안 분위기를 업그레이드하는 무선 스피커이다. MP10 스마트 스피커는 완전 디지털 증폭 기능을 갖추고 있다. 중앙에 있는 90밀리미터 프론트 파이어 링 서브 우퍼와 인접한 두 개의 45밀리미터 고주파/미드 레인지 드라이버에서 60W를 출력한다. 또 다양한 스마트 기기와 연결해 스마트 홈 기능을 사용할 수 있다. 예를 들어 스마트 조명과 연결해 특정 노래가 재생되면 조명의 밝기와 색상이 바뀌도록 설정할 수 있다.

• **회사** 뮤자이크Musaic • **제품명** 뮤자이크 MP10Musaic MP1
• **출시연도** 2017년 • **센서** 스피커 • **통신방식** 와이파이, 블루투스, 이더넷
• **가격** 369.95달러 • **홈페이지** www.musaic.com

95. 구글 크롬캐스트
온라인 영상을 TV로 연결하는 스트리밍 어댑터

"유튜브를 일반 TV로 본다!"

요즘은 누구나 유튜브나 팟캐스트 등 온라인 영상을 자주 본다. 그런데 아무래도 컴퓨터 화면은 시청의 질이 떨어지게 마련. 구글 크롬캐스트는 좋아하는 엔터테인먼트 콘텐츠를 TV로 편하게 볼 수 있게 해주는 스트리밍 어댑터이다.

사용자는 구글 크롬캐스트를 TV의 HDMI 단자에 연결하고 스마트 기기(스마트폰, 태블릿 PC 등)에서 재생하는 영상, 음악, 웹페이지, 사진을 TV에서 볼 수 있게 해준다. 모바일 기기의 콘텐츠를 재생하는 것이기 때문에 별도의 컨트롤러는 없다. 구글 크롬캐스트와 연결한 기기로 조작한다. 콘텐츠를 재생하는 방법은 두 가지다. 하나는 모바일 기기상의 앱이나 웹의 서버로부터 콘텐츠를 스트리밍하는 방식이고 다른 하나는 앱 및 웹에서 재생 중인 콘텐츠를 미러링해 보여주는 방식이다.

구글 크롬캐스트를 이용하기 위해서는 구글 크롬캐스트와 동일한 무선랜에 접속된 스마트 기기를 연결한다. 그리고 스마트 기기에서 원하

는 클라우드 서비스(스트리밍 서비스)를 선택한다. 콘텐츠를 선택해 스마트 기기 화면의 버튼을 누르면 스마트 기기의 화면이 구글 크롬캐스트에 전달돼 TV나 모니터에 영상이 재생된다. 유튜브, 넷플릭스, 벅스, 구글플레이 뮤직, 푹pooq과 같은 앱을 지원하며 해당 앱에서 지원하는 콘텐츠를 TV에서 시청할 수 있다. 소니나 필립스 등 타사 제품과도 연동이 가능하다.

· **회사** 구글Google · **제품명** 구글 크롬캐스트Google Chromecast
· **출시연도** 2016년 · **통신방식** 블루투스
· **가격** 54,900원 · **홈페이지** www.google.com/chromecast

96. 마더와 모션 쿠키
수많은 용도로 사용되는 스마트 센서

"엄마처럼 모든 것을 알고 있다!"

마더와 모션 쿠키는 알면 알수록 신기하고 무궁무진한 용도로 쓰인다. 마더는 허브 역할을 하는데 유선 인터넷을 연결해 사용하고 모션 쿠키는 약통, 물병, 커피잔, 열쇠 등에 부착해서 어떻게 움직이는지를 센싱한다. 각 모션 쿠키를 이용해 센싱한 온도와 움직임 등의 데이터는 스마트폰 앱에서 확인할 수 있다. 단순하게 모션 쿠키를 부착한 물건의 위치는 어디에 있는지도 알 수 있다. 무엇보다도 이 제품의 백미는 온도, 모션, 가속도 데이터를 이용해 부착된 물건의 상태에 대한 정보를 수집할 수 있다는 점에 있다. 예를 들어 커피잔에 붙이면 커피를 몇 잔 마셨

느지, 약통에 부착하면 약을 먹었는지 알 수 있고 문에 부착하면 문의 열리고 닫힘을 알 수 있다.

이렇듯 다양한 용도로 응용이 가능해서 활동량 측정, 위치 파악을 위한 전용기기를 구매할 필요가 없다. 특히 데이터를 이용해 다양한 의미를 만들어낼 수 있기 때문에 비교적 적은 비용으로 물건을 관리할 뿐만 아니라 자녀 및 노인 부모를 케어하는 등 다양한 활용이 가능하다. 사람에게 센서모듈을 부착하는 경우에는 활동량을 모니터링하고 수면 패턴이나 음용량과 같은 생활정보를 수집할 수 있다. 노인의 경우, 센서모듈이 노인의 생활을 모니터링해 분석하면 담당의사와 가족에게 데이터를 리포트하는 서비스를 무료로 이용할 수 있다. 정해진 곳에서 이탈하거나 이상한 움직임이 감지되면 스마트폰 푸시알림 또는 SMS, 전화, 이메일을 보낼 수 있다.

집 안의 유선 인터넷을 연결할 장소에 허브 역할을 하는 마더를 두고 소지품에 모션 쿠키를 부착한다. 쿠키에 내장된 센서는 주위의 온도 변화를 측정하고 가속도 센서와 모션 센서를 이용해 움직임을 감지한다. 각 센서모듈은 주황(모션 센서), 파랑(온도 센서), 초록(재실감지 센서)으로 역할을 표시하고 있다. 수집된 데이터들을 스마트폰으로 확인할 수 있고 문자, 푸시알림, 이메일, 전화알림을 받을 수 있다. 마더의 불빛과 소리로도 알림을 제공받을 수 있다. 센서모듈이 각각 다른 장소에 있기 때문에 정보를 한 번에 확인하기 위해 스마트폰 앱을 사용한다.

• **회사** 센스Sense • **제품명** 마더와 모션 쿠키Mother & the Motion Cookies
• **출시연도** 2014년 • **센서** 온도, 모션, 가속도, 재실감지
• **통신방식** 이더넷(마더)·와이파이(모션 쿠키) • **가격** 299달러(마더 앤 4 쿠키)
• **홈페이지** sen.se/store/cookie

97. 센시보

집 밖에서도 조절 가능한 센스쟁이 스마트 온도조절기

"에어컨 작동의 마술이 펼쳐진다!"

센시보는 스마트 온도조절기이다. 일반 에어컨에 부착하면 스마트 에어컨으로 바꿔주는 마술을 부린다. 특별한 배선공사 없이 에어컨에 부착하는 것만으로도 스마트한 기능을 갖도록 바꿀 수 있다. 모든 에어컨 유형(휴대용, 벽걸이, 창문형, 매립형)과 호환이 되기 때문에 에어컨 형태에 구애받지 않고 사용할 수 있다. 스마트폰 전용 앱을 사용해서 집 밖에 있는 경우 또한 간편하게 조작이 가능하다.

에어컨 전면에 센시보를 부착하고 전용 앱과 와이파이로 연결한다. 센시보는 전용 스마트폰 앱에서 센시보에 연결된 에어컨의 온도와 전원을 제어하고 실내 온도와 습도를 실시간으로 확인하고 조절할 수 있다. 전용 앱을 사용해 아침에는 온도를 높이고 취침 시에 자동으로 전원

을 끄는 것과 같이 '7일간 스케줄링' 기능을 이용해 자신의 생활 패턴에 따라 에어컨 작동을 제어할 수 있다. 이 기능은 에너지를 40% 정도 절약할 수 있다고 한다. 당연히 전기세가 줄 것이다.

센시보는 온도 원격 조절뿐만 아니라 에어컨의 공기 흡입구의 상태를 진단한다. 에어컨의 필터 교체가 필요할 경우 전용 앱으로 알림을 보낸다. 또한 지오펜싱 기술이 적용돼 있다. 스마트폰에 내장된 위치측정시스템GPS 센서를 인식해서 집 안에 사람이 없을 때는 에어컨의 전원

왼쪽부터 CDO 드로르 브렌Dror Bren, CEO 오메르 엔바Omer Enbar, CTO 램 로스Ram Roth가 센시보를 들고 있다.

을 끈다. 또 집에 사람이 도착하기 전에 미리 에어컨을 가동시킬 수 있다. 아마존 에코와 연동돼 사용 가능하기 때문에 전용 앱에서 조작하지 않아도 음성명령으로 에어컨의 전원과 온도를 제어할 수 있다.

• **회사** 센시보Sensibo   • **제품명** 센시보Sensibo
• **출시연도** 2016년   • **센서** 온도, 습도, 적외선, 재실   • **통신방식** 와이파이
• **가격** 119(싱글 킷   • **홈페이지** www.sensibo.com

98. 레이 슈퍼 리모트
우리 집 유일무이한 최고의 리모컨

"모든 제품을 하나의 리모컨으로 제어하다!"

가히 슈퍼 스마트 리모컨이라 할 만하다. 레이 슈퍼 리모트는 집 안
의 거의 모든 가전제품을 연결시켜 원격 제어할 수 있는 통합 리모컨이
다. 사용자는 가전제품마다 리모컨을 소지할 필요가 없어진다. 레이 슈
퍼 리모트에서 연결되는 기기는 공식 홈페이지에서 찾을 수 있다. 아울
러 사용자는 레이 슈퍼 리모트를 이용해 정보를 검색하거나 레이 슈퍼
리모트에 새로운 앱을 설치하는 것이 가능하다.

레이 슈퍼 리모트에는 듀얼코어 중앙처리장치CPU가 장착돼 있고 8

기가바이트 플래시 메모리 저장장치가 내장돼 있어 일반적인 스마트폰의 기능이 구현된다. 레이 슈퍼 리모트를 TV, 셋톱박스, 사운드바, 네스트, DVD, 엑스박스 등 다양한 가전제품과 연결시켜 기기들을 원격으로 제어하는 것이 가능한데, 레이 슈퍼 리모트와 기기들의 연결이 빠르고 쉬운 편이다.

레이 슈퍼 리모트의 터치스크린을 이용해 가전제품을 원격 제어하는데 스마트폰과 사용법이 비슷하다. 스마트폰에서처럼 탭tap이나 스와이프swipe 등의 인터랙션 방식을 사용한다. 스마트폰처럼 제어할 디바이스의 앱 설치가 가능해서 배우기 쉽고 확장성이 높다.

• **회사** 레이Ray • **제품명** 레이 슈퍼 리모트Ray Super Remote
• **출시연도** 2016년 • **센서** 터치 스크린 • **통신방식** 와이파이
• **가격** 249달러 • **홈페이지** www.ray.co

99. 세븐허그스 스마트 리모트
2만 5,000여 기기와 호환이 가능한 스마트 리모컨

"스마트 홈 자동화는 내 손 안에 달렸다!"

세븐허그스 스마트 리모트는 집 안에 있는 모든 것을 컨트롤하는 스마트 리모컨이다. 약 2만 5,000여 개의 기기와 호환이 가능하기에 가정에 있는 TV, 조명, 온도조절장치, 캠, 자동형 블라인드 등 거의 모든 전자기기를 세븐허그스 스마트 리모트와 연결해 사용할 수 있다.

세븐허그스 스마트 리모트는 함께 제공되는 센서로 사용자가 가리키는 전자기기를 인식한다. 사용자가 방에 세 개의 센서를 부착하면 모션 센서는 실내 공간에서 세븐허그스 스마트 리모트의 움직임을 감지해서 현재 리모트의 정확한 위치와 가리키는 방향을 트래킹하고 가리키는 방향을 정확하게 파악할 수 있다(현재 특허출원 중). 그래서 세븐허그스 스마트 리모트로 특정 기기를 향해 가리키면 그 디바이스를 조작할 수 있는 화면이 세븐허그스 스마트 리모트 디스플레이에 나타난다. 세븐허그스 스마트 리모트의 터치스크린을 통해 사용자가 명령어를 선택

최소 2미터

그냥 벽에 붙이면 됩니다.

세븐허그스 스마트 리모트는 집 안에 있는 모든 것을 컨트롤하는 스마트 리모컨이다. 약 2만 5,000여 개의 기기와 호환이 가능하기에 가정에 있는 TV, 조명, 온도조절장치, 캠, 자동형 블라인드 등 거의 모든 전자기기를 세븐허그스 스마트 리모트와 연결해 사용할 수 있다.

할 수 있으며 사용자는 변화한 인터페이스로 해당 기기를 원격 제어할 수 있다.

세븐허그스 스마트 리모트는 스마트 홈 자동화 기능이 있다. 여러 기기와 서비스를 한꺼번에 조작할 수 있는 조건을 사용자가 설정할 수 있다. 분실했을 시 찾을 수 있는 알림 버튼이 있어 분실 위험을 줄인다. 리모컨 그래픽 유저 인터페이스GUI가 직관적이다. 세븐허그스 스마트 리모트는 제품 키트 혹은 패키지(리모컨 2개, 3개 세트)로 판매하며 제품 키트에는 스마트 리모컨, 충전기, 그리고 방 센서를 포함한다.

• **회사** 세븐허그스Sevenhugs • **제품명** 세븐허그스 스마트 리모트SevenHugs Smart Remote
• **출시연도** 2017년 8월 출시 예정(Indiegogo)
• **센서** 실내 위치, 가속도, 자이로스코프, 빛 센서 등
• **통신방식** 블루투스, 와이파이, 적외선적외선
• **가격** 229달러(얼리버드) • **홈페이지** remote.sevenhugs.com

100. 하모니 엘리트

최대 27만 기기 및 서비스와 연동 가능한 스마트 리모컨

"모든 것과의 하모니를 꿈꾸다!"

이제 TV도, 오디오도, 심지어 전등까지도 리모컨은 하나로 통합돼야 만 한다. 하모니 엘리트는 최대 27만 가지의 기기 및 서비스와 연동이 가능한 스마트 리모컨이다. 예를 들어 TV, 케이블 및 게임 콘솔, AV 리시버 및 로쿠Roku 미디어 플레이어, 스마트 조명, 잠금장치, 자동 온도 조절 등과 연결 가능하다. 특정 시간 및 조건에 따라 동작하도록 설정하면 연결된 기기들이 주어진 설정에 따라 작동한다. 하모니 엘리트와 연결된 기기는 하모니 엘리트 전면의 터치스크린으로 원격 제어할 수 있다.

집에서 사용하는 가전기기들이 증가할수록 조작하는 리모컨이 많아지게 마련이다. 그러나 하모니 엘리트를 사용하면 다양한 기기를 리모컨 하나로 조작할 수 있다. 또한 스마트폰 앱을 활용해 집 밖에서도 하모니 엘리트와 연결된 기기를 조작할 수 있다. 하모니 엘리트의 터치스

다양한 기기를 리모컨 하나로 조작할 수 있다. 또한 스마트폰 앱을 활용해 집 밖에서도 하모니 엘리트와 연결된 기기를 조작할 수 있다.

크린을 터치하거나 하단에 있는 버튼을 눌러 연결된 기기를 조작한다. 전용 스마트폰 앱으로 원하는 시간에 특정 디바이스가 동작하도록 설정할 수도 있다. 하모니 엘리트를 아마존 에코와 연동 시 사용자의 음성명령으로 기기를 조작, '알렉사'를 활용해 대화로 명령을 입력할 수 있다.

리모컨과 함께 제공되는 하모니 허브는 모든 장치의 입력(명령)을 IR, 와이파이, 블루투스 무선 신호로 제어해 명령을 중앙 집중식으로 처리한다. 닫힌 캐비닛과 문 뒤에서도 케이블과 수신기를 숨기고 연결된 기기를 조작할 수 있다. 홈 키트 패키지(허브와 리모컨, 앱 패키지)를 구매할 수 있다.

- **회사** 로지텍Logitech **제품명** 하모니 엘리트Harmony Elite
- **출시연도** 2016년 **센서** 동작 감지, 정전식 터치 **통신방식** 블루투스, IR, 와이파이
- **가격** 299.99달러 **홈페이지** www.logitech.com

101. 제닉 튠
태양열 스마트 난방 온도조절기

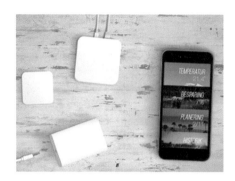

"이보다 자연 친화적일 수 없다!"

스웨덴의 스타트업에서 만든 제닉 튠은 집안에 들어오는 햇볕을 이용하는 스마트 난방 온도조절기다. 실내외 온도와 외부에서 집 안으로 들어오는 햇빛의 양을 측정하고 이 데이터를 바탕으로 적합한 온도를 계산해 난방기를 제어해 에너지를 절약하는 것이다. 사용자가 원하는 온도를 중심으로 관리하는 네스트Nest와 달리 햇빛을 이용한다. 참 기발하다.

제품은 인터넷 연결 게이트웨이, 실내 센서, 컨트롤 박스, 전용 스마트폰 앱으로 구성된다. 실내용 센서는 실내 온도와 외부에서 실내로 들어오는 빛의 양을 측정하고 컨트롤 박스는 외부 온도를 측정한다. 내부 센서와 컨트롤 박스에서 각각 측정한 데이터를 게이트웨이에 전달하면 게이트웨이는 전달받은 데이터를 라우터와 클라우드에 전송한다. 그리고

제닉 튠은 집안에 들어오는 햇볕을 이용하는 스마트 난방 온도조절기다. 실내외 온도와 외부에서 집 안으로 들어오는 햇빛의 양을 측정하고 이 데이터를 바탕으로 적합한 온도를 계산해 난방기를 제어해 에너지를 절약하는 것이다. 사용자가 원하는 온도를 중심으로 관리하는 네스트Nest와 달리 햇빛을 이용한다. 참 기발하다.

클라우드에서 알고리즘을 사용해 난방 사용패턴을 분석하고 적정 온도를 제시한다.

　제닉 튠은 보통 네트워크에 연결해야 작동하지만 12시간에 해당하는 적정 온도와 가동 정보를 미리 저장해두기 때문에 네트워크에 연결되지 않았을 때도 임시로 사용할 수 있다. 또한 과거에 실내외 온도를 분석한 데이터와 난방 가동 기록을 바탕으로 난방을 가동시킬 수 있다. 집에 아무도 없는 경우 자동 온도조절 기능이 자동으로 작동하고 실내 온도가 섭씨 12도 이하로 내려가지 않도록 난방기를 가동시키며 휴가와 같이 집을 장기간 비우는 경우 해당 기간에 맞추어 난방 작동을 조정할 수 있어 에너지 절약에 도움이 된다. 제닉 튠이 분석한 에너지 사용 기록을 바탕으로 얼마나 에너지를 절약했는지 %와 절약한 돈을 확인할 수 있다.

제닉 튠을 이용하기 위해서는 먼저 게이트웨이를 유선 네트워크에 연결하고 컨트롤 박스는 난방 펌프 중간을 절단해 설치해야 한다(참고로 네스트 설치 때는 집안의 난방조절기를 뜯고 여러 전선을 연결해야 한다). 그리고 집 안에는 실내 센서를 설치한다. 전용 스마트폰 앱에서 실내외 온도와 실내로 들어오는 빛의 양을 확인하고 난방 온도를 조절한다. 제닉 튠 디바이스에는 컨트롤러가 없다. 전용 스마트폰 앱을 이용해 원격으로 집안의 난방기를 제어한다. "집에 누군가 있을 때만 알아서 보온이 된다"

· **회사** 제닉Ngenic · **제품명** 제닉 튠Ngenic Tune
· **출시연도** 2016년 · **센서** 온도, 조도 · **통신방식** 와이파이, 이더넷
· **가격** 4,995스웨덴크로나 · **홈페이지** ngenic.se/en

102. 리릭 T6
지능적인 보온 시스템

주인의 귀가를 기다리는 자동 온도조절기

아침에 허둥지둥 출근하다 보면 보일러 조절하는 것도 깜박하기 일
쑤이다. 주인이 나가면 알아서 난방이 꺼지는 온도조절기가 있으면 좋
지 않을까? 리릭 T6은 자동 온도조절기다. 기존 난방 조절기를 제거하
고 그 자리에 리릭을 연결해 사용하면 된다. 전용 앱, LCD 디스플레이
에서 명령을 내리면 명령이 리시버박스Receiver Box에 전달돼 보일러를
가동시키는 방식을 사용한다. 실시간 온도를 모니터링하며 원격으로 작
동을 제어하거나 원하는 시간에 난방을 자동으로 가동시킬 수 있다.

보일러 근처에 리시버 박스를 설치하고 보일러와 연결한 후 와이파

이를 사용해 리릭과 전용 앱을 연동하고 LCD 디스플레이 전용 앱, 음성명령으로 리릭 T6를 사용한다. 밖에서 사용할 경우 주로 전용 앱으로 작동을 원격 제어하며, 집에 있는 경우는 LCD 디스플레이에서 직접 조작한다.

리릭 T6은 네트워크 연결이 끊겨도 사용할 수 있다는 장점을 갖고 있다. 일주일간의 난방 사용 패턴을 학습하고 분석함으로써 네트워크가 연결되지 않아도 지능적으로 적정 온도를 파악하고 난방을 가동시킬 수 있고, 별도의 조작 없이도 자동으로 작동되기 때문에 효율적으로 에너지를 절약할 수 있다. 지오펜싱 기술을 사용해 사람이 집 근처에 있는지를 자동으로 파악하는데, 이로써 사람이 집에 도착하기 전에 미리 난방을 가동시켜 적절한 온도를 유지하고, 집에 아무도 없을 때는 난방 작동을 중지해 에너지를 절약한다.

리릭 T6는 LCD 디스플레이에 기본적으로 현재 시각, 현재 온도, 네트워크 상태를 표시한다. 제어 모드는 기본적으로 홈Home, 외출Away, 취침Sleep으로 세 가지다. 취침 모드의 경우, 난방이 정해진 시간 동안

설정 온도로 가동된 후 자동으로 중지한다. 집을 오랜 시간 비울 때는 휴가 모드를 사용한다. 또는 7일간 스케줄링 기능을 이용해 난방 가동 패턴을 일주일 단위로 설정하면 리릭 T6은 설정 스케줄에 맞춰 자동으로 가동된다.

전용 앱에서 가족 구성원에게 권한을 부여해 모두가 리릭 T6의 작동을 제어할 수 있다. 따라서 리릭 T6에 등록된 모든 사람이 집을 나갈 경우에만 자동으로 난방가동을 중지한다. 애플홈킷, 삼성 스마트씽즈, 이프트와 연동되고 시리, 아마존 알렉사의 음성인식 서비스를 사용해 난방 온도를 조절할 수 있다.

• **회사** 하니웰Honeywell • **제품명** 리릭 T6Lyric T6
• **출시연도** 2015년 • **센서** 온도 • **통신방식** 블루투스
• **가격** 148.95달러 • **홈페이지** getconnected.honeywell.com/en/lyric-t6

103. 푸봇

집 안 공기 측정기

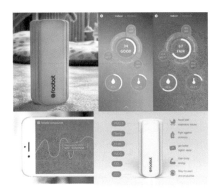

"파란색이면 좋고 주황색이면 위험해요!"

푸봇은 직관적으로 좋은 공기와 나쁜 공기를 알려주는 공기질 측정 디바이스다. 실내 공기에 포함된 휘발성유기화합물voc, PC2.5 초미세먼지 측정은 물론이고 온도와 습도를 측정해 모니터링한다.

주방이나 거실과 같이 공기 오염이 빈번하게 발생하는 공간에 푸봇을 설치한다. 컬러 LED 라이트로 현재 공기 상태를 보여준다. 푸봇 전면에 있는 LED 색상이 파란색이면 공기질 상태가 좋고 주황색이면 나쁘다는 것을 의미한다. 현재 공기 상태가 특정 수준 이하로 떨어지면 스마트폰으로 알림을 준다. 실내 공기 상태를 푸봇의 LED 색상을 보고 파악할 수 있지만 어떤 오염물질이 있고 그 수치가 어떠한지는 알 수 없다. 따라서 전용 앱을 통해 실내 공기의 전반적인 상태와 함께 자세한 분석 결과를 확인한다.

푸봇은 내장된 센서와 특수한 데이터처리 기술을 사용해 실내 공기에 포함된 오염물질 수치를 정확하게 판단한다. 세계보건기구WHO와 미국환경청EPA에서 제시하는 대기오염 기준을 적용해 실내 공기의 오염 정도를 판단하기 때문에 정확하고 신뢰할 수 있는 정보이다.

전용 앱에서 집주인은 실내외 공기 상태를 비교하고 다양한 종류의 오염물질 수치를 개별적으로 파악할 수 있다. 또한 실내 공기 오염의 주요 원인이 되는 물질과 오염이 발생한 시간 기록을 확인하는 것이 가능하다. 푸봇은 아마존 에코, 에코베ecobee, 하니웰, 네스트, 럭스LUX와 같은 홈 사물인터넷 기기 및 서비스와 연동되고 이프트IFTTT를 설정할 수 있다. 이 모두는 푸봇 전용 앱에서 한 번에 제어 가능하다.

또한 푸봇은 집 안에 있는 사람들의 습관 데이터를 전용 클라우드에 계속해서 업데이트하고 축적된 데이터를 기반으로 미래 행동을 예측해 적절한 공기질 관리 방법을 제안한다.

· **회사** 푸봇Foobot · **제품명** 푸봇Foobot
· **출시연도** 2016년 · **센서** 온도, 습도, 공기질 측정 · **통신방식** 와이파이, 블루투스
· **가격** 199달러 · **홈페이지** foobot.io

Cross-Domain Linkability

8
조명

104. 오로라
레고블록하듯 디자인할 수 있는 스마트 조명기

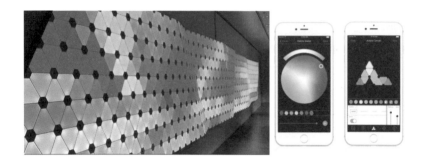

"당신의 삶을 조명하라!"

에디슨이 1879년 전구를 만든 이후 지금까지 약 140여 년 동안 과학의 발달은 실로 눈부셨다. 이미 공상과학 소설을 뛰어넘은 지 오래. 하지만 전구를 포함한 조명 기구들은 유독 제자리걸음을 하고 있었다. 전구는 그저 어둠을 밀어내고 대낮처럼 밝기만 하면 될까? 좀 더 멋지고 아름답고 상상력을 자극할 순 없을까? 기존 전구에 싫증이 날 무렵 마침 디자인을 좋아하는 사람들, 삶의 질을 향상시키고자 하는 사람들, 그리고 생활 공간에 재미와 흥분을 더하고 싶은 사람들에게 완벽한 조명 제품이 만들어졌다. 바로 나노리프의 오로라. 이제 오로라만 있으면 해가 지는 장면을 집에서 연출할 수 있고 또 오로라를 보러 멀리 여행을 가지 않아도 된다. 바로 내 방 천장을 오로라로 오로라를 만들면 되기 때문.

오로라의 삼각형 패널 한 개는 A4 건전지 한 개 정도의 무게밖에 안 나갈 정도로 가볍다. 그래서 마치 종이접기를 하는 것처럼 혹은 레고블

나노리프 공동창업자들. 왼쪽부터 지미 추, 크리스천 안, 톰 로딩거.

록을 하듯 삼각형 패널들을 모아 원하는 조명 모양을 디자인할 수 있다. 학 모양도 만들 수도 있고 하트도 만들 수도 있다. 거기다 16만 색상의 컬러로 멋진 색을 연출할 수 있다. 눈 호강이 아닐 수 없다. 물론 일반 가정에서 이런 다채로운 조명이 필요할까 하는 생각이 들 수도 있다. 하지만 집안에서 생일파티를 한다거나 이벤트를 한다거나 할 때 유용하다. 집안이 판타스틱한 공간으로 바뀔 것이다. 물론 매장이나 전시에는 더욱 유용할 것이다.

나노리프는 LED 조명을 전문으로 하는 녹색 기술 회사로 2012년에 토론토대 공학 전공 졸업생인 지미 추Gimmy Chu, 크리스천 안Christian Yan, 톰 로딩거Tom Rodinger에 의해 설립됐다. 그들은 처음엔 나노리프를 만드는 한편 각기 다른 업종에서 일했지만 풀 타임으로 회사를 발전시키기 위해 직장을 그만두었다. 그리고 곧 2013년 1월 킥스타터에서 첫 제품을 출시했다. 나노라이트NanoLight(나중에 나노리프원Nanoleaf One로 이름을 바꾼) 크라우드 펀딩 캠페인의 초기 목표는 2만 달러였는데 무려

25만 달러나 됐다.

첫 펀딩 캠페인이 대성공을 거두며 나노리프는 홍콩 갑부 리카싱Li Ka Shing과 실리콘밸리 벤처 캐피털 회사인 클라이너퍼킨스가 소유한 투자 회사인 호라이즌 벤처로부터도 자금을 투자받게 됐다. 또한 중국 심천과 홍콩에 사무소를 개설했다. 2014년 7월에 나노리프 블룸Bloom을 위한 두 번째 킥스타터 캠페인도 높은 호응을 얻었다. 목표는 2만 2,000달러였는데 그때도 역시나 무려 19만 2,973달러가 펀딩됐다. 나노리프는 그러한 성공에 힘입어 2015년 1월 캐나다 토론토에 사무실을 열었다.

나노리프는 에너지 효율과 지속 가능한 제조 공정을 목표로 하는 특허 기술을 활용한다. 나노리프에서 만든 전구는 접힌 회로판에 작은 LED로 구성돼 있으며 종이접기 모양의 디자인이 특징이다. 이 기술은 제조 시 사용되는 에너지의 양을 줄이면서 전구를 차갑게 유지해주기 때문에 방열판이 필요 없다. 또한 과열 방지 장치가 있어 전구가 너무 뜨거워지면 전구 자체가 밝기를 스스로 줄여 손상 가능성을 줄이고 수명을 연장시킨다. 설계 역시 안전성을 강조해 전구가 부서지지 않도록 했다.

나노리프 오로라는 삼각형 패널 9개를 기본 세트로 한다. 삼각형 패널을 이리저리 연결하면서 작동시키면 된다. 만약 기본 9개 패널이 모

자라면 확장 세트를 더 사서 연결하기만 하면 된다. 또한 오로라는 나노리프의 다른 전구들과는 약간 다른 기술을 사용한다. 인쇄 회로 기판에 LED 칩으로 만들어졌지만 평평한 삼각형 표면에 디퓨저가 있는 것이 다르다. 안드로이드나 iOS 기기에서 제어할 수 있는 삼각형 조명 패널도 있다. 음성 명령을 사용할 수도 있는데 아마존 에코나 아이폰의 시리에게 음성명령을 해서 조종할 수도 있다. 2017년 가을부터는 음악 소리에 맞추어 색을 변화시키는 기능이 가능해진다고 한다.

SD카드와 같은 커넥터 칩을 사용하여 패널을 다른 패널에 연결할 수도 있다. 전원은 최대 30개의 패널을 처리할 수 있는 기본 부착물로부터 모든 부품으로 통과해가는 식이다. 스타터 키트의 9개 패널 이상을 원한다면 추가분은 3팩에 60달러에 살 수 있다. 나노리프 오로라는 2016년 소비자 가전 전시회CES에도 소개됐다. 현재 전 세계 30여 개국에 지사를 두고 있다.

· **회사** 나노리프Nanoleaf · **제품명** 오로라Aurora
· **출시연도** 2016년 · **센서** 소리 · **통신방식** 와이파이
· **가격** 199.95달러 · **홈페이지** nanoleaf.me

105. 렐리트 LSX-170
새로운 분위기의 공간을 만들어주는 블루투스 스피커

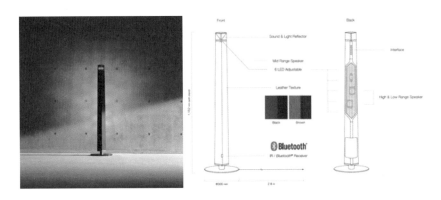

"스피커와 조명이 자동으로 변경된다!"

우울한 날, 집에서 분위기 잡고 술 한잔할 때 어두운 실내에 은은한 불빛을 쏘며 음악을 들려주는 스피커. "이런 기분 처음이야"를 느낄 수 있게 하는 조명 결합 스피커가 렐리트 LSX-170. 분위기 잡는 데는 최고인 블루투스 스피커이다. 외부 입력Aux-in과 블루투스 연결을 통해 음악을 재생하며 조명을 변화시킬 수 있다. 음악과 조명의 조화를 이용해 공간의 분위기를 연출하는 렐리트 LSX-170에는 6개의 LED 조명이 있으며 10단계로 조절된다. 렐리트 LSX-170 스피커에서 나오는 오디오와 빛은 360도 방향에서 수평으로 확산돼 널리 퍼진다.

신혼부부에게 인기 만점인 렐리트 LSX-170은 스피커가 내보내는 소리의 반사 정도를 측정해 스피커와 벽 사이의 거리를 파악한다. 그래서 음악을 즐길 수 있는 가장 최적의 상태가 된다. 또 스피커와 조명의 설

정이 자동으로 변경되며 소리와 빛의 조화를 통해 새로운 분위기의 공간을 만들어준다. 스마트폰 앱뿐만 아니라 카드 타입의 리모컨이 제공돼 원격으로도 제어 가능한 렐리트 LSX-170은 음악 플레이어, 조명 전원, 오디오의 볼륨 제어가 가능하다.

• **회사** 야마하Yamaha • **제품명** 렐리트 LSX-170Relit LSX-170
• **출시연도** 2016년 • **센서** 스피커, 소리, 빛 반사 장치로 거리 측정
• **통신방식** 블루투스 • **가격** 60만 원 • **홈페이지** kr.yamaha.com

106. 스트림라이트
블루투스 스피커가 결합된 스마트 조명

StriimLIGHT WiFi Color

"음악과 조명을 한꺼번에 내리 비춘다!"

　노래방이나 나이트클럽 등 신나는 곳에서는 언제나 노랫소리와 함께 현란한 조명이 발광하는 것을 볼 수 있다. 조명과 음악은 떼려야 뗄 수 없는 깊은 관계인 것이다. 스트림라이트는 블루투스 스피커가 결합된 스마트 조명이다. 다양한 색상을 내며 동시에 음악 파일을 재생시킬 수 있는 스피커 역할을 한다. 스트림라이트를 집 안의 브로드밴드 인터넷과 연결시키면 웹 라디오를 재생시킬 수도 있다. 또한 여러 개의 스트림라이트와 더불어 옥스 스트림 제품을 연결하면 오디오가 재생되는 실내 영역을 넓힐 수 있다. 사용자는 이 기능을 사용해 집 안 곳곳에서 생생한 음악을 즐길 수 있다.

　블루투스를 통해 개인 PC 및 스마트폰과 연동돼 음악을 재생하는 에코사운드 시스템 기술을 사용한다. 스트림라이트는 스피커와 LED 전구

스트림라이트는 블루투스 스피커가 결합된 스마트 조명이다. 다양한 색상을 내며 동시에 음악 파일을 재생시킬 수 있는 스피커 역할을 한다.

가 결합돼 있어 전구로 사용 가능하며 다양한 색상을 지원한다. 홈페이지에서 스트림라이트 와이파이 컬러의 화이트 버전(흰색 조명)을 비롯해 다양한 버전의 스마트 조명을 판매하고 있다. 스트림라이트는 보통 천장이나 사람의 손이 닿기 어려운 곳에 설치하는 경향이 있어서 전용 리모컨이나 스마트폰 앱을 통해 설정하고 원격으로 제어한다.

• **회사** 옥스AwoX • **제품명** 스트림라이트StrimLIGHT
• **출시연도** 2014년 • **통신방식** 와이파이, 블루투스
• **가격** 67.78달러 • **홈페이지** store.awox.com

107. 휴

최고의 휴식을 주는 스마트 전구

"전원에서 밝기와 색상까지 자유자재로!"

집안 조명이 자유자재로 스스로를 밝혀 주인의 필요를 충족시키는 시대다. 휴는 스마트폰으로 집안의 전구를 켜고 *끄거나* 밝기와 색상까지 조절할 수 있는 스마트 전구이다. 스마트폰 앱으로 전구의 밝기, 색을 조절할 수 있는데 무려 1,600만 가지 색으로 집안의 분위기를 바꿀 수 있다. 써드 파티 앱을 이용하면 음악 소리에 맞추어 전구색을 변화시킬 수 있고 아마존 에코 알렉사나 애플의 시리와 애플홈킷과 연결하면 휴 전구를 음성으로 제어할 수 있다.

기본적으로 스마트폰과 전구를 무선으로 연결시켜주는 휴 브릿지와 LED 전구인 휴로 구성돼 있다. 브릿지와 무선공유기를 랜선으로 연결하고 휴를 스탠드, 펜던트 조명, 천장의 등 기구에 설치한다. 작동은 스마트폰에 휴 앱을 설치한 뒤 스마트폰으로 명령을 내리면 브릿지가 이

휴는 스마트폰으로 집안의 전구를 켜고 끄거나 밝기와 색상까지 조절할 수 있는 스마트 전구이다.

를 전달받아 각각의 전구에 전달하는 방식이다.

휴에 내장된 위치정보시스템GPS이 휴를 사용하는 사람의 위치와 범위를 인식한다. 그리고 집 안에 있는지 밖에 있는지를 파악하는 지오펜싱 기술을 사용해 사람이 외출하면 조명이 자동으로 꺼지도록 설정할 수 있다. 기상, 퇴근, 휴식과 같이 사용자의 스케줄에 맞게 조명의 전원, 색, 세기를 조절할 수 있다. 스마트폰 앱으로 밝기와 색을 입력하고 '휴식' '사바나의 아침'과 같은 이름을 설정하면 이름을 불러 설정한 색과 밝기로 조명을 사용할 수 있다. 음악을 듣거나 영화를 관람할 때 콘텐츠의 분위기에 맞는 조명이 나오도록 설정할 수 있다. 하나의 휴 브릿지에 최대 50개의 휴 전구를 연결할 수 있다. 휴와 휴 브릿지를 개별 판매 중이며 3개의 휴와 1개의 휴 브릿지로 이루어진 스타터킷도 판매하고 있다.

• **회사** 필립스Philips • **제품명** 휴Hue
• **출시연도** 2015년 • **센서** GPS • **통신방식** 지그비
• **가격** 199.99달러(스타터킷), 49.99달러(기본 전구) • **홈페이지** www.meethue.com

108. 엠버라이트

분위기 연출 스마트 전구 소켓

"나름의 멋진 집안 풍경이 연출된다!"

요즘은 많은 사람이 집안에서도 눈부심이 강한 백색 형광등보다는 은은한 조명을 선호한다. 엠버라이트는 스마트폰으로 조절 가능한 스마트 전구 소켓으로 고가의 스마트 전구를 구입하는 대신 아무 전구나 꽂아서 사용해도 된다. 거기에 전기세도 절약할 수 있다. 일반 기존 사용하던 전구에 소켓을 부착하는 스마트 소켓의 개념이다. 물론 필립스의 휴 같은 스마트 전구처럼 컬러를 낼 수는 없으나 일반 전구에 전달되는 전력을 통해 일반 전구를 제어할 수 있다.

엠버라이트는 별도의 허브 없이 사용 가능하다. 전용 스마트폰 앱을 엠버라이트와 연결하고 원격으로 전구를 제어할 수 있다. 여러 개의 엠버라이트를 설치해 동시에 제어하면 나름의 멋진 집안 분위기를 낼 수 있다. 엠버라이트와 연결된 조명은 이프트 규칙을 설정해서 서비스와 연결시킬 수 있다. 가령 이프트 규칙을 설정해서 사용자가 집 근처에 도

엠버라이트는 스마트폰으로 조절 가능한 스마트 전구 소켓으로 고가의 스마트 전구를 구입하는 대신 아무 전구나 꽂아서 사용해도 된다.

착했을 경우 엠버라이트에 부착된 조명이 자동으로 켜지도록 설정할 수 있다. 아울러 엠버라이트를 아마존 에코와 연결하면 사용자는 음성 명령을 통해 엠버라이트와 연결된 전구를 제어하는 것이 가능하다.

• **회사** 엠버라이트Emberlight • **제품명** 엠버라이트Emberlight
• **출시연도** 2015년 • **통신방식** 블루투스, 와이파이
• **가격** 39.99달러(개당) • **홈페이지** www.emberlight.co

109. 플럼 라이트패드
터치 패드가 장착된 스마트 전등 스위치

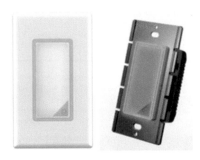

"터치하는 손가락 수까지 구분하는 스위치!"

최근 스타트업은 작은 것에 주목하며 가장 기본적인 것에 스마트함을 더하려는 노력을 기울이고 있다. 터치 패드가 장착된 스마트 전등 스위치 플럼 라이트패드 역시 그런 기본적인 것의 하나. 스마트 전구를 별도로 구매하지 않아도 원하는 조명을 스마트폰 앱에서 원격 제어할 수 있는 점이 특징이다. 플럼 라이트패드를 설치하기 위해서는 벽에 있던 전원 스위치를 교체해 설치한다. 교체하고자 하는 스위치 판을 제거한 후 전선들을 플럼 라이트패드와 연결하면 된다.

밤에 플럼 라이트패드 주변에서 사람의 움직임이 감지되면 쉽게 발견할 수 있도록 스위치에 불이 들어온다. 플럼 라이트패드 스위치는 터치로 동작한다. 한 손가락으로 터치하면 플럼 라이트패드와 연결된 조명 한 개를 조절하며 두 손가락으로 터치하면 방 전체의 조명을 조절할 수 있다. 스마트폰 앱을 통해 플럼 라이트패드와 연결된 모든 조명을 원

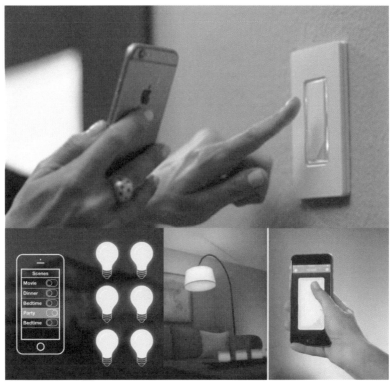

플럼 라이트패드 스위치는 터치로 동작한다. 한 손가락으로 터치하면 플럼 라이트패드와 연결된 조명 한 개를 조절하며 두 손가락으로 터치하면 방 전체의 조명을 조절할 수 있다.

격 조작할 수 있으며 원하는 조명으로 설정도 가능하다. 예를 들어 빈집처럼 보이지 않고 집에 사람이 있는 것과 같은 조명효과를 낼 수도 있다. 실시간으로 플럼 라이트패드와 연결된 조명의 에너지 사용량은 스마트폰 앱을 이용해 모니터링할 수 있다.

• **회사** 플럼Plum • **제품명** 플럼 라이트패드Plum Lightpad
• **출시연도** 2014년 • **센서** 모션센서 • **통신방식** 와이파이
• **가격** 99달러 • **홈페이지** plumlife.com

110. 스위처

전원용 조명 스위치 위에 설치하는 케이스

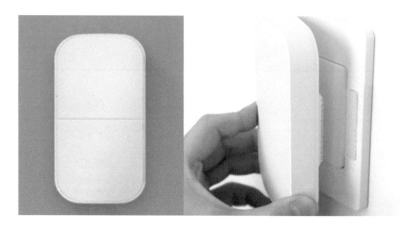

"불을 *끄*러 가는 긴 여정을 줄여준다!"

이제 잠자리에 누워서 전등을 켜고 *끄*는 것쯤은 식은 죽 먹기인 시대다. 스위치는 쉽게 조명 제어를 조종하도록 도와준다. 스위처 뒤에 있는 접착테이프를 이용해 일반 가정용 전원 스위치 위에 부착하는 방식으로 설치한다. 전원용 조명 스위치 위에 설치하는 케이스이다. 스마트 조명기를 따로 구입 설치하지 않아도 비교적 저렴한 가격으로 손쉽게 조명을 원격 제어할 수 있다. 스마트폰 앱에서 스위처를 작동시키면 조명 스위치가 눌러지며 이러한 방법으로 조명을 제어한다. 스마트폰 앱에서 예약 설정을 하면 그 시간에 스위처가 작동한다.

스위처 내부에는 기계적인 액추에이터로 만든 제어부가 있다. 이 제어부가 전원 스위치 버튼을 실제로 눌러서 조명의 전원을 제어한다. 다

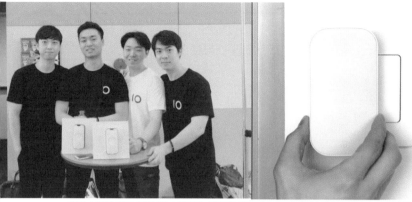

Switcher

불을 켜러 가는
머나먼 여정을
해결해드려요.

왼쪽 스위처 데모 데이 때 스위처팀. 전원용 조명 스위치 위에 설치하는 케이스이다. 스마트 조명기를 따로 구입 설치하지 않아도 비교적 저렴한 가격으로 손쉽게 조명을 원격 제어할 수 있다. (출처: 스위처 페이스북)

만 제어부는 상단에만 있어 버튼이 두 개로 구성된 스위치의 경우 상단 버튼만 제어가 가능하다. 집 안에 있는 대부분의 스위치가 조명용이기 때문에 이름이 스마트 조명일 뿐이고 켜고 쓰는 용도의 보일러 스위치에도 역시 사용할 수 있다. 개인의 라이프 스타일에 맞추어 취침이나 기상 예약 시간을 설정할 수 있으며 세 시간 완충 시 2개월간 사용할 수 있다. 1버튼, 2버튼 조명 스위치와 호환 가능하다. 1개월 무료 체험이 가능하며 월 1,800원으로 가입해 스위처를 이용하는 것이 가능하다. 스위처 렌탈 서비스를 월/년 단위로 제공한다. 렌탈 서비스 신청 후 첫 달은 무료로 서비스를 제공한다.

• **회사** 스위처Switcher • **제품명** 스위처Switcher
• **출시연도** 2016년 • **통신방식** 블루투스
• **가격** 1,800원(매월) • **홈페이지** www.switcher.kr

111. 이라이트 베드사이드 램프
조명심리치료 효과가 있는 스탠드형 스마트 램프

"충분한 휴식으로 마음의 평온을!"

　종일 들뜬 마음을 차분히 가라앉혀주는 스탠드형 스마트 램프가 있다. 바로 샤오미의 이라이트 베드사이드 램프. 최대 1,600만 가지 색상을 지원하기 때문에 사용자는 다양한 색상을 활용해 실내 부위기를 연출할 수 있다. 이름처럼 이라이트 베드사이드 램프는 침실이나 거실처럼 휴식에 최적화돼 있다. 안정이 필요한 곳이나 아기를 재우는 방에서 소음 없이 조명을 조절할 수 있다. 또한 이라이트 베드사이드 램프의 불빛은 조명심리치료Light Therapy 효과가 있어 사용자가 충분히 휴식할 수 있도록 돕는다. 부드러운 색과 색들의 조합을 만들어내는 기술로 90개 이상의 연색 지수(색 재현을 표시하는 지수)를 LED로 표현할 수 있다. 음악에 맞춰 조명 색상과 밝기가 변화하는 기능, 스케줄에 따른 알림 및 타이머 기능을 제공한다. 사용자가 따로 조작하지 않을 시 이라이트 베드사이드 램프는 10가지 색상으로 발광한다. 아울러 음악에 따라 조명

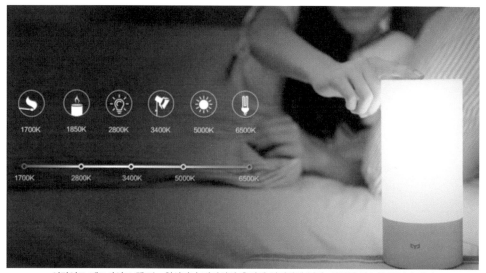

이라이트 베드사이드 램프는 침실이나 거실처럼 휴식에 최적화돼 있다. 안정이 필요한 곳이나 아기를 재우는 방에서 소음 없이 조명을 조절할 수 있다. 또한 이라이트 베드사이드 램프의 불빛은 조명 심리치료Light Therapy 효과가 있어 사용자가 충분히 휴식할 수 있도록 돕는다.

의 색상과 밝기가 변화하는 기능이 포함돼 있다.

램프 상단에 있는 터치 패드로 조명의 전원과 색상을 조작하기 때문에 소음이 적다. 터치 패드 조작 방식은 터치, 슬라이드, 터치와 슬라이드 복합, 롱프레스로 총 네 가지가 있다. 사용자의 손가락이 터치 패드에 닿는 패턴을 인식함으로써 조명의 색상과 밝기를 조절한다. 전용 스마트폰 앱을 통해서도 조명의 밝기와 색상을 원격 제어할 수 있고 조명의 작동 시간을 미리 설정할 수 있다.

- **회사** 샤오미Xiaomi · **제품명** 이라이트 베드사이드 램프Yeelight Bedside Lamp
- **출시연도** 2016년 · **센서** 정전식 터치 인식 · **통신방식** 블루투스
- **가격** 249위안 · **홈페이지** www.yeelight.com

112. 라이트스트립
소형 LED가 장착된 줄 형태의 조명

"무드에 맞게 다양한 조명을!"

이제 어디라도 조명을 달아보자. 예를 들어 TV 뒷면에 조명을 붙이면 훨씬 그윽해진 분위기 속에서 TV를 시청할 수 있다. 라이트스트립은 소형 LED가 장착된 줄 모양의 조명으로 구부러진 물건의 테두리에 두를 수도 있고 공간 곳곳에 부착할 수 있는 무드 조명이다. 마치 네온사인 같은 효과를 낼 수 있다.

라이트스트립은 연결 단자에 다른 라이트스트립을 이어서 확장할 수 있다. 그 길이를 최대 10미터까지 연결시킬 수 있다. 기존 조명과는 다른 분위기의 조명을 연출할 수 있다. 또 1,600만 색상을 표현할 수 있다. 스마트폰으로 조명 색상과 밝기를 조절하며 무드에 맞게 다양한 조명을 설정하는 것이 가능하다.

와이파이와 블루투스 칩이 내장돼 있기 때문에 다양한 스마트 기기 혹은 서비스와 연동이 된다. 네스트, 구글 홈, 아마존 에코, 스마트씽즈, 하모니, 이프트, 플릭 등과 연동 예정이다. 만약 이프트 규칙을 적용하

라이트스트립은 소형 LED가 장착된 줄 모양의 조명으로 구부러진 물건의 테두리에 두를 수도 있고 공간 곳곳에 부착할 수 있는 무드 조명이다. 마치 네온사인 같은 효과를 낼 수 있다.

면 사용자가 집에 들어올 시 자동으로 켜지는 자동화 기능을 사용할 수 있다.

· **회사** 큐브Qube · **제품명** 라이트스트립LightStrip
· **출시연도** 2017년 3월 출시 예정(Indiegogo) · **통신방식** 블루투스
· **가격** 24달러(스타터 키트) · **홈페이지** www.indiegogo.com/projects/world-s-most-affordable-와이파이-smart-lightstrip#/

113. 매직 스트립스

음악, 카메라, 타이머 모드가 있는 줄 형태의 스마트 조명

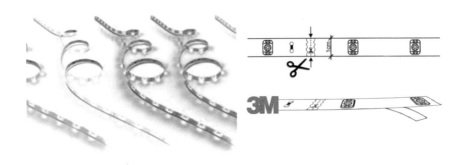

"록과 클래식을 구분해 맞춤한 색상을 비춘다"

　사물인터넷의 진화는 어디까지 가능할까? 거울이든 티브이든 장식
장 액자 원하는 곳에 맞게 구부리고 필요한 만큼 자르고 접착테이프로
붙인다. 똑똑한 조명 매직 스트립스는 줄 형태의 스마트 조명이다. 매직
스트립스의 전면에는 LED 조명이 부착돼 있고 후면에는 3M사의 접착
제가 있다. 사용자는 매직 스트립스를 구부리거나 매직 스트립스의 길
이를 잘라서 원하는 공간에 맞게 부착할 수 있다. 1,600만 가지의 색상
팔레트를 지원하고 조명 컨트롤러에 블루투스 모듈이 내장돼 있어 스
마트폰 앱과 연결이 가능하다.

　얇은 스트립에 LED를 일정한 간격으로 부착하고 컨트롤러에 블루투
스 모듈을 탑재해 조명을 제어하는 방식을 채택한 매직 스트립스는 스
마트폰 앱에서 다양한 모드를 지원하는 점이 특징이다. 사용자가 설정

매직 스트립스는 줄 형태의 스마트 조명이다. 거울이든 티브이든 장식장 액자 원하는 곳에 맞게 구부리고 필요한 만큼 자르고 접착테이프로 붙인다.

할 수 있는 모드는 음악 모드, 카메라 모드, 타이머 모드로 총 세 가지다. 음악 모드는 사용자가 선택한 음악의 장르가 록, 일반, 재즈, 클래식인지에 따라 매직 스트립스의 색상이 변화하는 기능이다. 카메라 모드는 스마트폰 사진 라이브러리에서 선택한 사진의 색상을 매직 스트립스의 조명 색상으로 표현해주는 기능이다. 마지막으로 타이머 모드는 스마트폰 앱을 이용해 사용자가 원하는 시간에 원하는 매직 스트립스의 조명을 연출하도록 설정하는 기능이다.

· **회사** 스마트루체Smartluce · **제품명** 매직 스트립스Magic Strips
· **출시연도** 2016년 · **통신방식** 블루투스
· **가격** 12만 원 · **홈페이지** smartluce.kr

114. 자이어
아웃도어 전용 스마트 램프

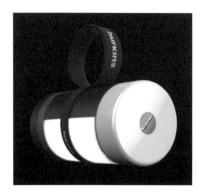

"캠핑과 파티 분위기 담당 조명!"

빛과 스마트 기술의 만남은 우리의 다양한 감성을 자극한다. 자이어는 아웃도어 전용 이동형 스마트 램프로 상단과 측면에 전구가 있다. 다양한 조명 색상과 7단계의 밝기가 지원된다. 자이어 상단 버튼을 클릭하고 회전시켜 조명의 색상과 밝기를 제어할 수 있다. 또한 전용 스마트폰 앱을 이용해 원격 제어할 수도 있다. 보통 평평한 표면에 놓고 사용하지만 하단에 있는 네오디움 자석을 이용해서 벽이나 문에 붙여서 사용할 수 있다. 전용 스트랩을 연결해 들고 다닐 수도 있다. 캠핑이나 파티뿐만 아니라 집안이나 욕실 등 다양한 공간에서 상황에 맞는 조명을 사용하는 것이 가능하다.

아웃도어 전용 제품으로 출시됐기 때문에 충격에 강하다. 램프 갓 역할을 하는 보관용 쉐이드 케이스를 씌우면 더욱 다양한 분위기가 연출

자이어는 아웃도어 전용 이동형 스마트 램프로 상단과 측면에 전구가 있다. 다양한 조명 색상과 7단계의 밝기가 지원된다.

된다. 쇼크리지스트shock resist 메커니즘 설계로 외부 충격에도 강력한 내구성을 갖추며 단층 분리 설계로 내부 열을 효율적으로 분리하고 순환시켜 발열이 적고 선 꼬임 현상을 방지해 회로의 안전 내구성을 향상시켰다. 자이어는 사운드에 반응하며 다양한 컬러와 7단계 밝기 모드를 제공한다. 블루투스로 연결해 스마트폰 앱에서도 모든 제어가 가능하다. 1,600만 가지의 색상을 제공하며 1,600루멘 밝기의 색상 표현이 가능하다. 풀 패키지 구입 시 액세서리인 쉐이드 케이스가 포함된다.

· **회사** 허킨스Hurkins · **제품명** 자이어Gyre
· **출시연도** 2017년 · **통신방식** 블루투스
· **가격** 151,000원 · **홈페이지** hurkins.com

115. 아이케어 스마트 램프 2
눈의 피로를 줄여주는 스탠드형 스마트 조명

"책상이나 거실을 편안하게 밝힌다!"

소중한 눈 건강을 위해 원하는 곳에 원하는 만큼의 빛을 뿌리자. 필립스와 샤오미라는 언뜻 어울리지 않는 두 회사의 묘한 조합이 이루어낸 아이케어 스마트 램프 2는 스탠드형 스마트 조명이다. 조명의 스탠드 부분은 휘는 성질을 가진 재질로 만들어져 필요에 따라 다양한 각도로 휠 수 있다. 따라서 스탠드 부분을 휘어(180도로 휘어질 수 있음) 개인이 원하는 부분에 조명을 비출 수 있다. 아이케어 스마트 램프 2에는 두 개의 백색 LED 램프가 장착돼 있다. 이 조명의 밝기는 4단계로 조절된다.

아이케어 스마트 램프 2에 내장된 조도 센서가 주변 빛을 인식하고 주변 빛의 정도에 맞추어 조명 밝기를 자동으로 조절한다. 이 기능은 눈의 피로를 줄여주는 효과가 있다. 샤오미사의 스마트 홈 플랫폼인 미홈 MiHome에 애드홈 형태로 제품 등록해 사용 가능하다. 또 샤오미의 다른

아이케어 스마트 램프 2는 주로 책상이나 거실에서 사용한다. 조명의 스탠드 부분은 휘는 성질을 가진 재질로 만들어져 필요에 따라 다양한 각도로 휠 수 있다.

스마트 홈 제품과 연결시켜 사용 가능하다. 사용자가 스마트 홈 플랫폼에서 스케줄을 설정하면 그 스케줄에 맞추어 아이케어 스마트 램프 2의 조명을 자동화시킬 수 있다.

아이케어 스마트 램프 2는 주로 책상이나 거실에서 사용한다. 아이케어 스마트 램프 2에 장착된 버튼을 누르면 조명의 전원과 밝기가 조절된다. 또한 와이파이를 통해 스마트폰 앱에 연결해 원격 제어할 수 있다.

· **회사** 샤오미 필립스Xiaomi, Philip · **제품명** 아이케어 스마트 램프 2Eyecare Smart Lamp 2
· **출시연도** 2016년 · **센서** 조도 센 · **통신방식** 와이파이 · **가격** 37달러
· **홈페이지** xiaomi-mi.com/smart-lighting/philips-eyecare-2-smart-desk-lamp

116. 플레이버브 캔들
방향 기능을 포함한 스마트 조명

"촛불처럼 '후' 하고 불면 꺼진다!"

바야흐로 디지털 융합의 시대이다. 이제 빛과 향이 융합한다. 플레이버브 캔들은 방향 기능을 포함한 스마트 조명이다. 향초에서 모티프를 가져왔다. 플레이버브 캔들 구매 시 함께 동봉된 향초 패드를 플레이버브 캔들 내부에 장착하면 향이 퍼지는 디퓨저 효과가 있다. 또한 플레이버브 캔들을 거꾸로 뒤집으면 향초 혹은 일반 초를 세워둘 수 있는 홀더 역할을 한다. 일반 초를 끄는 것으로 입으로 바람을 불면 바람의 힘을 측정해 플레이버브 캔들 조명이 꺼진다.

스마트폰 앱을 켜둔 상태에서 스마트폰을 흔들면 랜덤으로 플레이버브 캔들의 조명 색상이 변화하는 재미있는 인터랙션 방법이 있다. 촛불 모드, 플래시 모드, 맥박 모드, 레인보우 모드의 네 가지 모드 중 선택해

플레이버브 캔들은 방향 기능을 포함한 스마트 조명이다. 향초에서 모티프를 가져왔다. 플레이버브 캔들 구매 시 함께 동봉된 향초 패드를 플레이버브 캔들 내부에 장착하면 향이 퍼지는 디퓨저 효과가 있다.

설정 가능하다. 스마트폰앱을 이용해 다수의 플레이버브 제품이 그룹으로 연동하고 동시에 제어할 수 있다. 이 기능을 이용해 색다른 조명 연출이 가능하다.

• **회사** 마이포MilPOW　• **제품명** 플레이버브 캔들Playbulb candle
• **출시연도** 2016년　• **센서** 풍속 감지 센서　• **통신방식** 블루투스
• **가격** 19.99달러(개당)　• **홈페이지** www.playbulb.com

117. 라이프엑스

집안을 조율하는 스마트 조명

"집안 분위기를 조율하고 조명한다!"

불가능성의 가능성을 꿈꾸는 스마트 시대. 우리는 점점 더 연결을 갈구한다. 라이프엑스는 '연결성'을 강조하는 스마트 조명이다. 여러 개의 라이프엑스 조명을 연결하면 집안의 분위기를 한층 풍성하게 연출할 수 있다. 또한 아마존 에코나 네스트와 같은 스마트 제품에 연결하거나 이프트 규칙을 설정해 활용할 수 있다. 다른 제품과의 차별점 중 하나는 라이프엑스 전구들을 연결해주는 별도의 허브가 필요 없다는 점이다.

라이프엑스는 오픈 앱 프로그램 인터페이스API를 제공한다. 오픈 앱 프로그램 인터페이스는 라이프엑스와 새로운 서비스 혹은 제품의 연결을 도모하는 계기가 됐다. 현재 라이프엑스는 다양한 스마트 홈 서비스와 엔터테인먼트 서비스에 연결될 수 있다. 더 적은 에너지를 사용하면

라이프엑스는 '연결성'을 강조하는 스마트 조명이다. 여러 개의 라이프엑스 조명을 연결하면 집안의 분위기를 한층 풍성하게 연출할 수 있다.

서 일반 조명이 낼 수 있는 밝기만큼의 성능을 가지는 라이프엑스. 일반 조명은 75와트를 사용해야 1,100루멘스 정도의 밝기를 낼 수 있다. 하지만 라이프엑스는 11와트만을 사용한다.

스마트폰 앱을 통해 라이프엑스의 조명 색상과 밝기를 원격 제어할 수 있다. 스마트폰 앱에서 알람을 설정해 아침에 아주 밝은 불이 나오고 잠자기 전에는 조도가 낮은 불이 나오게 해서 은은한 분위기를 연출할 수 있다. 별도의 허브 없이 집안 전체에 라이프엑스의 조명을 설치해 전체적인 집 안 조명을 설정할 수 있다.

- **회사** 라이프엑스Lifx **제품명** 라이프엑스Lifx
- **출시연도** 2016년 **통신방식** 블루투스
- **가격** 59.99달러(개당) **홈페이지** www.lifx.com

Cross-Domain Linkability

9
홈케어

118. 펫큐브 플레이

애완동물과 말하고 놀 수 있는 홈 카메라

어디서든 "앉아, 가만히, 기다려!"

"앉아." 종일 혼자 집에 있다가 갑자기 주인의 목소리를 들은 귀여운 강아지의 표정은 어떨까? 두리번두리번하다가 화면 속 주인을 발견하면 깜짝 놀라 달려들겠지. 1인 가구나 맞벌이 가구는 집에 아무도 없는 시간이 많아 반려동물을 제대로 돌보지 못하는 경우가 많다. 그러다 보니 반려동물은 집에 갇혀서 종일 외롭게 머무는 일이 흔하다.

큐브 모양으로 생긴 반려동물용 인터랙티브 홈 카메라 펫큐브 플레이는 반려동물의 일과를 실시간으로 모니터링할 수 있어 위급상황이 발생했을 때 빠른 대처를 도와준다. 전용 스마트폰 앱으로 실시간 영상을 스트리밍할 수 있는 펫큐브 플레이는 레이저를 이용해 원격으로 반려동물과 놀이를 함께할 수 있게 도와준다. 펫큐브 플레이에 내장된 마

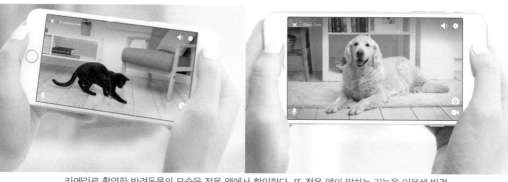

카메라로 촬영한 반려동물의 모습을 전용 앱에서 확인한다. 또 전용 앱의 말하는 기능을 이용해 반려동물에게 말을 걸 수 있으며 레이저를 조작해 놀아줄 수도 있다.

이커와 스피커를 이용해 집 안에 있는 반려동물에게 말을 걸고 소리를 들을 수 있다.

펫큐브 플레이는 135도 광각의 1080p HD 카메라를 장착해 어두운 환경에서도 촬영이 가능하며 카메라는 3배줌까지 지원한다. 반려인은 실시간으로 관찰할 수 있고 반려동물의 모습을 확대해서 자세히 볼 수 있다. 반려동물 훈련과 놀이에 사용된다. 자동모드로 설정하면 반려동물을 훈련시키고 같이 놀이도 한다. 또한 모션 센서로 아무도 없는 집에서 큰 움직임을 감지하면 반려인에게 스마트폰 앱으로 소리 알림을 준다. 알림을 받고 싶지 않은 경우에는 방해금지 모드를 설정하면 된다. 반려동물 케어 서비스를 함께 제공하고 있다. 반려동물 케어 서비스에 가입한 반려인은 클라우드에 저장된 10~30일 동안의 영상 기록을 월 10달러에 열람할 수 있다.

· **회사** 펫큐브Petcube Inc   · **제품명** 펫큐브 플레이Petcube play
· **출시연도** 2016년 · **센서** 모션, 카메라 · **통신방식** 블루투스
· **가격** 119달러 · **홈페이지** petcube.com

119. 아이지니

1가정 1로봇 시대를 여는 홈서비스 로봇

집에 돌아오면 반갑게 맞아주는 개인비서가 필요해

바야흐로 1가정 1로봇 시대가 열리고 있다. 아이피엘의 아이지니는 인공지능 기술이 적용된 국내 토종 스마트홈 소셜 로봇이다. 아이지니란 이름은 『알라딘』의 요술램프 속 요정 지니에서 따왔다. 창업자 김경욱 대표는 "주인이 원하는 때 나와서 소원을 들어주는 지니 같은 로봇"이라고 말한다. 집 안 기기들을 제어하는 스마트 홈 허브 역할을 하면서 주인이 집을 비울 때는 집 안을 돌아다니며 모니터링하고 어린아이 또는 반려동물과 놀아주며 돌봐주는 기능까지 갖추고 있다.

아이지니는 IR, 와이파이, 블루투스 등 다양한 통신환경을 지원하며 연결된 가전기기를 제어한다. 사람들이 집을 비우면 사전에 등록한 위치를 중심으로 자동으로 움직이며 집 안을 모니터링한다. 내장된 센서와 카메라로 집안에서 이상한 움직임을 감지하게 되면 알려준다. 주인의 귀가 시간에 맞추어 현관으로 이동해 주인을 반겨준다. 아울러 날씨,

창업자 김경욱 대표는 "주인이 원하는 때 나와서 소원을 들어주는 지니 같은 로봇"이라고 말한다.

뉴스, 레시피를 알려주고 스케줄이나 알람과 같은 개인 일정을 관리해 사용자의 개인비서로 사용할 수 있다.

아이지니에는 인공지능 기술이 적용돼 주인의 음성명령을 분석하며 명령의 의도와 패턴을 분석하고 적절한 반응을 한다. 어느 정도 소음이 있거나 원거리에서도 음성 인식이 가능하다. 얼굴 패턴을 분석해서 가족의 얼굴을 기억하고 움직임을 감지하거나 색 추적을 한다. 주인이 집 밖에 있을 때는 전용 앱을 사용해 원격으로 모니터링할 수 있다. 그리고 주인이 집에 있을 때는 아이지니에게 음성명령을 내리거나 직접 만져서 작동을 제어하거나 인터랙션 콘텐츠를 이용할 수 있다.

- **회사** (주)아이피엘 - **제품명** 아이지니(iJINI)
- **출시연도** 2018년 상반기 출시 예정 - **센서** 터치, 온도, 습도, 조도, 위치 감지
- **통신방식** 와이파이, 블루투스 - **가격** 미정 - **홈페이지** www.ipl.global

120. 홈

집안의 움직임과 소리를 감지하는 시큐리티 카메라

"내가 없는 동안 무슨 일이 있었을까?"

출근하고 난 뒤 빈집에 홀로 남겨진 강아지는 얼마나 슬플까? 하지만 보통의 상식과 달리 강아지는 혼자만의 시간을 즐기기도 한다고 한다. 정말 사실인지 확인해볼 수 있다. 홈은 가정용 실내 시큐리티 카메라다. 135도의 광각렌즈를 장착한 고성능의 HD 카메라로 사각지대 없이 촬영이 가능하다. 또 소리 센서와 모션 센서가 내장돼 있어서 실내에서 일어나는 움직임과 소리를 감지한다. 즉 집 안에 혼자 있는 자녀나 반려동물을 모니터링할 수 있다. 물론 빈집에서는 침입자를 탐지할 수도 있다.

아울러 내장된 환경 센서는 미세먼지뿐만 아니라 아기용 물티슈나 기저귀 휴지통에서 흔히 발생되는 휘발성유기화합물voc을 측정할 수 있다. 홈의 하단에 있는 LED 불빛을 보고 공기 상태를 판단할 수 있으며, 오염 수치가 높을 경우 스마트폰 앱으로 부모에게 알려주어 자녀의

홈은 가정용 실내 시큐리티 카메라다. 135도의 광각렌즈를 장착한 고성능의 HD 카메라로 사각지대 없이 촬영이 가능하다. 또 소리 센서와 모션 센서가 내장돼 있어서 실내에서 일어나는 움직임과 소리를 감지한다. 즉 집 안에 혼자 있는 자녀나 반려동물을 모니터링할 수 있다. 물론 빈집에서는 침입자를 탐지할 수도 있다.

공간을 환기할 수 있도록 한다. 공기질 상태를 수치화해 시간별 그래프 형태로 확인하는 것도 가능하다.

만약 아이 방에 홈을 설치하면 부모는 아기의 모습을 영상으로 확인하고 동시에 룰러 라이트 음악 프로그램Lulla Light & Music ound programs을 이용해 아기를 돌볼 수 있다. 유아교육 전문가가 직접 개발한 프로그램으로 자장가와 같이 수면에 도움이 되는 음악을 고르거나 LED의 밝기와 색을 적절하게 조절해 아기가 편안히 잠잘 수 있도록 유도한다. 홈에 장착된 카메라는 적외선을 이용한 야간 촬영도 가능하기 때문에 불빛이 없는 상태에서도 촬영이 가능하다.

・회사 위딩스Withings ・제품명 홈Home ・출시연도 2014년
・센서 카메라, 소리, 모션, 재실, 환경센서 ・통신방식 와이파이, 이더넷, 블루투스
・가격 199.95유로 ・홈페이지 www.withings.com

121. 노션
집 안의 모든 상황을 알아서 체크하는 종합 센서

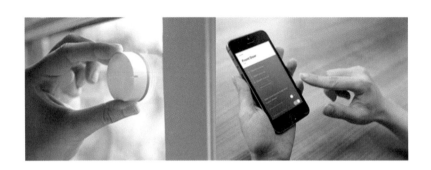

"구석구석 집안 전체를 책임진다!"

이제 바깥에서도 영상으로 집안을 들여다보는 일이 자연스럽고 당연한 시대다. 노션은 집 안에서 일어날 수 있는 다양한 상황을 감지하고 모니터링하는 센서다. 동그란 모양의 7개 센서 모듈과 센서가 측정한 전체 정보를 저장하는 네모난 허브로 구성돼 있다. 동그란 센서 모듈을 문, 창문, 방 안, 화장실, 천장 등에 부착하고 허브는 플러그에 연결해 사용한다. 각 모듈에는 가속도 센서, 조도 센서, 온도 센서, 압전변환 센서, 근접 센서, 누수 감지 센서, 자이로 센서 7개가 탑재된 다기능을 할 수 있는 센서 모듈이다. 또한 노션은 설치와 제거가 간편해 허브와 통신이 가능한 범위 내에서라면 실내에서 자유롭게 위치 이동이 가능하다.

노션은 부착하는 위치에 따라 각기 다른 역할을 하게 된다. 위치에 따라 문 열림, 누수, 온도, 도둑 침입이나 화재 발생, 가스 누출 같은 문제가 생기면 그 내용을 사용자의 스마트폰으로 알려준다. 즉 노션을 거실

또는 방에 부착하면 내장된 조도 센서가 집 안에 있는 사람이 불을 장시간 동안 켜두거나 불을 끄지 않고 외출했을 때 알림으로써 에너지 절약을 돕는다. 창문 또는 문에는 자이로 센서가 역할을 해서 열리거나 제대로 닫히지 않은 것을 감지해 도둑 침입을 막을 수 있다. 또한 프로판 가스탱크에 부착하면 압전변환 센서가 역할을 해서 진동을 전자파로 변환시켜 프로판 가스탱크가 비었는지를 살필 수 있다. 집 안에 화재가 발생해 연기 탐지기가 울리면 노션이 경보음을 감지해 집주인에게 신속하게 알려준다.

엔드 투 엔트 암호화End-to-end encryption, AES 256 비트 암호화 기술을 적용해 허브와 센서들 사이에서 오고 가는 정보를 보호한다. 오쓰OAuth 2.0q라는 오픈 ID로 개발된 표준 인증방식을 사용해 클라이언트 인증을 한다.

- **회사** 노션Notion ・ **제품명** 노션Notion ・ **출시연도** 2015년
- **센서** 온도, 조도, 근접, 누수감지, 가속도, 자이로, 압전변환, 소리 ・ **통신방식** 와이파이
- **가격** 219달러(3 Sensors, 1 Bridge) ・ **홈페이지** getnotion.com

122. 파이퍼
한 치의 빈틈도 허락지 않는 홈모니터링 전용 카메라

"집 밖에서도 구석구석 다 본다!"

파이퍼는 고성능 홈모니터링 전용 카메라다. 주로 거실이나 자녀 방에 두고 작동시킨다. 파이퍼의 카메라는 180도 회전이 돼 집 전체의 모습을 촬영할 수 있다. 내장된 모션 센서, 고성능 스피커, 카메라를 사용해 집 안에서 일어나는 움직임과 소리를 감지해 실시간 모니터링한다. 집주인이 집을 비웠을 때 이상 움직임과 소리가 감지되면 자동으로 105데시빌dB의 강력한 사이렌을 울려 위험을 알리고 마트폰으로 푸시 알림, 문자, 전화를 하거나 이메일로 현재 상황을 전달한다.

사용자의 상황에 알맞게 집에 있는 경우Home, 외출 상황Away, 집을 장기간 비운 경우Vacation로 보안 모드를 선택할 수 있다. 보안용 이외에도 자녀 또는 반려동물을 원격으로 모니터링하고자 할 때도 사용할 수 있다. 파이퍼의 180도 회전각은 다른 홈모니터링 제품을 사용할 때보다 넓은 범위이다. 라이브 영상 또는 지난 영상 기록을 스마트폰이나 태

블릿 PC에서 언제든지 확인할 수 있다. 또 전용 앱에서 파이퍼를 직접 조절할 수 있다. 각도를 조절하거나 줌을 해 집 안 구석구석을 살펴볼 수 있고 4분할 화면으로 동시에 다양한 각도의 모습을 볼 수 있다.

또한 양방향 오디오 기능이 있어서 집 안에 있는 자녀나 가족과 대화하는 인터콤처럼 사용할 수도 있다. 아울러 내장된 온도, 습도, 조도 센서를 이용해 설치된 공간의 온도, 습도, 조도를 측정하고 집주인은 전용 앱에서 시간대별 데이터를 볼 수 있다. 파이퍼에서 만든 다른 사물인터넷 기기(조명, 스위치)를 Z-웨이브 통신기술로 연결해 하나의 스마트 홈으로 사용 가능하다.

• **회사** 아이콘트롤 넷트워크 파이퍼Icontrol Networks Piper • **제품명** 파이퍼Piper
• **출시연도** 2014년 • **센서** 카메라, 모션, 온도, 습도, 조도, 소리
• **통신방식** 와이파이, 제트-웨이브
• **가격** 279.99달러(nv 모델) • **홈페이지** getpiper.com

123. 삼성 스마트씽즈 홈모니터링 키트

집 전체를 스마트하게 만들어주는 통합 관리기기

"이제 더 이상 멍청한 스위트홈은 없다!"

이런저런 스마트 기기를 모두 모아 기능하는 진짜 스마트 홈. 아침에 일어나면 자동으로 조명을 켜지고 커피메이커가 작동하며 라디오가 흘러나온다. 출근하면 조명이 꺼지고 보일러가 꺼지고 창문과 대문이 잠기며 보안 카메라가 작동한다. 주인이 없는 사이에 물이 새거나 도둑이 침입한다면 알려준다. 퇴근해서 돌아오면 조명을 켜주고 음악을 재생한다. 이제 과거의 집은 스마트하게 변한다. 삼성 스마트씽즈 홈모니터링 키트 때문이다.

스마트 센서, 조명, 잠금장치, 카메라 등과 연결하기 위한 허브 하나와 문, 창, 캐비닛 또는 차고의 개폐 여부를 모니터링하기 위한 다목적 센서 2개, 집 안의 움직임을 모니터링하기 위한 모션 센서 1개, 조명, 전자기기 및 소형 가전기기를 제어하기 위한 플러그 1개를 포함하고 있다.

홈 모니터링 키트에 센서를 비롯한 다양한 사물인터넷 기기들을 연결해 집 안 전체를 하나의 스마트 홈으로써 통합 모니터링할 수 있다. 다목적 센서는 온도, 가속도, 개폐감지 센서를 포함하고 있다. 문, 창문, 수납장, 차고가 열려 있을 때, 자녀가 위험하고 제한된 구역에 들어가려 할 때, 실내 온도가 급격하게 변할 때를 감지해 즉시 알려준다.

이 센서를 이용해 집 안의 움직임, 온도를 감지하고 플러그와 연결된 전자기기들의 전력을 제어할 수 있다.

홈 모니터링 키트에 센서를 비롯한 다양한 사물인터넷 기기들을 연결해 집 안 전체를 하나의 스마트 홈으로써 통합 모니터링할 수 있다. 다목적 센서는 온도, 가속도, 개폐감지 센서를 포함하고 있다. 문, 창문, 수납장, 차고가 열려 있을 때, 자녀가 위험하고 제한된 구역에 들어가려 할 때, 실내 온도가 급격하게 변할 때를 감지해 즉시 알려준다. 또한 사람이 집에 들어오는 것을 감지해 조명이 켜지도록 자동화할 수 있다. 그리고 모션 센서는 집에 아무도 없을 때 외부인의 침입이 발생하면 움직임을 감지해 집주인에게 즉시 알려준다. 또한 이 센서는 120도 시야와 함께 약 4.5미터 멀리 떨어져 있는 위치의 움직임을 감지하는 것이 가능하다.

허브는 집 안의 유선네트워크와 연결하고 다목적 센서와 모션 센서는 문, 창문, 방과 같이 움직임과 온도를 모니터링하고자 하는 위치에 설치한다. 플러그는 집 안의 콘센트에 꽂아 전자기기와 연결한다. 전용 앱을 사용해 각각의 위치에서 센서가 측정한 집 안의 상태 정보(움직임, 온도)를 확인하고, 연결된 기기의 전원을 제어한다. 허브와 아마존 알렉사를 연동하면 전용 앱에서 직접 조작하지 않아도 음성명령으로 허브에 연결된 기기들을 제어할 수 있다.

- **회사** 삼성Samsung
- **제품명** 스마트씽즈의 홈모니터링 키트Samsung SmartThings Home Monitoring Kit
- **출시연도** 2015년 · **센서** 온도, 가속도, 개폐 감지, 모션
- **통신방식** 지그비(허브는 제트-웨이브, IP도 가능)
- **가격** 249달러 · **홈페이지** www.smartthings.com

124. 벤티프레쉬

광촉매 공기 청정기

"필터도 화학약품도 필요없는 친환경 악취 제거기!"

"그에게서는 언제나 비누냄새가 난다. 아니, 그렇지는 않다. 언제나라고 할 수는 없다. 그가 학교에서 돌아와 욕실로 뛰어가서 물을 뒤집어쓰고 나오는 때면 비누냄새가 난다."

강신재의 소설 『젊은 느티나무』의 첫 문장이다. 어떤 사람은 그렇게 냄새로 기억된다. 냄새는 추억을 떠오르게도 한다. 당신의 첫사랑은 어떤 냄새가 났는가? 당신의 고향에선 어떤 냄새가 났는가. 냄새는 심리적 안정을 주기도 한다. 나무 냄새나 엄마 냄새는 포근함을 느끼게 한다. 공간도 마찬가지이다. 꽃처럼 향기로운 냄새가 난다면 그 냄새에 이끌려 가까이 다가갈 것이다. 그러나 그 반대라면? 코를 막아야 할 만큼 기분 나쁜 냄새를 맡게 되면 당장 멀리 도망가고 싶다. 아무리 사랑하는 사람이라도 말이다.

스마트 냄새 제거기 벤티프레쉬를 놓으면 주변 공기를 정화하고 냄새를 제거할 수 있다. 가정에서 일반적으로 사용하는 친환경 방취제인 베이킹 소다보다 10배 이상의 효과가 있다고 한다.

우리는 그런 나쁜 냄새를 없애기 위해 아주 강력한 실내 청정제와 방취제들을 사용하기도 한다. 그런데 그 냄새가 너무 강해서 더 나쁜 냄새가 난다. 아, 정말이지 머리 아픈 나쁜 냄새. 더욱이 화학 방취제는 어린이와 애완동물에 해가 될 수 있는 화학 물질을 공기 중으로 방출하기까지 한다. 도대체 어떻게 할 것인가? 옷장, 신발장, 냉장고, 화장실, 기저귀 가방, 체육관 사물함, 쓰레기통 등등. 곳곳에 나쁜 냄새의 진원지들이 있다. 그런데 아주 간단하게 해결할 방법이 있다. 스마트 냄새 제거기 벤티프레쉬를 놓으면 된다. 그럼 주변 공기를 정화하고 냄새를 제거할 수 있다. 가정에서 일반적으로 사용하는 친환경 방취제인 베이킹 소다보다 10배 이상의 효과가 있다고 한다. 더욱이 크기도 둘레 6.30센티미터에 높이 5.08센티미터로 작고 무게도 70그램밖에 안 된다. 쓰레기통 내부와 같이 좁은 공간에 부착해 사용 가능하다. 또한 조도 센서로 밝기를 감지하여 자동으로 켜고 끌 수도 있다.

원리는 간단하다. 식물의 광합성 작용 원리와 비슷하다. 정확하게는 광합성 작용의 역전 원리이다. 식물은 이산화탄소와 물을 분해해서 산소를 만드는데 벤티프레쉬는 그 반대로 나노 물질이 휘발성 유기물이나 가스 형태의 악취를 분해해서 이산화탄소와 물로 만든다. 먼지 방지 처리가 된 저소음 모터 팬을 사용해서 공기 중의 악취 분자를 에어순환기로 흡입한다. 그다음 울트라 바이올렛UV 빛에 의해 만들어진 광촉매 산화PCO로 악취를 처리한 후 깨끗한 공기를 내보내는 방식이다. 즉 광촉매 산화는 울트라 바이올렛 빛이 이산화 티타늄이라는 미네랄과 접촉해 에너지가 공급되는 과정에서 발생한다. 이것이 접촉하는 모든 유기 오염물질을 감소시키는 성분이 만들어지도록 유도하는 것이다. 악취를 필터로 흡수하거나 거르는 방식이 아니라 화학적 방법을 통해 악취를 분자 수준에서 분해한다. 그러다 보니 필터 교환이나 화학 약품 리필이 필요 없다. 인체에 무해한 자연 가스를 발생시키는 친환경적인 제품이다.

벤티프레쉬는 수많은 장점을 갖고 있지만 단점도 있다. 근처에 전원 콘센트가 없으면 작동하지 않는다는 것이다. 물론 저전력을 사용하기 때문에 매달 전기료로 40센트 정도만 더 내면 된다. 개별 제품을 판매해 이익을 얻으며 1개(46달러), 3개(130달러), 10개(416달러), 50개(1,950달러) 등 많이 구매할수록 할인 폭이 커진다. 별도로 판매하는 서비스나 부품은 없다.

• **회사** 아이핀iPin • **제품명** 벤티프레쉬VentiFresh • **출시연도** 2017년
• **가격** 1개(46달러), 3개(130달러), 10개(416달러), 50개(1,950달러)
• **홈페이지** www.ventifresh.com

125. 온습도 스마트 센서
오차 없이 정밀한 스마트 온도 습도계

"최적의 온도와 습도로 유쾌 상쾌한 생활을 만든다!"

유쾌하고 상쾌한 실내 환경은 최적의 온도 습도가 구현하는 법. 이제 온도 습도 또한 스마트하게 관리하자. 온습도 스마트 센서는 센서푸시 사의 스마트 온도 습도계다. 무게는 40그램 정도이며 크기는 지우개보다 살짝 크다. 따라서 공간에 구애받지 않고 온도와 습도에 민감한 실내 공간에 설치해 온도와 습도를 지속적으로 체크할 수 있다. 특히 바닥에 위험한 물질이 떨어지면 안 되는 (공장) 곳이라거나 카펫이 깔린 화장실에 유용하다.

스마트 센서는 설치 방법이 매우 간단하다. 센서모듈과 전용 앱을 블루투스로 연결하면 모든 설치가 완료된다. 누구나 쉽게 사용할 수 있다. 먼저 스마트폰의 블루투스를 켜고 앱을 작동시킨다. 그리고 센서모듈을 스마트폰 화면 위에 올려놓으면 인식하고 자동으로 연결된다. 그리고

온습도 스마트 센서는 센서푸시사의 스마트 온도 습도계다. 무게는 40그램 정도이며 크기는 지우개보다 살짝 크다. 따라서 공간에 구애받지 않고 온도와 습도에 민감한 실내 공간에 설치해 온도와 습도를 지속적으로 체크할 수 있다.

나서 온도 및 습도 체크가 필요한 공간에 설치하면 된다. 재질 특성상 온도와 물에 강하기 때문에 냉장고 같은 공간도 체크할 수 있다. 스마트 센서에는 정밀한 측정으로 알려진 스위스산 센서가 내장돼 있어 온도, 습도를 거의 오차 없이 정확하게 측정할 수 있다. 전용 앱을 이용하기에 센서모듈이 설치된 곳에 직접 가지 않아도 한 번에 정보를 확인할 수 있다. 만약 온도와 습도가 설정 범위를 벗어나는 경우에는 알림을 받는다.

하나의 스마트폰 앱에 여러 개의 센서모듈을 연동할 수 있고 센서모듈마다 각각 이름을 설정해 쉽게 구분하고 관리할 수 있다. 전용 앱을 사용해 실시간 온도나 습도뿐만 아니라 시간, 날, 주간, 월간, 연도별 데이터와 함께, 각각의 최고, 최저 온도와 습도를 볼 수 있다. 또한 수집된 데이터를 엑셀 파일 형태로 저장해서 이메일과 카카오톡으로 보낼 수 있다.

- **회사** 센서푸시Sensor Push
- **제품명** 온습도 스마트 센서Temperature And Humidity Smart Sensor
- **출시연도** 2016년 · **센서** 온도, 습도 · **통신방식** 블루투스
- **가격** 49.99달러 · **홈페이지** www.sensorpush.com

126. 리릭
누수와 결빙 감지 스마트 센서

"물이 새거나 얼어붙지 않도록 단단히 준비할 것!"

일반 단독주택은 아파트와 달리 관리에 손이 많이 간다. 그중 가장 신경 써야 할 것이 누수와 결빙이다. 리릭은 누수와 결빙 감지 스마트 센서다. 본체는 주변 온도와 습도를 측정하고 케이블이 누수와 결빙을 알아내는 센서 역할을 한다. 개별적인 집 관리가 필요하고 누수 및 화재 예방이 매우 중요한 개인 주택에는 필요한 기기라고 할 수 있다. 리릭은 바닥에 늘어뜨린 케이블이 물을 감지해 누수를 진단한다. 세탁기 옆, 화장실과 같이 누수 위험이 있는 공간에 리릭을 설치해 사용한다. 본래 포함된 4피트 정도, 즉 약 1미터 20센티 케이블 외에 500피트 길이의 케이블을 추가하면 넓은 범위에서 모니터링할 수 있다.

각각 설치된 센서 모듈이 측정한 정보는 스마트폰 앱에서 볼 수 있다. 한눈에 파악하고 통합적인 관리를 하고 사전에 누수와 동파 위험을 발

리릭은 누수와 결빙 감지 스마트 센서다. 본체는 주변 온도와 습도를 측정하고 케이블이 누수와 결빙을 알아내는 센서 역할을 한다. 개별적인 집 관리가 필요하고 누수 및 화재 예방이 매우 중요한 개인 주택에는 필요한 기기라고 할 수 있다.

견함으로써 더 큰 피해를 막을 수 있다. 전용 앱에서 해당 공간의 온도, 습도, 누수, 동파 정보를 확인한다. 그리고 누수나 결빙이 감지될 경우, 사전에 임계 범위를 벗어나게 되면 LED와 경고 알림을 전달해 빠른 조처할 수 있도록 한다. 현재 상황이 위급한 경우, LED 불빛이 깜빡거리거나 100데시벨 크기의 사이렌을 울려 위험을 알린다. 집에 아무도 없을 때 누수가 발생하면 사용자의 연락처에 저장된 친구와 이웃에게도 누수 알림이 전달되기 때문에 빠르게 조처할 수 있다. 리릭은 별도의 네트워크 허브를 설치할 필요 없고 집 안의 무선 와이파이 네트워크에 연결해 사용한다.

• **회사** 하니웰Honeywell • **제품명** 리릭Lyric
• **출시연도** 2016년 • **센서** 온도, 습도, 누수, 결빙 감지 • **통신방식** 와이파이
• **가격** 79.99달러 • **홈페이지** https://yourhome.honeywell.com/en/products/water-alarms/lyric-와이파이-water-leak-and-freeze-detector

127. 월리 홈
스마트 홈 관리

"물이 새거나 문이 열려도 걱정 말아요!"

이것저것 건사해야 할 일이 하도 많아 골치 아픈 집. 월리 홈은 집 관리용 디바이스다. 집 안의 온도, 습도, 누수 여부, 문 열림 여부를 측정하는 센서모듈과 월리 홈 전용 앱을 연결하는 허브로 구성된다. 월리 홈에는 온도, 습도, 누수 감지, 문 열림 감지 센서가 포함돼 있다. 누수를 발견하면 스마트폰으로 알림을 보내거나 경보음을 울려 집 안에 물이 넘치는 것을 막는다. 또한 온도와 습도를 측정해 동파 또는 곰팡이가 발생하는 것을 사전에 방지한다. 이밖에도 문과 창문이 열린 것을 감지해 도난을 피하고 에너지 절약을 돕는다.

허브를 유선 네트워크 또는 무선 와이파이 네트워크에 연결하고 센서모듈과 전용 앱을 연결한다. 센서모듈을 화장실이나 다용도실과 같이 누수 발생 위험이 있는 곳에 설치하거나 창문 또는 문에 부착해 사용한

월리 홈에는 온도, 습도, 누수 감지, 문 열림 감지 센서가 포함돼 있다. 누수를 발견하면 스마트폰으로 알림을 보내거나 경보음을 울려 집 안에 물이 넘치는 것을 막는다.

다. 전용 앱에서 각 위치에 있는 센서모듈이 측정한 데이터를 확인하고 문제 발생 시 알림을 받는다. 이상 상태가 보이는 경우 제품 자체에서 LED 불빛과 소리가 나며 스마트폰으로 알림을 전달한다.

전용 앱을 사용하면 각종 센서가 측정한 모든 데이터를 전체적으로 파악할 수 있고 센서모듈을 설치해둔 위치의 세부적인 정보(온도, 습도)를 함께 확인할 수 있다. 또한 집주인이 사전에 원하는 온도, 습도의 범위를 지정해둘 수 있다. 만약 현재 온도, 습도가 해당 범위를 벗어날 경우, 월리 홈이 이를 감지하고 즉시 경보음과 함께 알린다.

월리 홈의 배터리는 보통 5년 동안 지속해서 사용할 수 있다. 기존 허브에 보조 전원을 추가함으로써 허브의 전원이 나갔을 때에도 센서가 작동해 월리 홈을 장시간 동안 사용할 수 있다. 또한 허브의 전원이 없어지면 이를 자동으로 감지하고 알려준다. 집 안에 문제가 생겼을 때는 월리 긴급 대응 서비스를 이용하면 된다. 전문가와 전화 상담 혹은 직접 방문해 정확하고 신속하게 조처할 수 있다.

• **회사** 월리 랩스Wally labs • **제품명** 월리 홈Wally Home • **출시연도** 2016년
• **센서** 온도, 습도, 누수감지, 문 열림 감지 • **통신방식** 이더넷, 블루투스
• **가격** 99.99달러 • **홈페이지** www.wallyhome.com

128. 센트리

집안을 지키는 다용도 스마트 LCD 디스플레이

원하는 대로 변신하는 실내 지킴이

센트리는 스마트 LCD 디스플레이다. 거실이나 방의 벽에 센트리를
부착하거나 테이블에 센트리를 두고 사용한다. 평상시에는 내장 센서로
현재 시각, 날씨예보, 온도, 습도, 공기질 정보를 얻는 용도로 사용하고
외출 시에는 카메라와 모션 센서를 사용해 집 안의 모습을 원격으로 모
니터링한다.

센트리에는 HD 카메라와 오디오가 내장돼 집 안의 모습을 실시간으
로 확인할 수 있고 카메라는 적외선 나이트 비전 기능을 포함해 빛이
없는 야간에도 선명하게 녹화할 수 있다. 집 안에 사람이 있는 경우는
'홈 모드'를 선택해 알림을 비활성화시키고 외출할 경우는 '어웨이 모
드'를 선택해 알림을 받도록 설정한다. 외출할 때는 주로 전용 앱을 사
용해 집 안의 모습을 실시간으로 확인하고 외출하지 않을 경우에는 터
치스크린에서 직접 영상기록을 보거나 연결된 기기를 제어한다.

센트리에는 HD 카메라와 오디오가 내장돼 집 안의 모습을 실시간으로 확인할 수 있고 카메라는 적외선 나이트 비전 기능을 포함해 빛이 없는 야간에도 선명하게 녹화할 수 있다. 집 안에 사람이 있는 경우는 '홈 모드'를 선택해 알림을 비활성화시키고 외출할 경우는 '어웨이 모드'를 선택해 알림을 받도록 설정한다.

집 안의 이상 움직임을 감지하거나 온도, 습도, 공기질에 급격한 변화가 있을 때 터치스크린에도 경고 알림이 나타난다. 센트리는 위모 스위치, 휴 라이트, 네스트와 연동되고 센트리의 터치스크린에서 연동된 기기의 전원과 설정을 제어할 수 있다. 센트리를 구입하면 지난 12시간 동안의 영상, 알림, 이벤트 기록을 무료로 열람할 수 있다. 하지만 그 이상 기간(7일, 30일, 1년, 무제한)에 해당하는 데이터는 일정 금액을 지불해 서비스를 구매해야 확인 가능하다.

- **회사** 센트리Sentri · **제품명** 센트리Sentri
- **출시연도** 2016년 · **센서** 카메라, 온도, 습도, 공기질, 모션 · **통신방식** 와이파이
- **가격** 279달러 · **홈페이지** sentri.me

129. 버디
공기질 모니터링과 연기 감지 기능 결합기기

"어떠한 나쁜 공기라도 쏙쏙 잡는다!"

공기질이 화두인 세상. 버디는 공기질 모니터링과 연기 감지 기능이 결합된 기기다. 보통 부엌과 같이 화재 위험이 있거나 공기질 체크가 필요한 공간에 설치한다. 먼지 유해화학물질, 온도, 습도, 그리고 공기가 얼마나 탁한지를 감지하고 외부 위협요인인 공해, 꽃가루, 미립자까지 파악한다. 또한 실내 공기 속의 일산화탄소 수치를 감지해 실시간으로 경고를 보내고 아이들이나 노인과 같이 취약한 계층을 위해 일산화탄소를 최소화할 방법을 알려준다.

전용 앱을 사용해 연기 감지 여부, 실내 공기질 분석 결과를 확인한다. 화재나 가스누출과 같은 위험상황이 발생하면 스마트폰으로 경고 알람을 보내고 버디에 불이 들어오며 사이렌을 울린다. 보통 연기 감지기들은 오작동이 빈번하게 발생하고 사용에 불필요한 버튼이 많았다. 버디는 이 점을 개선해 센서 정확도를 최대화해 오보의 가능성을 줄였다. 버디가 연기를 화재로 잘못 인식할 경우 전용 앱에서 바로 오보를 취소하고 경보를 멈출 수 있다.

아울러 연기 감지 기능 외에 실내 공기질을 측정하는 센서를 추가해서 이산화탄소, 미세먼지, 휘발성 유기화합물, 꽃가루의

버디 창업자들. 왼쪽부터 마크 벨린스키|Mark Belinsky와 저스틴 알비|Justin Alvey.

수치를 측정해 경고함으로써 사람들이 안전하고 건강한 환경에서 생활하도록 한다. 버디에 내장된 온도센서는 실내 온도가 지나치게 높거나 낮은 온도로 동파의 위험이 예상되는 경우에도 경고 알림을 보낸다. 가스 누출, 화재, 토네이도, 지진, 산불과 같은 재난이 발생했을 때 버디에 불이 들어오거나 사이렌이 울리며 사용자 본인뿐만 아니라 가족, 이웃에게도 스마트폰 알림을 보낼 수 있다.

버디의 시큐리티 컨시어지Security Concierge 서비스는 사용자의 집을 실시간으로 모니터링하고 있다가 위급상황이 발생하면 소방서에도 바로 전화를 연결해 빠른 조처할 수 있도록 했다. 따라서 사람이 외출하거나 스마트폰 알림을 바로 확인하기 어려운 경우, 시큐리티 센터가 사용자를 대신해 신고함으로써 신속하게 화재 발생에 대처할 수 있다.

• **회사** 버디Birdi   • **제품명** 버디Birdi   • **출시연도** 2016년
• **센서** 습도, 온도, 공기질 측정(미세먼지, 일산화탄소, 꽃가루, 오염물질), 조도
• **통신방식** 와이파이, 블루투스   • **가격** 111.99달러   • **홈페이지** getbirdi.com

130. 기가 IoT 홈캠

긴급출동 서비스가 가능한 보안용 홈카메라

"이제부터 내 집은 내가 지킨다!"

기가 IoT 홈캠은 우리 집을 든든히 지켜주는 보안용 홈카메라다. 내장된 카메라, 모션 센서, 소리 센서를 사용해 집 안을 실시간으로 모니터링한다. 또한 집에 아무도 없는 경우, 도둑의 침입과 같이 이상한 움직임과 소리를 감지했을 때 경보음을 울리고 스마트폰으로 경고 알림을 보낸다. 또한 사전에 외출 일정을 저장하면 그 시간에 맞춰 보안 알림 기능이 자동으로 작동한다. 기가 IoT 홈캠을 주로 거실이나 출입문 근처에 설치하고 전용 앱과 와이파이로 연결한다. 주로 외출할 때 사용하기 때문에 전용 앱을 쓰고 실시간으로 집 안의 상황을 파악할 수 있다. 전용 앱에서 집 안의 모습을 실시간으로 확인하고 움직임과 소리가 감지되면 알림을 받는다.

카메라는 좌우 345도, 상하 105도로 회전하고 사각지대 없이 집 전체를 모니터링할 수 있고 200만 화소라 선명하게 녹화된 영상을 볼 수

있다. 카메라를 상하반전하거나 자동으로 회전할 수 있기 때문에 책상, 벽면, 천장 어디에나 설치해 사용할 수 있다. 집주인은 앱을 사용해 실시간으로 모니터링하다가 한 번의 터치로 원하는 순간을 녹화하거나 캡처할 수 있다. 기가 IoT 홈캠의 용량은 64GB 대용량으로 많은 양의 비디오 클립을 저장할 수 있어 최근뿐만 아니라 비교적 오래된 영상기록도 보관할 수 있다.

기가 IoT 홈캠은 스피커와 마이크를 이용한 2-웨이 오디오 기능이 있어서 전용 앱을 사용해 집에 있는 사람 또는 반려동물의 소리를 듣거나 그들에게 말을 할 수도 있다. 기가 IoT 홈캠을 사용하는 사람은 기가 IoT 홈캠이 집 안의 외부인 침입을 감지하고 알림을 보냈을 때 전용 앱에서 긴급출동서비스를 이용할 수 있다. 해당 서비스를 선택하면 KT 텔레캅 콜센터로부터 바로 전화가 오고 KT텔레캅은 기가 IoT 홈캠이 설치된 장소로 출동한다. 따라서 집과 멀리 떨어져 있거나 사람이 직접 해결하기 어려운 상황에도 신속하게 대처할 수 있다. KT텔레캅의 긴급출동서비스는 최초 1회만 무료이고 2회차부터는 유료로 이용 가능하다.

· **회사** KT · **제품명** 기가 IoT 홈캠
· **출시연도** 2015년 · **센서** 카메라, 모션, 소리 · **통신방식** 와이파이
· **가격** 월 9,000원(3년 약정) · **홈페이지** shop.olleh.com/iot/prodGigalotHomecam.do

131. 카나리
순간 포착이 가능한 원통 모양의 보안용 홈카메라

"선명한 촬영과 기민한 대응이 돋보인다!"

카나리는 안심하고 믿고 맡길 수 있는 원통 모양의 보안용 홈카메라다. 고성능 카메라와 모션 센서로 집 안을 모니터링한다. 이상 움직임을 감지했을 때 90데시벨의 사이렌 경보음을 울리거나 스마트폰으로 경고 알림을 보낸다. 보통 홈모니터링 카메라는 사람이 직접 보안 모드를 변경해야 한다. 하지만 카나리는 내장된 센서가 사람이 들고 나가는 것을 인식해 자동으로 보안 모드로 전환한다. 또한 강도나 도둑의 침입과 같이 보안이 위반된 경우 경찰서와 소방서에 자동으로 신고하기 때문에 신속하게 위급상황에 대처할 수 있도록 한다.

카나리는 집 안의 유선 이더넷 네트워크 또는 무선 와이파이 네트워크에 연결해야 한다. 그래야 전용 앱에서 실시간으로 촬영되는 집 안의 모습을 확인하고 온도, 습도, 공기질 상태 데이터를 확인한다. 이상 움직임이 발생했을 때 사이렌 경보나 스마트폰 알림을 받는다. 전용 앱을

사용함으로써 밖에서도 실시간으로 집 안을 원격 모니터링할 수 있다. 147도 광각 렌즈를 탑재하고 자동 나이트 비전 기능을 포함하고 있어서 밤낮 상관없이 집 안 구석구석을 선명하게 촬영할 수 있다. 전용 앱을 사용하면 카메라가 실시간으로 녹화한 집 안의 모습을 확인할 수 있고, 또한 이상 움직임이 감지됐을 때의 시간과 함께 순간의 모습을 담은 영상클립을 볼 수 있다.

보안 모드를 홈Home, 외출Away, 밤Night, 사생활Privacy로 설정할 수 있고 각 모드마다 움직임을 기록하고 경고알림을 보내는 기준이 다르다. 카나리는 집 안에 있는 사람의 생활 패턴을 분석해 평소와는 다른 이상 움직임을 정확하게 포착할 수 있다. 홈 보안 이외에도 내장된 센서로 온도, 습도, 공기질을 측정하고 분석해 스마트폰에 데이터를 전달한다. 온도의 급격한 변화와 같이 이상 패턴을 감지하면 사용자에게 알린다. 10일간의 영상 기록을 볼 수 있고 24시간 상담서비스 멤버십이 있다(1개월에 9.99$).

• **회사** 카나리Canary • **제품명** 카나리Canary • **출시연도** 2015년
• **센서** 카메라, 3축가속도, 조도, 온도, 습도, 공기질 측정, 모션
• **통신방식** 와이파이, 이더넷 • **가격** 199달러 • **홈페이지** canary.is

132. 서클
벽에 붙여서 사용할 수 있는 보안용 홈카메라

"어느 공간 어느 때라도 감시한다!"

서클은 철두철미한 감시의 눈을 갖는 보안용 홈카메라다. 고성능 카메라를 이용해서 집 안 내부를 녹화하고 모션 센서로 움직임을 감지해 빈집 도둑이나 원치 않는 자의 침입을 방지하고자 한다. 서클은 보안용 외에도 자녀와 반려견이 집에 혼자 있을 때도 사용할 수 있다. 서클에는 내장된 스피커와 마이크가 있어 2-웨이 오디오 기능을 이용해 주인은 원격으로 자녀와 반려견의 모습을 보면서 대화를 할 수 있다.

집 안의 원하는 공간 어디에서든지 사용 가능하기에 편리하다는 것이 장점이다. 평평한 테이블 위뿐만 아니라 벽에 붙여서 사용할 수 있다. 바닥 부분이 마그넷 재질로 돼 있어 붙였다가 쉽게 뗄 수 있다. 360도 회전이 가능한 피봇 기능을 지원하므로 벽에 부착한 후 원하는 각도로 회전시켜 사용할 수 있다.

주로 집에 아무도 없을 때 모니터링하기 위해 사용한다. 서클과 스마트폰을 와이파이로 연결한다. 서클에 탑재된 고화질 카메라는 135도

광각렌즈와 나이트 비전 기능을 갖추고 있어 밤낮 상관없이 언제든지 선명하게 집 안 모습을 확인할 수 있고 집 안 구석구석 살펴볼 수 있다. 전용 앱에서 서클의 카메라와 센서가 측정한 데이터를 확인하고 집 안을 모니터링하고 집 안에 누군가 침입했을 때 알림을 받는다.

내장된 모션 센서가 아무도 없는 집에 누군가 문을 열고 들어오는 것을 감지한다. 집주인이 사전에 지정한 특정 공간에서 움직임이 발생했을 때(예: 침실 안 금고에 다가옴) 주인에게 즉시 알려준다. 스마트 필터링 기술을 사용해 정확한 진단을 하고 오보를 줄였다. 전용 앱에서 하루 동안 녹화된 영상을 30초 타임랩스 형식으로 빠르게 확인할 수 있으며 녹화 영상 중 중요한 순간들을 빠르게 선택하고 재생할 수 있고 스마트폰과 태블릿 PC로 다운로드할 수도 있다. 서클의 LED가 반짝거리거나 색이 바뀌는 것으로 현재 상태를 확인한다.

• **회사** 로지텍Logitech   • **제품명** 서클Circle
• **출시연도** 2016년   • **센서** 카메라, 모션   • **통신방식** 와이파이
• **가격** 199.99달러   • **홈페이지** www.logitech.com/en-us/product/circle

133. 뉴브라이트 터치포인트
조명에서 시큐리티까지 통합 스마트 홈 콘솔

"스마트 홈 핵심 기능이 하나의 콘솔에 담기다!"

뉴브라이트 터치포인트는 조명 제어, 홈모니터링, 인터콤, 날씨 및 일정 확인과 같은 스마트 홈 핵심 기능을 하나의 콘솔 기기에 통합한 제품이다. 기존 조명의 전원 스위치를 뜯고 그곳에 설치하고 와이파이를 이용해 전용 앱과 연결한다. 이렇게 하면 뉴브라이트는 조명기를 제어함과 동시에 내장카메라 및 모션센서로 여러 가지 기능을 활용할 수 있다. 뉴브라이트를 사용해 집 전체를 편리하게 관리할 수 있다. 조명이나 보안을 하고 싶은 방마다 설치해야 한다는 단점이 있다. 터치스크린과 전용 앱을 이용해서 여러 정보를 확인하거나 조명의 밝기와 전원을 제어한다.

뉴브리트 터치포인트에 기존에 설치된 조명을 연결한 후 사람이 직접 조명의 밝기와 전원을 원격으로 제어할 수 있다. 기상 모드, 취침 모드, 야간 모드, 휴가 모드, 웰컴 모드를 선택해 자동으로 조명이 조절되도록 할 수 있다. 또한 모션 센서를 이용해 주인이 집에 들어오면 자동으로 조명이 켜지게 할 수 있다. 침입자가 발생했을 때는 뉴브리트 터치포인트의 LCD 화면이 반짝거리고 100데시빌의 경고 사이렌이 울리며 연결된 조명의 전원을 켰다 껐다 함으로써 주변 이웃에게 위험상황을 알릴 수도 있다. 스마트폰으로

뉴브라이트 터치포인트는 조명 제어, 홈모니터링, 인터콤, 날씨 및 일정 확인과 같은 스마트 홈 핵심 기능을 하나의 콘솔 기기에 통합한 제품이다.

침입이 발생한 순간의 영상클립과 함께 경고 알림을 보낸다.

뉴브리트 터치포인트에 탑재된 카메라와 모션 센서를 활용해 집 안에 사람이 아무도 없는 경우 집 안을 안전하게 보호해준다. 와이파이 인터콤이 내장돼 있어 각방에 뉴브리트를 설치하면 다른 방에 있는 사람과 대화할 수 있다. 또한 뉴브리트 터치포인트는 집 안의 에너지 사용량과 온도를 모니터링하다. 현재 위치를 기반으로 해 날씨예보를 알려주거나 구글 캘린더와 동기화돼 일정이 있는 경우 소리 알람을 울려서 잊지 않게 도와준다.

• **회사** 루시스 테크놀러지LUCIS Technologies
• **제품명** 뉴브리트 터치포인트Nubryte Touchpoint • **출시연도** 2016년
• **센서** 카메라, 모션, 온도, 습도, GPS • **통신방식** 와이파이
• **가격** 249달러 • **홈페이지** www.nubryte.com

134. 기가 IoT 가스안전기
집 밖에서도 가스 밸브를 잠글 수 있는 가스 안전기

"가스 누출로 인한 노심초사를 없앤다!"

누구나 한번쯤은 급하게 집을 나왔는데 가스 밸브를 잠그지 않고 나온 것 같아 걱정한 적이 있을 것이다. 기가 IoT 가스안전기는 집 밖에서도 가스 밸브를 잠글 수 있는 가스안전기다. 전용 앱에서 기가 IoT 가스안전기에 명령을 내리면 전용 허브를 거쳐 기가 IoT 가스안전기와 통신하는 방식이다. 외출해서도 가스 밸브 잠금 여부를 확인하고 원격으로 잠글 수 있다.

아울러 위험한 가스누출 사고에 대비할 수 있다. 기가 IoT 가스안전기에는 온도 센서가 장착돼 있다. 이 온도 센서가 주방온도를 지속적으로 센싱해서 측정한 온도가 65도 이상 2분간 지속될 경우 밸브를 자동으로 잠근다. 가스를 자동으로 차단하기 때문에 가스 누출 사고를 예방

GiGA IoT 홈매니저
모바일 앱과 허브(LAN형)

기가 IoT 가스안전기는 집 밖에서도 가스 밸브를 잠글 수 있는 가스안전기다. 전용 앱에서 기가 IoT 가스안전기에 명령을 내리면 전용 허브를 거쳐 기가 IoT 가스안전기와 통신하는 방식이다. 외출해서도 가스 밸브 잠금 여부를 확인하고 원격으로 잠글 수 있다.

할 수 있다. 기가 IoT 가스안전기는 제트-웨이브 기술을 사용해 통신함으로써 더욱 넓은 범위에서 사용할 수 있다.

기가 IoT 홈매니저 앱 또는 기기에서 직접 타이머를 설정해 자동 잠금 시간을 지정할 수 있다. 잠금 시간은 최소 10분에서 최대 40분까지로 10분 단위로 설정할 수 있다. 실시간으로 가스밸브의 잠금 유무 상태를 전용 앱에서 확인, 가스 밸브가 열려 있다면 원격으로 잠금을 시도하고 원격 잠금을 성공적으로 한 경우 스마트폰으로 알림을 받는다. 기가 IoT 플러그를 사용하기 위해서는 단말기 대금 이외에 기가 IoT 홈서비스 이용료, 랜형 허브 대금, 이전 개통 설치비를 지불해야 한다.

- **회사** KT ・**제품명** 기가 IoT 가스안전기 ・**출시연도** 2016년
- **센서** 온도 ・**통신방식** 와이파이, 3G/4G ・**가격** 110,000원(일시불)
- **홈페이지** http://shop.olleh.com/iot/prodGigaIotGas.do

135. 스마트 키패드와 스마트 락

원격으로 문을 열고 닫는 스마트 도어락 시스템

"누가 언제 왜 문을 열었을까?"

도어락도 스마트하게! 스마트 키패드와 스마트 락은 스마트 도어락 시스템이다. 스마트 락은 블루투스 4.0을 이용해 스마트폰에 연결해 전용 앱으로 문을 열고 닫을 수 있다. 스마트 키패드는 열쇠를 쓰지 않고 비밀번호를 설정해 문을 열고 닫을 수 있는데 스마트 락에 연결해 쓸 수 있다. 스마트 키패드 또한 스마트폰 앱과 연동하기 위해서는 전용 브릿지인 스마트 커넥트를 블루투스로 연결해 사용한다.

전용 앱에서 혹은 직접 스마트 키패드에 비밀번호를 입력하거나 버튼을 터치해 홈 도어락 시스템을 제어한다. 스마트 락은 사람들이 평상시 많이 사용하는 스마트폰 앱으로 문을 열고 닫을 수 있기 때문에 열쇠를 따로 챙기지 않아도 된다는 장점을 갖고 있다. 그러나 스마트폰으로 조작해야 하기 때문에 스마트폰을 집에 두고 왔거나 배터리가 방전된 경우 그리고 방문객처럼 전용 스마트폰 앱이 없는 경우에는 불편하다. 그렇다고 일반 잠금장치는 여러 비밀번호를 등록할 수 없어 다른 사

람과 공유하기 어렵고 때
마다 비밀번호를 변경해야
해 불편하다. 이때는 스마
트 키패드가 적격이다. 손
님이나 다른 가족들에게
간단한 숫자코드로 이루어

진 임시 비밀번호를 만들어주고 직접 스마트키패드에 입력하는 방법이
적절할 것이다. 스마트폰 앱을 다운받지 않고도 쓸 수 있어 편리하다.

외출할 경우 스마트 키패드 하단에 빨간색 부분을 한 번 터치하거나
전용 앱을 이용해 스마트락을 원격으로 잠글 수 있는데, 문의 개폐 여부
와 언제 문이 열고 닫혔는지, 누가 사용했는지 실시간으로 기록돼 스마
트폰 앱에서 확인할 수 있다. 전용 앱에서 주인 또는 손님을 구분해 접
근 설정을 달리하고 스케줄을 별도로 설정해 언제부터 언제까지 접근
허용을 할 것인지를 정할 수 있다.

애플 홈킷 기술이 적용돼 시리, 아이폰, 아이패드, 아이팟터치를 사용
해 제어할 수 있다. 스마트 키패드와 스마트 락과 연결해 같이 사용할
수 있는 도어벨캠과 커넥트를 함께 판매한다. 최근 공개된 울트라로크
Ultraloq는 스마트폰뿐만 아니라 지문과 키카드를 사용할 수 있어 인기
가 높다. 아울러 손잡이 부문에 배터리를 달 수 있어 편리하다.

- **회사** 오거스트August **제품명** 스마트 키패드Smart Keypad와 스마트 락Smart Lock
- **출시연도** 2016년 **센서** 터치 감압 센서 **통신방식** 블루투스, 와이파이
- **가격** 79달러(키패드), 229달러(락)
- **홈페이지** august.com/products/august-keypad

136. 락스마트
스마트폰으로 열 수 있는 전통 자물쇠

"열쇠 없이 원격으로 자물쇠를 연다!"

열쇠 없는 자물쇠라니! 락스마트는 스마트폰 전용 앱으로 잠그고 열기 때문에 열쇠가 필요 없는 블루투스 기반의 자물쇠다. 집안 금고 자물쇠인 경우 대가족이 공유할 수도 있고 학교 비밀 사물함을 한 학급이 공유해 지킬 수도 있다. 자물쇠 열쇠가 없어서 분실 위험이 없다. 택배기사처럼 부득이하게 열어주어야 하는 경우 스마트폰 앱으로 임시 키를 발행해서 사용하게 할 수 있다.

스마트폰과 락스마트를 블루투스로 연동한 후 전용 스마트폰 앱으로 잠금과 열림 모드를 선택해 사용한다. 교체형 배터리가 아닌 충전식 배터리를 사용하는데 한 번 충전하면 2년 정도 사용할 수 있고 주변에서 흔히 볼 수 있는 마이크로 USB 타입으로 충전한다. 열고 잠근 기록을 전용 앱에서 자세하게 확인할 수 있다. 방수이고 충격에 강해서 야외용

락스마트는 스마트폰 전용 앱으로 잠그고 열기 때문에 열쇠가 필요 없는 블루투스 기반의 자물쇠다. 자물쇠 열쇠가 없어서 분실 위험이 없다. 택배기사처럼 부득이하게 열어주어야 하는 경우 스마트폰 앱으로 임시 키를 발행해서 사용하게 할 수 있다.

으로 사용할 수 있다.

락스마트 전용 스마트폰 앱에서 128비트 암호화 기술로 암호화된 비밀번호를 사용해 원격으로 락스마트를 열고 잠근다. 락스마트의 이용 내역을 확인할 수 있으며 누가, 언제 사용했는지 확인할 수 있다. 락스마트의 공유는 최대 50명까지 가능하다. 전용 앱에서 초대 기능을 이용해 자물쇠를 공유하거나 문자로 링크를 전송한다. 하나의 앱으로 여러 개의 락스마트를 제어할 수 있다.

· **회사** 도그앤본Dog & Bone · **제품명** 락스마트LockSmart
· **출시연도** 2016년 · **통신방식** 블루투스 · **가격** 89.99
· **홈페이지** www.dogandbonecases.com/products/appcessories/locksmart/
locksmart/locksmart-keyless-bluetooth-padlock/

Cross-Domain Linkability

10
에너지

137. 기가 IoT 플러그
집안의 전기 총괄 담당 스마트 플러그

"전기 전자제품을 똑똑하고 알뜰하게!"

　낭비 중의 가장 안타까운 낭비는 단연 에너지 낭비다. 전기는 현대 문명을 유지하는 가장 중요한 자원의 하나. 우리 생활에서 늘 함께하기에 그 사용료라는 것이 만만치 않은데도 그저 무심한 것이 현실이다. 불필요하게 낭비되는 전기를 스마트하게 절약할 수 없을까? 기가 IoT 플러그는 전기 제품 사용에서의 효율성을 높이고 에너지 낭비를 막아주는 스마트 플러그. 기가 IoT 플러그를 사용하기 위해서는 전용 허브(기가 IoT 홈매니저 허브)가 반드시 필요하다.

　가정 내 콘센트에 기가 IoT 플러그를 꼽은 후 2,200볼트 이하의 전자, 전기 제품을 기가 IoT 플러그에 연결한다. 기가 IoT 플러그에 나오는 LED 색을 보고 연결 상태를 파악한다. 기가 IoT 플러그를 전용 허브와 연결하면 스마트폰의 전용 앱으로 기가 IoT 플러그를 원격에서 사용ㅎ할 수 있다. 전용 앱에서 기가 IoT 플러그에 명령을 내리면 전용 허브를 거쳐 기가 IoT 플러그와 통신하는 방식이다.

전용 앱을 사용해 기가 IoT 플러그에 연결된 전기, 전자제품의 전원을 원격으로 제어하고 전력소비량을 확인한다. 대부분의 스마트 플러그와 달리 기가 IoT 플러그는 제트-웨이브 방식을 사용해 통신한다. 제트-웨이브는 800~900메가헤르츠 주파수 대역을 사용해 2.4기가헤르츠를 사용하는 다른 표준과 비교해 통신 거리가 멀어서 다양한 전기, 전자제품들을 넓은 거리에서 연결해 쓸 수 있다는 장점이 있다. 또한 대기전력 기준을 설정하고 그 기준에 맞춰 전력을 차단할 수 있는 기능이 있어 낭비되는 전력을 줄일 수 있다.

플러그에 연결된 전기 전자제품의 전원을 끄고 전용 앱에서 전력 측정 버튼을 눌러 나오는 전력 값을 기준으로 대기전력 차단 기준을 설정한다. 실시간 소비전력이 대기전력 차단 기준을 넘을 경우 기가 IoT 플러그가 자동으로 전원을 차단하기 때문에 에너지를 절약할 수 있는 시스템이다. 전용 앱에서 타이머 기능을 사용하면 원하는 시간과 요일에 맞춰 전기, 전자제품의 전원을 자동으로 켜고 끌 수 있다. 또 전용 앱에서 집에서 사용하고 있는 모든 기가 IoT 플러그의 전력소비량을 시간, 요일, 당일, 당월, 전월 일 평균, 전월 동기간 단위로 확인할 수 있다. 또한 전력 소비량을 바탕으로 분석한 예상 전기요금도 파악할 수 있다.

· **회사** KT · **제품명** 기가 IoT플러그
· **출시연도** 2016년 · **센서** 전류측정 · **통신방식** 제트-웨이브
· **가격** 39,600원(일시불) · **홈페이지** shop.olleh.com/iot/prodGigalotPlug.do

138. 브런트 플러그
알아서 껐다 켰다 하는 스마트 플러그

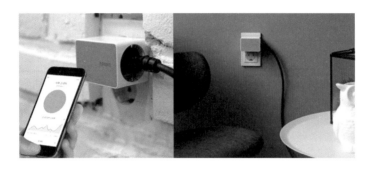

"전기 사용량과 요금까지 모니터한다!"

브런트 플러그는 스마트 플러그다. 설정만 해놓으면 집안의 사용자가 있는지 없는지에 따라 스스로 전기 전자제품의 온오프를 해결한다. 전용 앱에서 브런트 플러그의 전원 제어를 명령하면 운영 플랫폼인 브런트 스카이를 거쳐 브런트 플러그로 전달되는 방식이다. 와이파이와 3G 또는 4G 환경에서 모두 사용할 수 있다. 장소의 제한 없이 브런트 플러그에 연결된 전기 전자제품의 전원을 원격으로 켜거나 끌 수 있다. 또한 전기 사용량을 모니터링하고 과열 및 과전압 시 전력을 자동 차단하며 사용자의 위치를 인식해 플러그에 연결된 전자기기의 전원을 제어한다.

가정 내 콘센트에 브런트 플러그를 꼽은 후 2,200볼트 이하의 전자, 전기 제품을 브런트 플러그에 연결한다. 그런 후 브런트 플러그와 스마트폰을 와이파이로 연결한 뒤 전용 앱으로 브런트 플러그를 사용한다. 예를 들어 가정에서 가장 많은 전기를 사용하는 제품 중 하나인 냉·

온 정수기를 취침 혹은 외출 시간에만 꺼두거나 선풍기, 전기장판 같은 냉·난방기기를 일정 시간 간격으로 자동으로 켰다 껐다 반복할 수 있다. 그리고 사용하지 않는 제품의 대기전력을 차단하고 실시간 소비되는 전력량과 전기요금을 확인할 수 있어 불필요하게 낭비하는 에너지를 줄일 수 있다.

브런트 플러그를 전자기기와 연결하면 웰컴(자동 켜짐), 굿바이(자동 꺼짐) 액션을 자동으로 등록한다. 동시에 많은 제품의 전원을 컨트롤하고 싶을 때는 전용 앱에서 웰컴, 굿바이 액션 기능을 선택하면 전자기기를 한 번에 켜고 끌 수 있다. 사람이 전용 앱을 사용해 원하는 시간에 타이머를 설정해놓으면 정해진 시간에 브런트 플러그에 연결된 기기가 스스로 전원을 끄고 켠다. 본인 외에 가족 또는 친구 한 명에게 사용 권한을 부여할 수 있어 두 명의 사람이 동시에 브런트 플러그의 작동을 제어할 수 있다. 연결된 기기의 이름을 직접 편집하고 다양한 아이콘으로 내가 연결한 기기의 정보를 쉽게 구분할 수 있다.

• **회사** 브런트BRUNT • **제품명** 브런트 플러그Brunt Plug
• **출시연도** 2016년 • **센서** 전류 측정 • **통신방식** 와이파이, 3G/LTE
• **가격** 39,000원 • **홈페이지** brunt.co

139. 스마트 아울렛
별도의 허브가 필요 없는 스마트 콘센트

"가정 내 모든 가전제품이 아이폰에 잡힌다!"

아이폰이나 아이패드만 있으면 가정 내 가전제품을 집 안이나 집 밖 어디서든 손쉽게 제어할 수 있다. 스마트 아울렛은 별도의 허브나 게이트웨이 필요 없이 홈 와이파이에 바로 연결해 사용하는 스마트 콘센트다. 스마트 아울렛에 연결된 가전제품의 전원을 원격으로 제어하고 가전제품이 실시간으로 사용하는 전력량을 모니터링할 수 있다.

사용자는 스마트 아울렛에 전자기기를 꽂는 것 외에 특별히 조작하거나 상호작용할 필요가 없다. 스마트 아울렛을 가정 내 콘센트에 꽂은 후 전기 전자제품을 스마트 아울렛과 연결하고 스마트 아울렛과 전용 앱을 와이파이로 연결해 전용 앱으로 스마트 아울렛을 사용한다. 음성명령을 내리거나 스마트폰 앱을 이용해 전기 사용량 분석결과를 알 수 있다.

스마트 아울렛 사용자는 씬Scene을 설정해 스마트 아울렛에 연결된 기기가 자동으로 작동하도록 할 수 있다. 예를 들어 '불 *끄기*'라는 씬을

설정했다면 전용 앱에서 '불 끄기' 씬을 선택했을 때 불이 자동으로 꺼지게 된다. 스마트 아울렛은 한 개의 기기마다 두 개의 콘센트가 있어 전용 앱을 사용하면 콘센트별로 전기 사용량과 사용 패턴을 개별적으로 파악할 수 있으며 2.4A USB 포트가 탑재돼 아이폰과 같은 다른 스마트 기기를 충전할 수 있다.

스마트 아울렛은 애플 홈킷에 연결할 수 있다. 애플 홈킷은 애플의 스마트 홈 기술로 가정 내의 모든 가전제품을 iOS 기기로 제어하는 기술이다. 즉 아이폰, 아이팟터치, 아이패드에서 시리에게 음성명령을 해 스마트 아울렛을 조작할 수 있다. 종단 간 암호화 방식과 애플의 인증과정을 사용해 iOS 기기와 스마트 아울렛 간 개인 데이터를 보호한다. 아울러 우측 부분에는 USB 포트를 포함하고 있기 때문에 전자제품 전원공급 외에도 스마트 기기의 충전용도에 사용할 수 있다.

• **회사** 커넥트센스ConnectSense • **제품명** 스마트 아울렛Smart Outlet
• **출시연도** 2015년 • **센서** 전류측정 • **통신방식** 와이파이
• **가격** 59.95달러 • **홈페이지** www.connectsense.com/smart-outlet

140. 줄리

사용자를 추적하는 스마트 홈 플러그

"위치자동인식 기능으로 사용자를 추적한다!"

서재에서 공부하다 거실로 나오면 서재 불이 자동으로 꺼지고 거실 불이 자동으로 켜지게 하는 플러그. 나만 따라다니는 플러그 줄리는 스마트폰과 블루투스를 사용해 직접 연결하는 스마트 홈 플러그다. 전용 스마트폰 앱에서 연결된 기기를 원격 제어하고 에너지 사용량을 확인할 수 있다.

줄리를 콘센트에 꽂는다. 그다음 전기 전자제품을 연결하고 스마트폰을 블루투스로 연결한 후 전용 앱으로 사용한다. 이로써 여러 곳에 있는 전자기기들의 전원을 한 번에 관리할 수 있다. 줄리의 위치자동인식 기술은 모션 센서를 적용해 사람의 재실 유무에 따라 연결된 기기가 자동으로 작동할 수 있도록 했다. 따라서 줄리를 사용하면 개인 맞춤형으로 기기 동작을 설정할 수 있다. 그리고 저전력 블루투스 기술BLE을 이용하기 때문에 와이파이나 블루투스를 사용하는 다른 제품과 달리 전기

소모량이 많지 않다.

줄리는 사람의 위치를 인식해 작동한다. 사람이 집에 들어오면 조명의 전원을 켜고 나가면 끈다. 아울러 사람이 현재 어느 방에 있는지를 인식한다. 줄리 세 개를 가정 내 다른 위치에 설치하면 위치자동인식 기능을 효과적으로 사용할 수 있다. 삼각 기법을 이용해 스마트폰 위치를 파악하고 그 위치에서 예상 가능한 사람의 행동을 예측해 수행한다. 예를 들어 사람이 안방에서 거실로 이동하면 안방의 불이 자동으로 꺼지고 거실에 있는 전등과 TV가 켜진다.

전용 앱으로 줄리에 연결된 전기 전자제품의 전원을 켜고 끌 수 있다. 줄리에 조명을 연결하면 밝기를 조절할 수 있다. 줄리에 연결된 전자기기들이 하루, 주당 얼마나 많은 전기를 소비하는지를 측정해 예상 전기요금을 분석해 알려준다. 연결된 기기를 설정한 시간에 맞춰 끄고 켤 수 있는 스케줄링과 타이머 기능을 포함하며 네스트와 연동된 줄리 전용 앱을 사용해 네스트의 작동을 제어하고 현재 온도를 확인할 수 있다.

• **회사** 줄리Zuli ・**제품명** 줄리Zuli
• **출시연도** 2016년 ・**센서** 모션, 전류측정 ・**통신방식** 블루투스 LE
• **가격** 159.99(3-팩) ・**홈페이지** zuli.io/smartplug

141. 타도 스마트 에어컨 조절기
기존 에어컨의 리모컨을 대신하는 스마트 온도조절기

"리모컨만 바꾸면 컨디션이 상승한다!"

에어컨 기능을 한층 돋보이게 하는 스마트한 리모컨을 가져보자. 타도 스마트 에어컨 조절기는 이름처럼 기존에 사용하던 에어컨에 연결된 리모컨의 역할을 대신하는 스마트 온도조절기다. 전용 앱을 이용해서 명령을 내리면 이를 타도 스마트 에어컨 조절기가 받아서 다시 에어컨이 알아들을 수 있는 IR 신호로 바꿈으로써 기존 리모컨과 동일한 방식으로 에어컨을 제어할 수 있다.

에어컨이 설치된 곳 근처에 타도 조절기를 설치하고 스마트폰과 와이파이를 연결한다. 전용 앱을 사용하거나 LED 매트릭스 디스플레이에서 온도를 확인하거나 에어컨 작동을 제어할 수 있다. 타도 스마트 에어컨 조절기 근처에 사용자가 있을 때는 주로 디스플레이나 기존에 사용하던 리모컨을 사용하지만, 외부에서 에어컨을 작동할 때는 전용 앱을 사용하게 된다. 타도 스마트 에어컨 조절기는 기존 리모컨과 같은 방식

을 사용하기 때문에 스마트폰이나 기존 리모컨 모두 타도 스마트 에어컨 조절기를 제어하는 데 사용할 수 있다. 외부와 내부 온도를 실시간으로 측정하고 외부 온도 변화에 따라 집 안의 온도를 자동으로 조절하거나 외부 온도를 확인하고 사람이 원하는 온도로 에어컨을 가동한다.

타도 스마트 에어컨 조절기는 사람이 정해진 범위 안에 있는지를 파악하는 기술이 사용된다. 예를 들어 집에 있던 모든 사람이 밖으로 나오면 에어컨의 작동을 멈춘다. 반대로 사람이 집에 거의 다 왔을 때를 감지하고 도착 시각에 맞춰 에어컨을 미리 가동시킨다. 아이비콘iBeacon과 블루투스 통신 기술을 활용해 사람의 움직임을 인식하는 타도 스마트 에어컨 조절기는 에어컨 전력 사용량을 측정하고 분석하며 월별 난방비를 예상하고 알려주기 때문에 에너지를 절약하는 데 도움을 준다. 이프트, 아마존 에코, 에이티앤티AT&T 제품과 호환이 가능하므로 다른 홈 IoT 기기와 연결해 사용 가능하다.

・**회사** 타도Tado ・**제품명** 타도 스마트 에어컨 조절기Tado Smart AC control
・**출시연도** 2015년 ・**센서** 온도, 습도, IR-RX & IR-TX ・**통신방식** 와이파이
・**가격** 199달러 ・**홈페이지** www.tado.com/en

142. 스마트벤트

방마다 온도를 다르게 설정하는 온도조절기

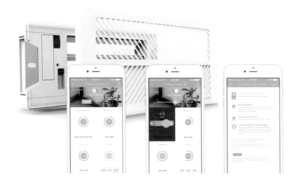

"에너지 효율의 극대화를 자신한다!"

한겨울 집에서도 모든 곳이 다 따뜻한 필요는 없다. 필요한 곳만 따뜻하게 해서 에너지 걱정 없이 지내고 싶다. 스마트벤트는 방마다 온도를 따로따로 설정함으로써 에너지 절약을 유도하는 사물인터넷 기기다. 가정 내 설치된 스마트벤트는 홈 무선 네트워크(와이파이)에 연결되고 여러 개 설치된 스마트벤트가 모여 하나의 스마트벤트 시스템을 이룬다. 그리고 전용 앱에서 보낸 명령을 전용 브릿지를 거쳐 각각의 스마트벤트에 전달하는 방식이다.

스마트벤트는 환풍구 또는 창문에 설치 후 와이파이나 지그비 통신 기술을 사용해 스마트폰과 연결한 후 전용 앱을 사용해 제어한다. 전용 앱을 사용해 조작하기 때문에 방마다 하나하나 작동시킬 필요 없이 모든 스마트벤트를 한 번에 관리할 수 있다. 각 방에 맞는 온도를 개별적

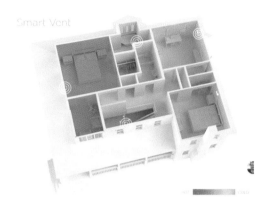

Smart Vent

으로 설정할 수 있다. 그리고 방마다 얼마나 많은 양의 공기가 유입되는지를 측정한다. 따라서 동일한 온도로 집 전체를 냉난방했을 때 특정 공간만 따뜻하거나 시원해지는 현상을 막을 수 있고 에너지 사용량을 줄일 수 있다.

스마트벤트는 실내 공기에 유입된 알레르기나 미세먼지와 같은 오염물질을 걸러 공기를 정화하며 필터 내에 실내 악취를 중화하는 활성탄소 레이어가 있다. 스마트벤트에 내장된 온도 센서가 공기 온도와 더불어 공기를 수송하는 데 사용하는 덕트의 온도를 측정한다. 외형상 특징으로 작동 소음이 없고 다양한 기류를 흡착할 수 있다. 네스트와 같은 홈 사물인터넷 기기와 연동돼 전용 앱에서 실내 온도를 조절할 수 있다. 또한 스마트씽즈 외 여러 홈 오토메이션 시스템과 연결돼 실내 공기류를 효율적으로 관리할 수 있다.

· **회사** 킨홈Keen Home   · **제품명** 스마트벤트Smart vent
· **출시연도** 2017(사전주문만 진행)   · **센서** 온도   · **통신방식** 와이파이, 지그비
· **가격** 84.99달러(선주문, 사이즈에 따라 상이)   · **홈페이지** keenhome.io/smart-vent

143. 뉴리오
가정 내 에너지 사용량 모니터링기

"에너지 낭비 지점을 확실히 찾아낸다!"

우리 집 에너지 낭비를 막는 전기 모니터링 기기 하나쯤은 이제 필수가 아닐까? 뉴리오는 가정 내 에너지 사용량을 모니터링하는 기기다. 기본적으로 뉴리오는 계량기에 부착해 사용하는 센서모듈과 뉴리오의 작동을 제어하는 전용 앱으로 구성돼 있다. 뉴리오의 센서가 실시간으로 사용하는 전기량을 측정해 리포트해줌으로써 에너지 소비를 줄이고 비용을 절약하도록 도와준다. 뉴리오를 계량기에 부착하고 와이파이를 사용해 스마트폰과 연결한 후 전용 앱을 사용해 뉴리오를 조작한다. 덕분에 계량기가 있는 곳까지 직접 가지 않아도 전기 사용량을 일별, 주별, 월별, 연 단위로 확인할 수 있다. 또한 가전제품별로 각각 얼마나 전기를 사용했는지를 파악할 수 있다.

뉴리오는 전기요금 예측 기능을 포함하고 있어 전기 사용량을 분석하고 이를 바탕으로 공과금이 얼마나 나올지를 예측해준다. 전용 앱에 지난 달 냈던 공과금 액수를 입력하면 그때부터 실시간 에너지 사용량

뉴리오는 계량기에 부착해 사용하는 센서모듈과 뉴리오의 작동을 제어하는 전용 앱으로 구성돼 있다. 뉴리오의 센서가 실시간으로 사용하는 전기량을 측정해 리포트해줌으로써 에너지 소비를 줄이고 비용을 절약하도록 도와준다.

을 감시하고 다음 달 청구액이 얼마나 나올지를 예측하는 방식이다. 이 기능을 잘 이용하면 가정의 전력 상황을 통제하고 에너지를 절약해 사용하는 데 도움이 될 것이다. 에너지가 낭비되는 지점을 찾아내 사용자로 하여금 에너지 사용 습관을 바꿔 비용을 절약할 수 있도록 하는 뉴리오는 늘 켜진 상태로 전기를 과다 사용하는 기기들을 주로 탐색하고 산출되는 에너지와 소비되는 에너지의 양을 비교해 에너지 사용량을 분석한다. 또한 뉴리오를 사용하는 다른 가정과 전기 사용량을 비교해 보고 뉴리오에서 제시하는 에너지 절약 방법을 적용함으로써 에너지를 절약할 수 있다.

- **회사** 뉴리오Neurio
- **제품명** 뉴리오Neurio
- **출시연도** 2015년
- **센서** 뉴로 와이파이
- **통신방식** 와이파이
- **가격** 219.99달러
- **홈페이지** neur.io

Cross-Domain Linkability

11
허브

144. 에코 닷
조그마해진 대화형 인공지능 비서 서비스

당신이 가장 좋아하는 음악을 플레이하세요

도미노에서 피자를 주문하세요

당신의 집을 목소리로 컨트롤하세요

우버에서 승차를 요청하세요

지역 사업체들을 찾아보세요

"친구처럼 대화할 수 있다!"

대화형 인공지능 서비스의 원조 아마존 에코. 그의 애칭은 알렉사. 아마존 에코의 소형 버전인 에코 닷은 아마존 에코와 마찬가지로 사람의 음성을 인식해 명령을 실행하는 인공지능 비서다. 사용자가 멀리 떨어져 있거나 에코 닷에서 음악이 재생되는 상황에서도 사용자의 음성을 비교적 높은 정확도로 인식한다. 사용자는 에코 닷을 집 안 곳곳에 설치하고 음성명령으로 실행시킨다. 사람과 대화하듯 음성으로 명령하면 에코 닷은 음성으로 대답하고 명령을 수행한다. 에코 닷 상단 버튼을 이용해 전원이나 소리를 직접 제어할 수 있다.

기본적으로 음성인식과 대화형 자연어 처리기술을 이용하고 있다. 목

사람과 대화하듯 음성으로 명령하면 에코 닷은 음성으로 대답하고 명령을 수행한다. 에코 닷 상단 버튼을 이용해 전원이나 소리를 직접 제어할 수 있다.

소리를 이용한 개인인증은 개발 중이다. 7개의 마이크가 내장돼 있어 멀리 떨어져서 이야기하거나 음악이 재생되고 있어도 사용자의 음성을 인식한다. 참고로 사람은 사람에게 이야기하는 방식으로 기계에게 이야기하기에 사람-사람의 언어적 상호작용을 이해하는 게 필수이다. 그래서 아직은 이런 기계에게 사람이 좀 적응해야 한다. 에코 닷은 기존에 출시됐던 아마존 에코보다 크기가 작아 집안 여기저기에 설치가 쉽다. 블루투스 스피커 기능도 포함하고 있어 에코의 단점을 극복하고 고성능 스피커로의 연결할 수 있다. 에코 닷의 스킨은 사용자 취향에 맞게 변경 가능하다.

아마존 에코의 생태계는 현재 7,000개가 연결돼 있다고 한다. 애플의 시리처럼 사용자의 음성명령에 따라 일정관리, 알람 설정, 뉴스, 날씨 등 일상생활에 필요한 정보를 음성으로 안내해준다. 그 밖에 NPR 뉴스를 들을 수 있다. 아직은 영어 명령만 가능하지만 『조선일보』의 플래시브리핑은 우리말로 들을 수 있다. 판도라의 음악 스트리밍 서비스도 즐길 수 있다. 물론 아마존의 프라임 멤버십을 이용하면 무제한 음악서비스를 받을 수 있고 파이어 TV와 연동할 수도 있다. 필립스의 휴라거나 다양한 스마트 기기를 제어할 수 있다. 2016년에는 현대 제네시스의 미국 버전이 아마존 에코와 연결됐고 포드나 BMW 등이 에코를 탑재해서 차고 문을 여는 등에 사용하고자 한다. 우버 자동차를 부른다거나 미스터 피자를 주문할 수도 있다. 자체 아마존 커머스에서 배달을 할 수도 있다. 물론 사용자는 스마트폰 없이도 원하는 명령을 에코 닷으로 처리할 수 있다. 얼마 전, 디스플레이가 달린 에코쇼echo show가 출시되었다. 카메라와 연동이 되어 다양한 화상통신을 하거나, 유튜브 콘텐츠 서비스 등을 하고 있다. 가격은 229.99달러이다.

• **회사** 아마존Amazon • **제품명** 에코 닷Echo Dot
• **출시연도** 2016년 • **센서** 음성 감지 센서 • **통신방식** 블루투스
• **가격** 49.99달러 • **홈페이지** www.amazon.com/dp/B01DFKC2SO

145. 구글홈
말귀를 알아듣는 가정용 인공지능 개인비서

"일정 안내는 물론 쇼핑 리스트까지 작성해준다"

개인비서가 있으면 얼마나 좋을까? 더욱이 그 비서가 스마트하기까지 하면. 구글 홈은 "헤이 구글"이라고 부르면 공손히 응답하는 가정용 인공지능 개인비서이다. 2015년 하반기에 출시된 아마존 에코에 뒤를 이어 나온 구글 홈은 약간 짤막한 원통형 모양이고 윗면을 경사지게 깎았다. 그리고 에코처럼 사용자와 대화를 통해 서비스하는 인터페이스를 가지고 있다. 설치는 간단하다. 아마존 에코처럼 구글 홈을 집 안 적절한 곳에 설치한 후 전원을 연결하고 앱을 다운받으면 된다. 그리고 나서 집에서 쓰는 와이파이와 구글 계정을 연결하면 끝난다. 삼성의 스마트스 씽즈나 크롬캐스트 등의 스마트 디바이스나 서비스도 쉽게 연결이 된다.

구글 홈 상단의 터치 패드로 전원을 제어하고 소리를 차단시킬 수 있다. 또 사람과 대화하는 방식으로 명령어를 제시하는 것이 가능하다. 구글 홈을 작동시키려면 "오케이 구글"이라고 말하면 된다.

사용도 간단하다. "오케이 구글" 혹은 "헤이 구글" 하고 나서 원하는 것을 말하면 된다. 그러면 구글 홈은 사용자의 질의를 실시간으로 처리해 준다. 개인비서 역할이다. 구글 어시스턴트가 지원되기 때문에 스마트폰 없이도 스케줄 관리, 교통 상황, 항공편 정보, 알람, 쇼핑, 타이머 시작 등의 다양한 작업 수행이 가능하다. 아울러 구글 홈은 스포티파이나 유튜브 뮤직 등 음악 서비스와 호환되며 스피커를 이용해 음악을 재생시킬 수 있다. 또한 삼성 스마트씽즈, 네스트, 필립스 휴 등 스마트 홈 기기와 연결해 제어 가능하다. 우버를 부를 수도 있고 맛집을 찾을 수도 있다. 물론 미국 이야기다.

사물인터넷 서비스가 많아지면서 사용자가 일대일로 모든 것을 직접 제어하기보다는 똑똑한 인공지능 개인비서가 대신 관리해주는 게 편할

것이다. 그래서 아마존 에코, 구글 홈의 뒤를 이어 우리나라에서도 SK
텔레콤의 누구, KT의 기가지니, 네이버의 아미카 들이 출시되고 있다.
이런 인공지능 개인비서는 뒷단의 서비스 생태계가 어떻게 꾸려져 있
고 이를 사용할 수 있는 대화형 사용자 인터페이스가 성공의 핵심이라
는 것에는 이론의 여지가 없어 보인다.

　물론 아직 사람처럼 완벽히 대화를 이해하지는 못한다. 그래서 구글
홈이 이해할 수 있는 방식으로 쉽고 또렷하게 말해야 한다. 이에 적응하
려면 조금 시간이 걸릴 수도 있다. 그렇지만 아마존 에코와 비교해 뛰어
난 점은 대화의 맥락을 유지하는 기능이다. 말을 주고받더라도 맥락을
유지할 수 있다. 마지막으로 구글 홈 하단의 스킨은 사용자 취향에 맞게
변경할 수 있다.

• **회사** 구글Google　• **제품명** 구글 홈Google Home
• **출시연도** 2016년　• **센서** 음성 감지, 터치 센서　• **통신방식** 블루투스
• **가격** 129달러　• **홈페이지** madeby.google.com/home

146. 우후

우리 집 가족들 얼굴 음성 인식하는 허브

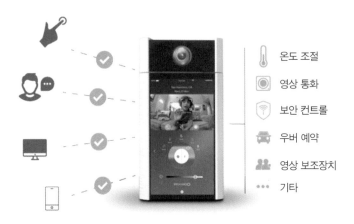

🌡 온도 조절
◉ 영상 통화
📶 보안 컨트롤
🚗 우버 예약
👥 영상 보조장치
••• 기타

"가족들 얼굴과 음성을 구별한다!"

허브는 스마트 시대 스마트 홈의 중추 역할을 하며 끊임없이 진화하고 있다. 우후 또한 스마트 홈 허브이다. 우후에 다양한 스마트 디바이스와 서비스를 연결시켜 원격으로 제어할 수 있다. 우후를 집 안에 두고 사람의 음성으로 원하는 서비스를 실행시키면 된다. 우후에 장착된 360도 카메라가 지속적으로 집 안을 촬영한다.

우후는 가족의 얼굴을 인식하고 구분하는 얼굴인식 기능이 있다. 얼굴 등록을 해두면 된다. 카메라에 인식된 얼굴이 가족 구성원인지 판단해 집 안의 보안을 돕고 또한 그 사람에 알맞은 개인화된 서비스를 제공한다.

우후의 디스플레이를 터치해 사용할 수 있다. 아마존 에코와 연결시키면 사람의 음성을 통해 원하는 서비스를 실행시킬 수 있다. 또 스마트폰 앱과 디스플레이 앱과 연결하면 원격 제어될 수 있다.

　우후는 디스플레이를 통해 음악재생, 화상통화, 생활정보와 같은 서비스를 제공하고 여러 서비스와 디바이스를 한 곳에서 제어 가능한 플랫폼을 제공한다. 우후를 아마존 에코와 연결시키면 사람의 음성을 통해 원하는 서비스를 실행시킬 수 있다. 스마트폰 앱과 디스플레이 앱과 연결돼 원격 제어될 수 있다.

• **회사** 스마트빙스Smartbeings • **제품명** 우후WooHoo
• **출시연도** 2017년 • **센서** 카메라, 공기질, 모션, 온도 센서, 터치스크린
• **통신방식** 와이파이, 블루투스, 지그비, 제트-웨이브
• **가격** 49달러(얼리버드) • **홈페이지** www.smartbeings.com

147. 큐빅
음성 인식이 가능한 나만의 디지털 비서 서비스

"당신의 인공지능 비서인 큐빅입니다. 집을 컨트롤하려면 얘기해 주세요."

"큐빅, 방안 좀 시원하게 해줘."

스마트 씽즈를 사는 건 좋다. 그런데 그때마다 전용 앱을 다운받고 설치하고 셋업해야 하는 건 생각만 해도 귀찮다. 누가 나 대신 그 귀찮은 일을 해줄 수 없을까? 기기들을 통합해 조종해줄 순 없을까? 있다. 큐빅 하나면 스마트 홈용 스마트 씽즈와 서비스의 연결을 통합 관리할 수 있다. 물론 아직은 야무진 꿈. 현재 조명에서는 필립스의 휴와 실베니아의 라이티파이Lightify, 온도조절기로는 네스트랩의 네스트와 이코비ecobee, 스피커에선 보스Bose와 소노스 플레이 원Sonos Play:1을 연결할 수 있다.

큐빅은 표준화된 인터페이스를 지원하기에 일일이 새로운 인터페이스를 배울 필요도 없다! 큐빅 전용 스마트폰 앱에서 큐빅과 스마트 디바이스 앱을 연결시켜 사용하고 대시보드를 이용해 집의 상태를 확인

스마트폰 앱 플랫폼으로 스마트폰에서 기기 혹은 서비스와의 연결을 관리할 수 있다. 스마트폰 앱을
켜둔 상태에서 사람의 음성을 이용해 명령어를 내릴 수 있다.

하거나 각종 기기를 원격 제어할 수 있다. 더욱이 완벽한 대화가 가능하
진 않지만, 음성 인식 기술을 적용해 사람의 음성명령을 인식한다. 음성
명령을 사용하면 사람과 대화하는 방식으로 큐빅을 더욱 편리하게 사
용할 수 있다. 스마트폰 앱을 켜둔 후 사람의 음성으로 명령해서 집 안
과 밖에서 큐빅과 연결된 기기를 원격 제어할 수 있다. 사용자가 원하는
시간에 기기들이 자동으로 작동될 수 있도록 설정할 수도 있다.

큐빅은 개방형 플랫폼으로 거의 모든 전자기기를 지원하고자 한다.
큐빅 인텔리전스 코어는 딥러닝 기술이 적용돼 사용자에게 맞게 학습
한다. 무료로 사용 가능한 앱을 제공한다.

· **회사** 큐빅Cubic · **제품명** 큐빅Cubick
· **출시연도** 2017년 · **센서** 앱 플랫폼 · **통신방식** 블루투스
· **가격** 무료 · **홈페이지** cubic.ai

148. 아이비
식당 예약까지 해주는 허브

"드디어 컴퓨터가 나를 이해한다"

움직이는 로봇도 아닌 것이 내 말을 알아듣고 서비스를 하는 기특한 스마트 홈 허브. 아이비는 사용자의 음성으로 동작하는 스마트 홈 허브다. 여느 스마트 홈 허브처럼 아이비에도 다양한 스마트 기기 및 서비스를 연결할 수 있고 음성으로 제어할 수 있다. 아이비 트래커Ivee tracker와 같은 기기를 아이비와 함께 사용할 수도 있다. 아이비 트래커를 통해 얻은 건강 정보를 아이비가 음성으로 안내하는데 특정 조건에 따라 기기들이 동시에 조작되는 명령어를 스마트폰 앱을 통해 설정하는 것이 가능하다.

아이비를 설치한 후 사용자는 아이비와 대화하듯 명령어를 제시한다. 아이비는 음성명령을 받고 그 결과에 대한 피드백도 음성으로 제시한다. 아이비 스마트폰 앱을 이용해 특정 조건에 따라 여러 명령이 한꺼번에 시행될 수 있도록 개인화 설정을 할 수 있다. 아이비와 4~5미터 떨

아이비, 피자 좀 주문해줘.

아이비를 설치한 후 사용자는 아이비와 대화하듯 명령어를 제시한다. 아이비는 음성명령을 받고 그 결과에 대한 피드백도 음성으로 제시한다. 아이비 스마트폰 앱을 이용해 특정 조건에 따라 여러 명령이 한꺼번에 시행될 수 있도록 개인화 설정을 할 수 있다.

어져 있어도 음성을 인식 인식이 된다. 사람과 대화하듯 이야기해도 명령어 인식 정확도가 비교적 높다. 아이비 보이스Ivee Voices사에서 자체 보유한 자연어 처리 알고리즘 기술로 음성 인식 정확성을 높였기 때문이다. 따라서 사용자는 아이비와 사람과 대화하듯이 자연스럽게 대화할 수 있다. 사람의 음성명령을 통해 개인이 원하는 작업(음악 스트리밍, 식당 예약, 우버 등)을 수행해준다. 네스트, 위모, 스마트씽즈, 필립스 휴, 로지텍 하모니와 같은 서비스와 연결돼 원격 제어 가능하다.

- **회사** 아이비 보이스Ivee Voices · **제품명** 아이비Ivee
- **출시연도** 2017년 출시 예정 · **센서** 무지향성 마이크로폰 · **통신방식** 와이파이
- **가격** 99달러(얼리버드) · **홈페이지** helloivee.com

149. 플릭 버튼
원터치로 사물과 연결되는 스마트 리모컨

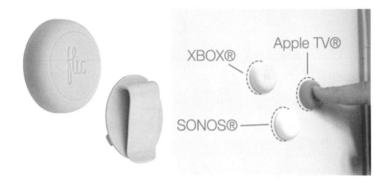

"클릭 한 번 두 번으로 모든 것을 해결한다!"

사람과 사물 혹은 사물과 사물을 연결해주는 매개체로서의 위상을 갖는 플릭 버튼은 스마트폰에 연결해 사용하는 일종의 리모컨이다. 전용 스마트폰 앱에서 스마트 기기, 서비스 앱들과 연결시킬 수 있다. 연결된 제품과 서비스들에 작동 명령어를 설정하면 플릭 버튼으로 제어할 수 있다. 사용자는 여러 개의 플릭 버튼을 등록해서 사용할 수 있다.

플릭 버튼의 인터페이스는 비교적 간단하다. 흡사 식당에서 콜버튼을 누르면 종업원이 달려오듯 직관적인 형식이다. 플릭 버튼은 클릭, 더블 클릭, 프레스 앤 홀드press&hold 세 가지 사용이 가능하다. 사용자는 각 방법에 특정 명령어를 매칭시켜 플릭 버튼과 연결된 기기를 즉시 실행시킬 수 있다.

또한 플릭 버튼은 휴대성이 굉장히 높다. 플릭 버튼 뒷면 클립으로 사

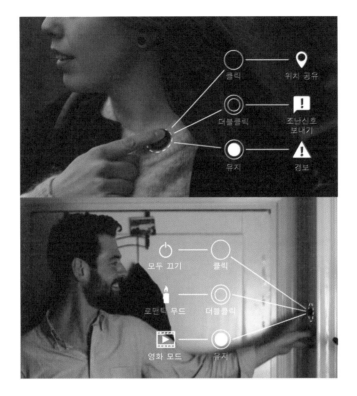

용자의 옷이나 가방에 부착해 플릭 버튼을 집 밖에서도 사용할 수 있다.
한 번의 클릭으로 미리 설정한 명령이 실행되기 때문에 인터페이스가
비교적 직관적이다. 버튼의 색 혹은 스킨을 다르게 적용해 색다른 연출
및 버튼의 명확한 분류가 가능하다. 실리콘 몰드를 사용해 버튼을 누를
때 촉감이 좋도록 제작되었으며 음악, 셀카, 위치 알림 전용 버튼 스킨
을 별도로 판매하고 있다.

• **회사** 숏컷 랩스Shortcut Labs · **제품명** 플릭 버튼Flic button
• **출시연도** 2014년 · **통신방식** 블루투스
• **가격** 34.99달러 · **홈페이지** shortcut-labs.myshopify.com

150. 윙크 릴레이 터치스크린 컨트롤러
스마트 홈 디바이스와 앱 서비스를 관리하는 가정용 디스플레이

"근접 센서가 사람의 움직임을 감지한다!"

사무자동화를 넘어 이제 가정 자동화 시대다. 집 안의 모든 사물을 한 번에 제어하는 것이 가능해진 것이다. 윙크 릴레이 터치스크린 컨트롤러는 스마트 홈 디바이스와 앱 서비스를 관리할 수 있는 가정용 디스플레이로 주로 거실이나 현관에 설치한다. 그리고 사용자가 원하는 디바이스나 서비스 앱을 본 제품에 연결한다. 그 후 연결된 디바이스와 서비스를 윙크 릴레이 터치스크린 컨트롤러 디스플레이에서 원격 조작할수 있다. 터치 디스플레이 옆에 위치한 스마트 버튼은 특정 기기나 앱 서비스를 연결시켜 제어하는 데 쓰인다.

가정용 디스플레이로 출시돼 인터콤 시스템을 지원하는 윙크 릴레이 터치스크린 컨트롤러는 윙크 릴레이의 디스플레이에서 마이크 아이

콘을 선택하면 인터콤으로 사용할 수 있다. 또, 윙크 릴레이 터치스크린 컨트롤러는 스마트 홈 디바이스뿐만 아니라 헬스케어 기기인 핏비트와도 연결이 가능해 사용자와 가족 구성원들의 운동 목표를 체크할 수도 있다. 근접 센서가 사람의 움직임을 감지하고 집 안 습도와 온도에 대해 지속적으로 모니터링할 수 있도록 정보를 제공한다. 윙크 릴레이에 스마트 디바이스 혹은 서비스 앱인 이프트, 우버, 핏비트 등을 연결시켜 모니터링이 가능하다. 스마트 버튼, 기기, 앱 서비스의 연결은 스마트폰 앱에서 관리한다.

• **회사** 윙크Wink • **제품명** 윙크 릴레이 터치 스크린 컨트롤Wink Relay Touchscreen Controller
• **출시연도** 2016년 • **센서** 근접, 습도, 온도 센서 • **통신방식** 와이파이
• **가격** 149달러 • **홈페이지** www.wink.com

151. 링 제로

스마트 디바이스와 연결되는 반지 형태의 리모컨

"반지 낀 손이 특별한 제스처로 명령한다!"

손가락 한 개만 까딱해도 TV가 켜지고 음악이 들리고 문이 열린다
고? 그렇다. 링 제로는 스마트 디바이스와 연결되는 반지 형태의 리모
컨이다. 사용자는 링 제로를 손가락에 끼워 사용할 수 있다. 링 제로에
장착된 모션 센서는 링 제로를 낀 손가락 제스처를 인식해 스마트 디바
이스가 처리할 수 있는 명령어 형태로 전환한다. 최근에는 링 제로를 활
용할 수 있는 전용 프레젠테이션 앱이 출시됐다.

반지처럼 손가락에 끼우는 방식이기 때문에 착용이 간편하다. 또 스
마트폰 앱에서 제스처를 직접 설정할 수 있어 개인에게 맞게 수정해 사
용할 수 있다. 링 제로는 스마트 디바이스뿐만 아니라 스마트폰의 음악,
카메라, 페이스북 등 다양한 앱을 손가락 하나로 실행시킬 수 있다. 가
속도를 측정하는 모션 센서를 이용해 사용자의 제스처를 인식하는 것

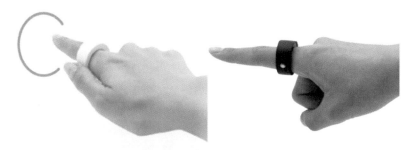

링 제로는 스마트 디바이스와 연결되는 반지 형태의 리모컨이다. 사용자는 링 제로를 손가락에 끼워 사용할 수 있다. 링 제로에 장착된 모션 센서는 링 제로를 낀 손가락 제스처를 인식해 스마트 디바이스가 처리할 수 있는 명령어 형태로 전환한다.

이다.

링 제로와 스마트 디바이스를 연결하면 링 제로를 디바이스의 리모컨처럼 사용 가능한데, 대개 링 제로를 엄지손가락에 끼우고 엄지와 검지를 함께 사용해 제스처를 수행한다. 링 제로 착용자가 수행한 제스처는 특정 명령어와 연결돼 있다. 링 제로 착용자가 스마트폰 앱을 이용해 직접 자신만의 제스처를 설정할 수도 있다. 링 제로는 손가락 굵기를 고려한 지름별로 제품을 구분해 판매하고 있다.

기본적인 사용법은 먼저 사용자가 링 제로를 손가락에 끼고 링 제로의 LED를 작동시키고 싶은 스마트 디바이스에 정면으로 향하게 놓는다. 그러고 나서 특정 제스처를 수행한다. 그러면 링 제로와 연결된 디바이스를 원격 제어할 수 있다. 전용 스마트폰 앱에서 개인이 원하는 제스처를 설정할 수 있다.

- **회사** 로그바Logbar · **제품명** 링 제로Ring ZERO
- **출시연도** 2015년 · **센서** 모션, 터치 센서 · **통신방식** 블루투스
- **가격** 149.99달러 · **홈페이지** ringzero.logbar.jp

152. 싱글큐
큐 사인과 제스처 인식이 가능한 스마트 홈 허브

"손가락 제스처로 명령을 수행한다!"

꼭 말로 해야만 할까? 손만 움직여도 알아듣고 척척 해줄 순 없을까? 그럴 수 있다. 말하지 않고 수화하듯 손가락으로 명령할 수 있다. 싱글큐는 손가락 제스처를 이용해 명령을 전달한다. 사람의 손가락 제스처를 기계가 이해할 수 있는 명령어로 변환해 디바이스를 제어하는 것이다. 집게손가락을 좌우로 움직이거나 손바닥을 펼치면 "예, 주인님" 하고 제스처를 인식한 허브가 집안의 기기들을 움직인다. 예를 들어 집게손가락을 좌우로 움직여서 작동시킬 스마트 홈 기기를 검색하고 클릭을 해 해당 기기를 선택한다. 그리고 손바닥을 펼치는 행동으로 음소거 모드를 작동시킬 수 있다.

제스처 인식이 가능한 스마트 홈 허브 싱글큐는 집 안의 TV, 케이블 박스, 앰프, 필립스 휴 등 최대 10만 대 이상의 기기들과 연동된다. 사용자는 싱글큐를 주로 TV 앞처럼 사람의 손가락 제스처(움직임)를 감지하

사람의 제스처나 위치를 인식하는 기술이 사용됐다. 싱글큐의 경우 카메라를 기반으로 사람의 동작을 인식한다. 책상 위, TV 위, 식탁 위 등 사람의 손 제스처를 발견하기 좋은 위치에 싱글큐를 설치한 후 사용하면 되며 특별한 설치 필요 없이 다양한 기기들을 연결할 수 있다.

기 쉬운 곳에 설치해 사용할 수 있다. 싱글큐의 가장 큰 특징은 다수의 전자기기를 사용자의 손가락 제스처로 작동시킬 수 있다는 점이다. 연결 가능한 스마트 홈 기기는 계속해서 추가되고 있다. 이에 맞추어 싱글큐의 소프트웨어는 주기적으로 자동 업데이트된다. 사용자가 따로 기기를 관리할 필요가 없다.

· **회사** 아이사이트 테크놀러지eyeSight Technologies · **제품명** 싱글큐Singlecue Gen 2
· **출시연도** 2016년 · **센서** 모션 센서 · **통신방식** 와이파이
· **가격** 149달러 · **홈페이지** www.singlecue.com

153. 팝 스마트 버튼
버튼 하나로 동시에 두 명령을 실행시킬 수 있는 리모컨 버튼

"간단한 버튼 방식으로 온갖 서비스가 오케이!"

스마트 홈 디바이스의 원격 조정 방식은 크게 세 가지로 구분할 수 있다. 스마트폰 앱 이용하기, 음성명령 내리기, 그리고 물리적인 리모트 콘트롤러 이용하기. 팝 스마트 버튼은 그중 물리적 콘트롤러에 속한다. 팝 스마트 버튼은 한 번 누르기press once, 두 번 연속 누르기press twice, 그리고 누르고 있기press-and-hold의 세 가지 방법으로 제어할 수 있다. 사용자는 각각의 제어 방법별로 특정 명령어를 매칭시켜 팝 스마트 버튼과 연결된 특정 기기를 실행시킬 수 있다.

팝 스마트 버튼의 설치는 간단하다. 집 안 곳곳 필요한 곳에 붙이면 되고 버튼을 누르는 방식이기 때문에 인터페이스도 간단하다. 전용 스마트폰 앱에서 팝 스마트 버튼과 여러 가지 스마트 디바이스를 연결시켜 사용할 수 있다. 버튼을 누르는 방식에 따라 연결된 서비스와 디바이

스에 명령어가 입력된다. 간단하지만, 다양한 방법으로 사용할 수 있어 활용성이 높다. 조명과 음악을 동시에 조절하는 등 여러 디바이스를 결합해 작동시킬 수 있는 기능을 지원하므로 사용자는 버튼 하나로 동시에 두 명령을 실행시킬 수 있다.

스마트 디바이스나 서비스에 연결시킨 후 사용 가능해서 사용자는 팝 스마트 버튼을 클릭해 연결된 디바이스와 서비스를 원격 제어할 수 있다. 최장 5년 동안 교체 없이 사용 가능한 배터리가 내장돼 있고 집 안 어느 곳에나 부착 가능하며 다양한 기기와 호환성이 높다.

· **회사** 로지텍Logitech · **제품명** 팝 홈 스위치Pop Smart Button
· **출시연도** 2016년 · **통신방식** 와이파이, 블루투스 · **가격** 39.99~99.99달러
· **홈페이지** www.logitech.com/en-us/product/pop-home-switch

154. 구글 와이파이
구글이 만든 와이파이 공유기

"집안 전체를 막힘 없이 연결한다!"

집 안에서도 와이파이를 찾아 헤맨 경험이 있다면? 와이파이 증폭 확장이 필요한 구조의 대한민국 아파트에서 절실한 것이 구글 와이파이이다. 구글 와이파이는 가정 내 어디서든 안정적이고 빠른 무선 인터넷을 사용할 수 있도록 도와주는 와이파이 라우터다. 네트워크 어시스트 기술을 적용해 가장 가까운 와이파이 포인트를 사용하도록 한다. 그래서 와이파이 혼잡을 방지하고 끊김이나 속도 저하 문제를 해결해준다. 구글 와이파이 전용 앱을 쓰면 최적의 성능을 내기 위해서는 어디에 배치해야 할지도 알려준다. 또한 구글 와이파이에 연결된 다른 스마트 홈 기기(휴 라이트 등)를 전용 라우터를 대신해 구글 와이파이 앱에서 제어할 수 있다.

구글 와이파이에 랜선과 전원을 꽂아 설치하고 스마트폰 앱에 공유기의 일련번호를 입력하거나 아랫부분을 스캔해 등록한다. 전용 앱에서 연결된 기기와 네트워크 속도 정보를 확인한다. 손이 쉽게 닿지 않는 곳

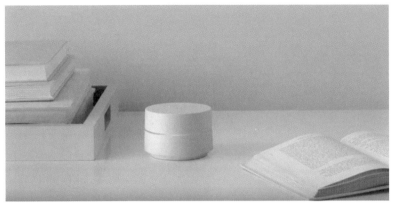

구글 와이파이는 가정 내 어디서든 안정적이고 빠른 무선 인터넷을 사용할 수 있도록 도와주는 와이파이 라우터다.

에 설치되거나 무선 인터넷 신호가 약한 곳을 확인해야 하는 경우가 발생하기 때문에 스마트폰 앱이나 웹을 사용한다. 구글 와이파이는 집안 곳곳 와이파이가 취약한 지점에 설치하면 와이파이 신호를 증폭시키기 때문에 집 안 어디에서든 무선인터넷을 빠르게 사용할 수 있다. 기존에 사용하던 라우터를 대신해 한 개 이상의 구글 와이파이 포인트로 교체하고 집 전체를 커버할 수 있는 빠르고 안정적인 와이파이를 공급하도록 돕는다.

구글 와이파이 전용 앱에서 와이파이 포인트 통계 정보를 확인할 수 있으며 기기별로 와이파이 우선순위를 설정할 수 있다. 패밀리 와이파이와 손님용 와이파이를 따로 설정해 중요도를 선정하는 것이다. 또한 연결된 기기들의 연결시간을 제한할 수 있다.

* **회사** 구글Google * **제품명** 구글 와이파이Google wifi
* **출시연도** 2016년 * **통신방식** 와이파이, 이더넷
* **가격** 129달러 * **홈페이지** madeby.google.com/wifi

155. 큐조
든든하고 튼튼한 가정용 방화벽

"신통방통하게 모든 침입을 막는다!"

큐조는 사물인터넷 전용 방화벽이다. 가정 내 기기 중 인터넷과 연결 가능한 것들은 모조리 연결된다. 큐조는 자동으로 악성 사이트 트래픽을 차단하고 디도스 공격에 활용하려고 사물인터넷 기기를 찾아 나서는 해커들의 접근도 막아준다. 특히 공격이 들어왔을 때 어떠한 형태의 공격이 들어왔는지를 상세하게 분석해 알려준다. 큐조는 표정으로 공격 감지된 경우, 네트워크 상태가 좋은 경우, 연결이 끊긴 경우를 알려준다.

큐조를 사용하기 위해서는 먼저 집 안에 설치된 라우터와 연결한 후 큐조 전용 앱과 웹 사이트에서 네트워크 상태를 확인한다. 악성 코드와 해커의 침입이 발생하면 이를 큐조의 표정과 알림을 통해 이해할 수 있다. 큐조 전용 앱을 사용해 큐조에 연결된 모든 기기의 네트워크를 원격으로 통합 관리할 수 있다.

쿠조팀. 왼쪽부터 CEO인 아이나라스 본 그래브록Einaras von Gravrock, 창업자이자 의장인 유리 프라이맨Yuri Frayman, 기술 부사장인 로버트 비티Robert Beatty.

큐조는 1기가바이트 이더넷을 지원한다. 큐조를 사용해도 홈 네트워크의 속도가 느려지지 않는다. 그리고 기존에 출시된 라우터들과 거의 다 호환되기 때문에 라우터를 따로 구매하지 않고도 사용할 수 있다. 큐조는 네트워크에 악성 코드가 침입했을 때 코드 패킷의 일부분을 클라우드로 보내 패턴을 분석하고 현재까지 감지된 악성 코드와 비교해 지능형 악성 IP/DNS 공격 탐지에 대비한다. 따라서 한 개의 PC뿐만 아니라 큐조에 연결된 모든 기기를 동시에 보호하는 것이 가능하다.

다양한 보안 메소드 기술을 사용해 해커의 공격과 바이러스 침투를 방지한다. 해커의 공격이나 바이러스를 감지하면 다른 큐조 기기에게 알려서 모든 큐조 기기가 업데이트된 보호 기술을 사용하도록 한다. 자녀의 인터넷 사용 시간을 제한하고 스케줄을 설정함으로써 유해 사이트나 앱에 접속하는 것을 막을 수도 있으며 제품 판매와 함께 보안 서비스를 유료로 판매하고 있다(단, 180일까지는 배포 버전 이용 가능).

• **회사** 큐조LLC CUJO LLC • **제품명** 큐조CUJO
• **출시연도** 2016년 • **센서** 카메라(CMOS), 환경감지, 모션 • **통신방식** 이더넷
• **가격** 99달러 • **홈페이지** www.getcujo.com

Cross-Domain Linkability

12
식물재배

156. 플랜티
소셜 기능이 있는 유일한 스마트 화분

"집 밖에서 원격으로 물을 줄 수 있다!"

내 집 베란다에 있는 화분을 친구들과 함께 키울 수 있다면? 오랜 여행 중에도 화초가 시들지 않도록 집 바깥에서도 물주기를 할 수 있다면? 이런 소망을 실현시켜주는 것이 스마트 화분 플랜티이다. 플랜티는 와이파이를 이용해서 인터넷에 연결할 수 있는 통신 모듈을 포함하고 있다. 즉 스마트폰을 인터넷 게이트웨이로 활용하지 않고 직접 인터넷에 연결하는 방식을 사용한다. 그래서 플랜티 근처에 있지 않아도 식물의 환경 정보를 측정하는 센서, 물통, 펌프를 이용해 지속적으로 관리할 수 있다. 물론 스마트폰과 플랜티를 연동하면 전용 앱을 사용해 식물을 원격으로 관리가 가능하다. 생육환경이 급격하게 변하는 경우 알림을 받고 플랜티 하단의 LED를 보고 물통 안의 수위를 확인한다.

플랜티를 사용하는 사람들은 통신이 가능한 환경이라면 전 세계 어디에서나 실시간으로 연결해 식물을 관리할 수 있다. 사실상 플랜티는 하나의 플랜티를 여러 친구와 같이 키우는 소셜 기능이 있는 유일한 화분이다. 플랜티는 토양습도 센서, 온도 센서, 조도 센서를 포함해 식물의 상태와 생육환경을 모니터링하고 식물의 성장에 필요한 적정 온도, 습도, 물의 양, 조도를 분석해 가이드로 제시한다. 전용 앱을 사용해서 플랜티에 내장된 물통과 펌프를 원격

으로 동작시켜 식물에 물을 줄 수 있고 식물의 성장에 필요한 물의 양과 일조량을 확인할 수 있다. 플랜티는 식물의 성장 속도에 따라 필요한 물의 양을 단계별로 구분하기 때문에 세부적으로 식물의 성정을 관리할 수 있다.

전용 앱에서 '물주기' 버튼을 누르면 플랜티에서 물이 나온다. 이때 세 방향으로 물줄기가 나오기 때문에 모든 위치에 골고루 물을 뿌릴 수 있다. 자신이 키우는 플랜티의 정보를 SNS상에 업로드해 다른 사람들과 공유하고 정보를 주고받을 수 있다. 전용 앱에서 가정에서 키우기 좋은 식물의 정보와 함께 재배 시 유용한 팁을 제시해 식물을 재배하는 데 도움을 준다.

• **회사** n.thing • **제품명** 플랜티Planty • **출시연도** 2016년
• **센서** (내부)온도, 습도, 물의 양 측정 (외부)조도 • **통신방식** 와이파이
• **가격** 119,000원 • **홈페이지** nthing.net/ko/planty

157. 플라워 파워
식물관리에 강력한 힘을 준다

"빈약한 식물에 윤기 있는 생명을 선사한다!"

키우고 있는 식물이 비실비실 기운이 없다면 무엇이 문제인지 알려주마 하는 것이 플라워 파워다. 플라워 파워는 홈가드닝 및 작물재배를 도와주는 사물인터넷 기기로 Y자 형태로 생겨 기존의 화분을 교체할 필요 없이 흙에 꽂아 사용할 수 있다.

플라워 파워를 화분의 흙에 꽂고 스마트폰과 블루투스로 연결한 후 전용 앱을 사용해 플라워 파워를 사용한다. 플라워 파워가 측정한 생육환경을 확인하고 물 부족과 같이 사람의 관리가 필요한 경우 알림을 받는다. 토양에 심은 식물의 생육환경을 측정하고 분석해 사용자가 키우는 식물 상태를 실시간으로 모니터링하고 보다 정밀한 관리가 필요할 때 사용한다.

플라워 파워는 식물 성장에 필요한 온도, 습도, 영양분, 조도를 측정하는 센서를 모두 포함하고 있어 식물의 생육환경을 실시간으로 측정

플라워 파워는 홈가드닝 및 작물재배를 도와주는 사물인터넷 기기로 Y자 형태로 생겨 기존의 화분을 교체할 필요 없이 흙에 꽂아 사용할 수 있다.

및 분석하기 때문에 식물을 세부적으로 관리 가능한 것이 장점이다. 약 7,000여 종의 식물 정보가 저장된 플라워 파워의 데이터베이스를 사용해 식물재배 및 관리법에 대한 정보를 얻을 수 있다. 식물은 풀 종류, 집에서 키우는 식물, 관목, 나무, 각종 덩굴식물, 그리고 야채 종류로 세분화해 정보를 제공한다.

플라워 파워에 내장된 환경 센서는 식물 성장에 필요한 네 가지 요소인 햇빛, 흙의 온도, 영양분을 실시간으로 측정하고 분석한다. 토양의 이온을 측정하고 식물 성장에 적절한 온도인지 체크하고 일조량이 510밀리미터 범위에 있는지 체크해 관리할 수 있도록 모니터링한다. 물이 필요하거나 햇빛이 부족한 경우에 스마트폰으로 알림을 보내며 패럿사의 스마트 화분인 패럿팟Parrot Pot과 연동해 사용 가능하다.

• **회사** 패럿Parrot • **제품명** 플라워 파워Flower Power
• **출시연도** 2014년 • **센서** 모션, 온도, 습도, 광, 소리, 카메라 • **통신방식** 블루투스
• **가격** 59.99달러 • **홈페이지** global.parrot.com/au/products/flower-power

158. 니와 원

인큐베이터 형태의 수경재배 시스템

"아이 키우는 것처럼 식물을 돌본다!"

나홀로족이 늘면서 애완동물이나 식물을 통해 삶의 활기를 충전하는 사람들이 늘어나고 있다. 이제 식물도 아이 키우듯 돌보는 시대가 열렸나 보다. 니와 원은 인큐베이터 형태의 수경재배 시스템으로 전등, 환풍장치, 난방장치, 관개장치를 갖추고 있다. 니와 원은 측정한 데이터를 전용 클라우드에 업로드하거나 클라우드에 있는 데이터를 기반으로 식물에게 자동으로 물을 주고 양분을 공급해 재배한다. 인큐베이터 내 햇빛, 습도, 온도 등을 파악해 생육환경을 철저하게 관리하고 식물 재배에 최적화된 가이드라인을 제시한다.

니와 원을 가정 내 거실 또는 방에 설치하고 스마트폰과 와이파이를 사용해 연결한 후 전용 앱을 사용해 식물을 관리하고 생육환경에 변화가 있을 경우 알림을 받는다. 최초의 완전자동 수경재배 시스템이라고 할 수 있다. 식물의 생육환경을 최적의 상태로 유지하는 자동 시스템으

로 사람이 특별히 관리하지 않아도 식물이 잘 자라는 것을 지켜볼 수 있다. 니와 원에 내장된 환경감지 센서가 실시간으로 식물의 생육환경 정보인 햇빛, 온도, 습도 등을 트래킹해 스마트폰 전용 앱으로 데이터를 전송한다. 또한 전용 앱에서 자신이 기르고 싶은 식물을 선택하면 선택한 식물이 성장하는 데 필요한 설정에 맞춰 인큐베이터 상태를 자동 조절하며, 현재 식물 상태와 생육환경에 따라 물 공급, 햇빛 주기, 환기, 열 공급과 같이 식물 관리 시스템을 알맞게 조정할 수 있다.

전용 앱을 사용하면 집 외부에서도 식물이 성장하는 진행과정을 단계별로 파악할 수 있기 때문에 식물이 현재 무엇이 필요한지를 알 수 있어 세부적으로 식물을 관리할 수 있다. 자신만의 재배법을 개발했거나 재배하면서 습득한 정보가 있다면 니와 원 전용 커뮤니티에 업로드해 다른 사람들과 공유한다.

• **회사** 니와Niwa • **제품명** 니와 원Niwa ONE
• **출시연도** 2015년 • **센서** 온도, 조도, 습도, 공기질, 토양 측정 • **통신방식** 와이파이
• **가격** 스탠다드 375달러(선주문) • **홈페이지** getniwa.com

159. 더 가든
실내 원예 및 어항 겸용 시스템

"화단과 어항의 일석이조 관리 세트!"

식물도 키우고 물고기도 키운다. 식물에게도 좋고 물고기에게도 좋고 사람에게는 더욱 좋은 것이 더 가든 시스템이다. 더 가든은 에코시스템 기반의 실내 원예 및 어항 겸용 시스템으로, 크기별로 다른 식물을 재배할 수 있는 2개의 화단과 물고기를 키울 수 있는 어항 1개로 구성돼 있어 식물 재배와 물고기 키우기를 동시에 할 수 있다. 더 가든이 측정한 식물 상태, 생육환경, 어항 상태를 전용 앱에 전달하고 전용 앱에서 데이터를 확인하는 방식이다.

더 가든의 질소 순환 시스템은 식물과 물고기 모두에게 이로운 에코시스템으로 이것이 더 가든의 큰 장점이다. 질소 순환 시스템으로 어항에 있는 물고기의 배설물과 암모니아는 식물에게 좋은 질산 비료가 되고 비료를 먹고 자란 식물은 어항으로 깨끗한 물을 다시 보낸다. 식물과 물고기를 동시에 키우고자 하는 사람들에게는 일거양득의 방법이라고 할 수 있다. 더 가든
은 3개의 층으로 나
뉜다. 맨 아래층은 물
고기를 키우는 어항,
중간층은 새싹 채소
와 같이 소형 식물을
심는 화단, 제일 위층은 허브나 작은 크기의 과일을 심는 화단이다.

　더 가든의 LED 조명은 햇빛과 거의 유사하다. 현재의 환경에 맞춰 자동으로 조명이 조절되거나 전용 앱에서 사람이 원하는 밝기를 조절할 수 있다. 어항은 더 가든에서 가장 핵심이 되는 부분으로 물고기가 사는 서식지이자 식물에게 물을 공급하며 비료 역할을 한다. 더 가든에 내장된 센서로 수질환경 및 재배환경을 측정해 전용 앱으로 데이터를 보내고 온도, 습도의 급격한 변화나 식물 재배 시점 등 사용자의 관리가 필요한 경우 사용자에게 바로 알려준다. 더 가든의 경우 어항과 화단 각각 구분된 공간에서 측정한 데이터를 전용 앱에서 한 번에 관리하기 쉽다. 식물 상태, 어항의 pH, 박테리아 레벨을 확인할 수 있으며, 또한 식물의 성장과정을 파악해 식물의 재배 시점을 파악할 수 있다. 또한 집이 아닌 외부에서도 전용 앱을 사용해 상태를 원격으로 파악할 수 있다. 또한 더 가든을 사용하는 다른 사람들과 함께 그로브 가든 커뮤니티에서 정보를 공유할 수 있다.

• **회사** 그로브Grove　• **제품명** 더 가든The Garden
• **출시연도** 2016년　• **센서** 온도, 습도, pH, 수질 측정 센서　• **통신방식** 와이파이
• **가격** 3,500달러　• **홈페이지** grovegrown.com

연결지배성: 연결을 지배하는 자가 세상을 지배한다

초판 1쇄 발행 2017년 8월 25일
초판 2쇄 발행 2017년 11월 28일

지은이 조광수
펴낸이 안현주

경영총괄 장치혁 **편집** 이상실
디자인 표지 정태성 본문 장덕종
마케팅영업팀장 안현영

펴낸곳 클라우드나인　　**출판등록** 2013년 12월 12일(제2013-101호)
주소 우) 121-898 서울시 마포구 월드컵북로 4길 82(동교동) 신흥빌딩 6층
전화 02-332-8939　**팩스** 02-6008-8938
이메일 c9book@naver.com

값 22,000원
ISBN 979-11-86269-83-1 03320